海南省哲学社会科学 2019 年研究基地课题成果(JD19-10)

海南省小学科学课程标准落地研究

吴小霞　著

东南大学出版社
SOUTHEAST UNIVERSITY PRESS
·南京·

图书在版编目(CIP)数据

海南省小学科学课程标准落地研究 / 吴小霞著. ——南京：东南大学出版社，2023.7
 ISBN 978-7-5766-0828-1

Ⅰ.①海… Ⅱ.①吴… Ⅲ.①科学知识－课程标准－研究－小学 Ⅳ.①G623.62

中国国家版本馆 CIP 数据核字(2023)第 143589 号

责任编辑：胡　炼　　　　责任校对：子雪莲
责任印刷：周荣虎　　　　封面设计：毕　真

海南省小学科学课程标准落地研究

| 著　　者：吴小霞
| 出版发行：东南大学出版社
| 出 版 人：白云飞
| 社　　址：南京四牌楼 2 号　邮　编：210096　电　话：025-83793330
| 网　　址：http://www.seupress.com
| 电子邮件：press@seupress.com
| 经　　销：全国各地新华书店
| 印　　刷：广东虎彩云印刷有限公司
| 开　　本：700mm×1000mm　1/16
| 印　　张：16.5
| 字　　数：300 千字
| 版　　次：2023 年 7 月第 1 版
| 印　　次：2023 年 7 月第 1 次印刷
| 书　　号：ISBN 978-7-5766-0828-1
| 定　　价：68.00 元

本社图书若有印装质量问题,请直接与营销部调换。电话(传真):025-83791830

前　言

21世纪是科学技术迅猛发展的时代，科学技术的发展既推动了人类的进步，也改变了人类的生活方式和思维方式。人类在未来将面临诸多挑战，应对这些挑战需要人类的智慧，培养优秀的人才已成为解决问题的共识，科学教育作为传承人类智慧的方式，具有极为重要的作用。

我国古代虽然有四大发明闻名于世，但是中国传统文化具有轻视科学技术的倾向；近代小学科学教育伴随着中国半封建半殖民地社会的发展而逐步发展，从壬寅学制、癸卯学制、壬子癸丑学制、壬戌学制到戊辰学制，从"格致""理科""自然"到"常识"的课程名称变迁，反映了人们对科学的理解和认识；新中国成立后，小学科学课程名称也经历了从"自然常识""自然"到"科学"的变化，名称的变化也反映了对"科学"含义的理解。

2017年，我国颁布《义务教育小学科学课程标准》，标志着我国小学科学教育进入一个新的阶段。对课程标准的解读有利于科学课程的开展。为实现《义务教育小学科学课程标准》在海南省的落地实施，本研究主要完成了以下工作：第一，梳理我国近现代的小学科学课程标准，研究其制定的背景和内容以及落实情况，指出其对于当前落实《义务教育小学科学课程标准》的价值；第二，解读《义务教育小学科学课程标准》，明确新课标的要求、理念及实施建议等；第三，通过问卷调研了解海南省小学科学课程教师现状和新课标落实面临的困境，分析原因并提出对策；第四，根据研究工作，提供STSE教育和STEM教育课程案例。由于作者的水平有限，对问题的分析和提出的建议具有一定的局限性，亟待相关专家更正。

在本书编写的过程中，课题组全体成员都提供了自己在做课题过程中的资料，作者再次表示感谢。由于作者水平有限，差错和缺点在所难免，请读者提出宝贵意见。

吴小霞
2022年4月于琼台师范学院

目　录

引　言 …………………………………………………………………… 001

第一章　海南自贸港建设的时代需要 ………………………………… 003

第二章　我国小学科学课程标准的演变 ……………………………… 006
 一、概念界定 ………………………………………………………… 006
  （一）课程标准 …………………………………………………… 006
  （二）教学大纲 …………………………………………………… 008
 二、课程名称的演变 ………………………………………………… 009
 三、中国近代的小学科学课程标准 ………………………………… 010
  （一）《钦定学堂章程》 …………………………………………… 011
  （二）《奏定学堂章程》 …………………………………………… 012
  （三）《小学校教则及课程表》 …………………………………… 014
  （四）《小学自然（包括自然园艺）课程纲要》 ………………… 015
  （五）《小学课程暂行标准小学自然》 …………………………… 019
  （六）《小学课程标准自然》 ……………………………………… 022
  （七）《小学常识科课程标准》与《小学高年级自然课程标准》 … 025
  （八）《小学高级自然科课程标准》 ……………………………… 028
  （九）《高年级自然课程标准》 …………………………………… 033
 四、新中国成立后的小学科学课程标准 …………………………… 037
  （一）《小学自然教学大纲（草案）》 ……………………………… 038
  （二）《全日制小学自然教学大纲（草案）》 ……………………… 041
  （三）《全日制十年制学校小学自然常识教学大纲（试行草案）》
    ………………………………………………………………… 042
  （四）《全日制小学自然教学大纲》 ……………………………… 045

（五）《九年制义务教育全日制小学自然教学大纲（初审稿）》 ··· 053
　　（六）《九年义务教育全日制小学自然教学大纲（试用）》 ········ 055
　　（七）《全日制义务教育科学（3～6年级）课程标准（实验稿）》 ··· 059
　　（八）《义务教育小学科学课程标准》 ·················· 064

第三章　《义务教育小学科学课程标准》解读

　一、《义务教育小学科学课程标准》修订的关键词 ············ 067
　　（一）学生发展核心素养 ······················ 068
　　（二）学科核心素养 ························ 068
　　（三）学业质量评价标准 ······················ 070
　二、《义务教育小学科学课程标准》修订的重点 ············· 070
　三、《义务教育小学科学课程标准》的课程性质 ············· 076
　四、《义务教育小学科学课程标准》的基本理念 ············· 077
　五、《义务教育小学科学课程标准》的目标体系与结构 ········· 078
　六、《义务教育小学科学课程标准》的课程内容解读 ·········· 080
　七、两版课程标准的差异 ······················· 095
　八、《义务教育小学科学课程标准》的影响 ··············· 098
　　（一）课程地位提升 ························ 098
　　（二）教科书的作用弱化 ······················ 099
　　（三）师资队伍的短板进一步凸显 ·················· 099
　　（四）教学理念更新 ························ 100
　　（五）需教学硬件作保证 ······················ 100
　九、中美小学科学课程标准比较 ···················· 101

第四章　海南省小学科学教育现状研究

　一、师资队伍不足，专职教师比例增大 ················· 104
　二、开课情况不一而足 ························ 109
　三、小学科学课程的地位逐步提升 ··················· 111
　四、教学硬件设施差异大 ······················· 112
　五、开发本地教学资源成为可能 ···················· 115
　六、STEM教育理念淡薄 ························ 117
　七、教师专业发展规划不明确 ····················· 118

第五章 落实《义务教育小学科学课程标准》的挑战 …… 121
一、对课程标准的研究不严谨 …… 121
二、难以适应科学课程的综合性教学 …… 123
三、可获得的帮助较少 …… 130
四、贯彻教学理念不彻底 …… 132
五、达成教学目标有困难 …… 133

第六章 限制因素分析 …… 138
一、中国传统的科学教育忽视科学精神的滋养 …… 139
二、海南省封闭的地理环境导致其文化发展落后 …… 140
三、海南省经济基础相对薄弱导致高层次人才缺乏 …… 142
四、根深蒂固的教育评价方式 …… 143
五、小学科学课程地位较低 …… 144

第七章 海南自由贸易港建设大背景下的课标落实策略 …… 146
一、建立科学合理的教育评价机制,提高课程地位 …… 146
二、重视科学教育专业,培养专业科学课程教师 …… 148
  (一)明确办学定位,提高科学教育专业地位 …… 148
  (二)优化课程体系,构建 STEM 特色课程 …… 157
  (三)建设综合实验室,增加实践教学活动 …… 158
  (四)融入小学科学课程标准内涵,加强教育理念教育 …… 161
三、建立 UGS 联盟,建设网络平台 …… 170
四、培养种子教师,辐射科学教育整体 …… 175
五、立足海南,开发校本课程资源 …… 179
  (一)校本课程资源开发 …… 179
  (二)海南省丰富的小学科学课程资源 …… 179
  (三)小学科学课程资源开发策略 …… 184
六、汇聚各方力量,出版琼教版教材 …… 185

第八章 小学 STSE 主题教育课程案例 …… 188
一、红树林生态系统系列主题教育 …… 188
  (一)课程内容介绍 …… 188

（二）课程目标 ·· 189
　　（三）课程组织设计 ···································· 189
　　（四）教学评价 ·· 197
二、田园课程主题教育 ······································ 198
　　（一）课程内容介绍 ···································· 198
　　（二）课程目标 ·· 198
　　（三）课程组织设计 ···································· 198
　　（四）教学评价 ·· 200
三、垃圾分类主题教育 ······································ 200
　　（一）课程内容介绍 ···································· 200
　　（二）课程目标 ·· 200
　　（三）课程组织设计 ···································· 201
　　（四）教学评价 ·· 203
四、保护自然资源主题教育 ·································· 203
　　（一）课程内容介绍 ···································· 203
　　（二）课程目标 ·· 204
　　（三）课程组织设计 ···································· 204
　　（四）教学评价 ·· 212

第九章　小学 STEM 课程开发案例 ························ 213
一、风扇降温 ·· 213
　　（一）课程内容介绍 ···································· 213
　　（二）课程目标 ·· 213
　　（三）课程组织设计 ···································· 213
　　（四）教学评价 ·· 216
二、冰激凌出汗了 ·· 216
　　（一）课程内容介绍 ···································· 216
　　（二）课程目标 ·· 216
　　（三）课程组织设计 ···································· 216
　　（四）教学评价 ·· 219
三、带彩虹回家 ·· 220
　　（一）课程内容介绍 ···································· 220
　　（二）课程目标 ·· 220

（三）课程组织设计 …………………………… 220
　　（四）教学评价 ………………………………… 223
四、绿豆发芽 ………………………………………… 223
　　（一）课程内容介绍 …………………………… 223
　　（二）课程目标 ………………………………… 223
　　（三）课程组织设计 …………………………… 223
　　（四）教学评价 ………………………………… 227

第十章　总结与展望 ……………………………… 228
一、研究总结 ………………………………………… 228
二、不足之处 ………………………………………… 230
三、研究展望 ………………………………………… 231

参考文献 …………………………………………… 233

附　录 ……………………………………………… 245
附录 1：2020 年《义务教育小学科学课程标准》落实情况调研 ……… 245
附录 2：2022 年科学教师现状调查 ………………… 250
附录 3：科学教育专业毕业学生调查 ……………… 254

引 言

每一次人类的进步都与科学技术的重大进步有关:青铜器的出现使得原始社会的部落战争更加残酷,大量的战俘沦为奴隶;铁器的使用使得绵延了一千多年的奴隶社会加快迈入封建社会的步伐;蒸汽机的出现改变了以往社会生产力水平低下的局面,迅速进入工业社会。21世纪以来,人们越来越清醒地认识到科学技术对于人类生产力的影响,以及先进的生产技术给人类带来的巨大的社会发展。

科学技术是促进社会发展的主要动力之一。当今时代,几乎每一位公民都是先进科学技术的使用者,科学技术承载了人类几千年的文明成果,是社会发展的第一生产力。可以说,科学技术掌握在谁的手中,谁就掌握了话语权,成为社会的中流砥柱。纵观百余年的中国近代史,我们不难看出科学技术是人类进步的阶梯,落后就要挨打,腐朽的思想阻碍人类的进步。

对中国教育史的研究发现,关于中国儒家经典教育的研究成果远多于关于科学技术教育史的研究成果,整个中国教育史基本是儒家经学教育的发展历史。[1] 中国古代的学校中并没有科学课程,儿童科学教育的内容多为认识自然物和自然现象的启蒙,与儿童的识字教育相结合,现存最早的识字课本是成书于西汉时期的《急就篇》,它收录了2144个单字,涉及工具器物、农作物、虫鱼鸟兽及六畜等。中国古代也有专门介绍自然和自然界各种名物知识的读物,例如,宋代方逢辰编写的《名物蒙求》,就介绍了天文、地理、鸟兽、花木、日用品、耕种操作等方面的内容。[2] 总之,中国古代的科学教育内容多数以名物知识

---

[1] 李娟.中国科学技术教育史研究百年历程及反思[J].河北师范大学学报(教育科学版),2006(1):35-38.

[2] 张红霞.小学科学课程与教学[M].2版.北京:高等教育出版社,2010:43.

的形式存在于识字课本中,并无多少对科学现象的观察和对科学原理的探究。

著名科学史专家李约瑟博士在对中国的传统科技进行了深入系统的研究后,得出了这样的结论:"在科学技术发明的许多重要方面,中国人成功地走在那些创造出著名'希腊奇迹'的传奇式人物的前面,和拥有古代西方世界全部文化财富的阿拉伯人并驾齐驱,并在3到13世纪之间保持着一个西方所望尘莫及的科学知识水平。"①

诚然,古代中国曾在科学技术发展史上书写了光辉灿烂的篇章,但这不能改变中国传统文化中轻视科学技术的倾向,这是由中国古代特殊的学校教育内容决定的,这种影响甚至持续到今天。但是,科学技术是人类的创造,归根结底,人类自身的绵延才是推动社会发展的基础,一代代人的传承终究还是要依靠教育。基础教育是普及教育,高等教育是专业教育。所以基础教育在人的一生中起着重要作用。

中国科普研究所数据显示,我国具备科学素质的公民在2018年的比例达到8.47%,而这个数据在2010年是3.27%,八年间增幅超过5个百分点。②然而,中国公民的科学素质发展水平和发达国家相比仍然有很大的差距,存在地区之间与城乡之间发展不平衡等问题,这不能满足我国全面建设社会主义现代化国家的需要。因此,积极推动基础教育的课程改革,是国际社会为使教育适应社会的发展需要的共同举措,也是革除现行课程的弊端、全面实施素质教育的需要。

课程标准是学校科学教育的纲领性文件,反映了一个国家或地区科学教学的学术积累和对课堂实践的期待,是科学教育水平的重要标志。2017年2月,中华人民共和国教育部颁布了《义务教育小学科学课程标准》,这是《全日制义务教育科学(3~6年级)课程标准(实验稿)》在教学一线实施16年后正式颁布的新标准,标志着小学科学课程实践探索阶段已经结束,新的课程标准将引领小学科学教育进入一个跃升发展的全新阶段。这是我国科学教育发展中一件里程碑式的大事,也令科学教育人感到振奋和鼓舞。③换句话说,《义务教育小学科学课程标准》的落地是当前中国科学教育界的首要任务,所有相关人员都应竭尽全力使其真正落实,为国家培养具有较高科学素养的未来公民。

---

① 李约瑟.中国科学技术史:第一卷[M].北京:科学出版社,1975:1.
② 何薇,张超,任磊,等.中国公民的科学素质及对科学技术的态度:2018年中国公民科学素质抽样调查报告[J].科普研究,2018,13(6):49-58,65,110-111.
③ 刘恩山.《义务教育小学科学课程标准》的变化及其影响[J].人民教育,2017(7):46-49.

第一章　海南自贸港建设的时代需要

2018年4月13日下午,习近平在庆祝海南建省办经济特区30周年大会上郑重宣布,党中央决定支持海南全岛建设自由贸易试验区,支持海南逐步探索、稳步推进中国特色自由贸易港建设,分步骤、分阶段建立自由贸易港政策和制度体系。①

海南自由贸易港(简称"自贸港")建设是海南发展的重大历史性机遇,而人才是建设自贸港的先决条件。② 面对日趋激烈的国际竞争形势,习近平总书记明确提出,"发展是第一要务,人才是第一资源,创新是第一动力""人才资源是党执政兴国的根本性资源""人才是实现民族振兴、赢得国际竞争主动的战略资源""必须加快实施人才强国战略,确立人才引领发展的战略地位"。建设海南自贸港,急需一支规模宏大、结构合理、素质优良的人才队伍。2018年,海南省发布《百万人才进海南行动计划(2018—2025年)》,从放开人才落户门槛、解决人才配偶就业、解决人才子女就学、加强人才医疗保障、加强人才住房保障、完善国际人才管理服务这些方面吸引人才进海南。③

从长远发展来看,海南自贸港的发展还是要培养、依靠本地人才,为未来海南建设发展储备优秀人才、高端人才,从内部提高人才素质,从根本上解决人才需求问题。正如索洛模型所揭示的规律:单纯的物质资本积累会带来增长的极限,而教育对科技进步的推动和人力资本的提升,则会使经济达到更

---

① 习近平在庆祝海南建省办经济特区30周年大会上发表重要讲话[EB/OL].(2018-04-13)[2022-03-18]. https://baike.baidu.com/reference/22487320/e84fdKPyV0n9wyOTwODxUVPeDe8x61Ke-aIh6E8ViWgJyUFlPtFzpAcwZabCQsj4SCkhjj3uV3zghbDQtTJsM4LWWdtanvREVV62oiPjfuYY

② 蔡昌,徐艳梅.海南自贸港建设,人才是关键[J].法人,2021(4):31-33.

③ 彭金辉.加快构建具有海南自贸港特色的人才制度体系[J].中国人才,2020(6):16-18.

高的增长水平。① 因此,海南大发展时期,深化教育改革十分必要,对具备科学素养的科技人才的需求日益增加。

培养具备科学素养的科技人才是海南省自贸港建设的首要任务,实施科学教育是基本途径,将科学教育落到实处是基本要求,大力发展科学教育是基本任务。进入21世纪后,高速发展的科学技术已经让我们的社会、经济、文化、日常生活发生了巨大变化,这种变化将持续发生,每一个生活在这个社会中的人都必须具备科学素养,而民族科学素养的提高将使我们国家更加繁荣昌盛,社会更加公正和谐,个人生活更加理性,而且更加多姿多彩。科学素养的提高必须依靠科学教育,所以中小学科学课程改革正成为全球教育改革的热点。② 于是,2001年颁布的《全日制义务教育科学(3～6年级)课程标准(实验稿)》中,课程名称由"自然"改为"科学"。

经过十余年的实践探索,小学科学课程对培养学生科学素养发挥了重要作用,但在实践中也存在课程适宜性、可操作性、时代性和整体性有待增强等问题。为进一步加强小学科学教育,根据立德树人总体工作部署,教育部组织了对小学科学课程标准的修订完善工作,与时俱进地更新了教学理念和课程内容。③ 2017年2月,我国教育部颁布《义务教育小学科学课程标准》,并于2017年秋季开始执行。④《义务教育小学科学课程标准》的颁布与实施有助于提升小学科学课程的学科认同和课程地位。

2021年7月,中共中央办公厅、国务院办公厅印发《关于进一步减轻义务教育阶段学生作业负担和校外培训负担的意见》,明确了进一步减轻义务教育阶段学生作业负担和校外培训负担(以下简称"'双减'政策")的主要任务和重大措施。⑤

"减负"不是新议题。1955年,教育部发布中华人民共和国第一个"减负

---

① 海南省委人才发展局.奋力扛起海南自贸区(港)建设的人才事业担当[J].今日海南,2019(11):52-54.

② 郝京华.关于《小学科学课程标准》的讲座(一)[J].小学自然教学,2001(9):11-13.

③《基础教育课程》编辑部.小学科学课程标准修订[J].基础教育课程,2017(13):6-21.

④ 张美静.新旧版小学科学课程标准对比的差异性分析[J].学周刊,2018(5):26-28.

⑤ 中共中央办公厅　国务院办公厅印发《关于进一步减轻义务教育阶段学生作业负担和校外培训负担的意见》[EB/OL].(2021-07-24)[2022-03-18].http://www.gov.cn/zhengce/2021-07/24/content_5627132.htm.

令"——《关于减轻中小学生过重负担的指示》。20世纪50年代中期至60年代中期,以及80年代中期至今,"减负"在这两个时期,两度成为我国教育改革的热点问题。在前一时期,学生面临的学业压力基本来自学校内部,主要是教育结构不合理导致的升学压力,"减负"范围只涉及部分地区和学校;在后一时期,教育事业得到空前发展,造成课业负担重的原因比较复杂。[1]

"双减"政策聚焦减轻义务教育阶段学生的作业负担和校外培训负担,促进义务教育高质量发展,办好人民满意的义务教育。"双减"政策落地,必须坚持以习近平新时代中国特色社会主义思想为指导,着眼建设高质量教育体系,强化学校育人主体地位,切实提升学校育人水平,深化校外培训机构治理,构建良好的教育生态,有效减轻义务教育阶段学生过重的作业负担和校外培训负担。"双减"政策的颁布,彰显了党和国家做好"双减"工作的前所未有的决心和力度,具有里程碑意义。[2]"双减"政策是新时代培养创新型人才的要求,也是打破以往小学"唯分数"单一评价模式,打破"主副科"科目界限的重要契机。"双减"政策的落地,势必影响小学当前的课程设置。为保证教学质量和儿童的健康学习,也将会开设一些适合儿童发展的新型课程,这是小学科学课程发展的重要机遇。

海南省的基础教育较为薄弱,班级人数较多,很多学校不具备专业的科学课程教师,这些都极大地限制了《义务教育小学科学课程标准》的实施力度。但是科学教育担负着培养科学人才、推动社会发展的重大任务,科学教育已经成为世界各国培养未来人才的重要组成部分。科学教育事业的发展离不开科学课程教师的培养,建立一支数量足够多、质量合格的科学课程教师队伍是办好科学教育的关键。

本研究就是在海南省自贸港建设的时代背景下研究《义务教育小学科学课程标准》的落地策略,研究组由高校教师、小学一线科学课程教师和海南省的教研员组成,可以从小学和大学层面思考和落实《义务教育小学科学课程标准》,并提出相关的建议和措施。

---

[1] 马陆亭,郑雪文."双减":旨在重塑学生健康成长的教育生态[J].新疆师范大学学报(哲学社会科学版),2022,43(1):79-90.

[2] 周洪宇,齐彦磊."双减"政策落地:焦点、难点与建议[J].新疆师范大学学报(哲学社会科学版),2022,43(1):69-78.

第二章　我国小学科学课程标准的演变

在20世纪80年代之前,标准主要是作为测试和评估领域的概念或者用于学术性要求和管理尺度。① 课程标准更多的是作为一种课程设置或管理的常规手段。事实上,课程标准以观念形态或文本形式出现是较为久远和普遍的现象。1912年,南京临时政府教育部公布的《普通教育暂行课程标准》中明确以"课程标准"作为教育指导性文件,此后,"课程标准"一词一直沿用了40年,并在此期间经历了多次重订与修正。1952年后,我国在教育领域全面移植苏联教育模式,根据苏联的做法启用了"教学计划"和"教学大纲"的概念,并取代了"课程标准"。此后,"教学计划"和"教学大纲"一直是我国指导学校教育教学的纲领性文件。直到2001年基础教育课程改革,考虑到教师的理解和接受等多方面因素,"课程标准"这一名称又被重新启用。②

一、概念界定

(一)课程标准

美国《国家科学教育标准》认为,课程标准是量度教育质量的准绳:度量学生所掌握知识和能力的质量,给学生提供学科学机会的教育大纲的质量,教学的质量,教育系统的质量,评价的质量,等等。澳大利亚维多利亚州《课程标准框架》中指出,课程标准描述的是学生学习所包括的主要领域及大多数学生在每一学习领域能达到的学习结果。它为各个学校的课程规划、实施

---

① 柯森.基础教育课程标准及其实施研究:一种基于问题的比较分析[D].上海:华东师范大学,2004.
② 朱伟华.从课程标准到评价标准:高中生物学业评价标准制定的调查研究[D].长春:东北师范大学,2009.

与评价提供了一种参照。加拿大《安大略共同课程省级标准》提出,课程标准是为评估学生学习而设计的一般标准。1992 年在美国举行的亚太经济合作组织教育部长会议中提出,课程标准是对我们希望学生在校期间应掌握的特定的知识、技能和态度的非常清晰明确的阐述。[①]

我国《基础教育课程改革纲要(试行)》中指出:国家课程标准是教材编写、教学、评估和考试命题的依据,是国家管理和评价课程的基础。应体现国家对不同阶段的学生在知识与技能、过程与方法、情感态度与价值观等方面的基本要求,规定各门课程的性质、目标、内容框架,提出教学和评价建议。[②]

顾明远主编的《教育大辞典:第 1 卷》中对课程标准的界定:课程标准是确定一定学段的课程水平及课程结构的纲领性文件。其结构一般包括课程标准总纲和各科课程标准两部分。前者是对一定学段的课程进行总纲设计的纲领性文件,规定各级学校的课程目标、学科设置、各年级各学科每周的教学时数、课外活动的要求和时数以及团体活动的时数等;后者根据前者具体规定各科教学目标、教材纲要、教学要点、教学时数和编订教材的基本要求等。[③]

戚万学主编的《教育学》中指出:所谓课程标准,就是根据课程计划以纲要的形式编写的有关学科教学内容的指导性文件。它反映某一学科的教学目的、任务,教材内容的范围、深度和结构,教学进度以及教学法上的基本要求,课程标准是选择具体教材和编写教科书的依据。[④]

课程标准原本是关于教学科目的规定,随着时代的发展,它逐渐转变为学生学习结果的规定,从而具有更为丰富的内涵。作为预期的学生学习结果,课程标准是治理教学质量的一个工具,也是一个国家或民族对其基础教育教学质量的期望;它用清晰的行为动词表达学生学习结果,使得教学质量具有可评价性。作为治理教学质量的一个工具,课程标准不是单体概念,它把规范的对象扩展到了整个教育系统乃至社会大环境层面,并围绕课程标准形成了一系列相关的标准体系,课程标准也因此而具有赋予相关者明确的责任即建立合理的责任分担机制的含义。[⑤]

总之,课程标准是指规定中小学的培养目标和教学内容的文件,是国家

[①] 钟建珍,李桂霞. 从教学大纲到课程标准转变的思考[J]. 职教通讯,2012(3):7-9.
[②] 教育部关于印发《基础教育课程改革纲要(试行)》的通知[J]. 中华人民共和国国务院公报,2002(12):28-31.
[③] 教育大辞典编纂委员会. 教育大辞典:第 1 卷[M]. 上海:上海教育出版社,1990.
[④] 戚万学. 教育学[M]. 济南:山东科学技术出版社,2002:73.
[⑤] 张斌."课程标准"含义的演变与解读[J]. 教育学术月刊,2010(6):70-73.

对学生接受一定阶段教育之后的结果所做的具体描述,也是国家教育质量在特定教育阶段应达到的具体指标,它具有法定的性质。因此,课程标准是国家管理和评价课程的基础,是教材编写、教学、评估和考试命题的依据。[①]

(二)教学大纲

《中国教育百科全书》指出,教学大纲是国家对某一门学科提出的统一要求和具体规定,是教材编写和教师教学的主要依据,是检测学生学业成绩和衡量教师教学质量的重要标准,其中对学科知识的教学范围、目的、体系、结构、方法、评价提出了具体要求,也规定着学科的知识结构、学生的知识水平和发展需要。[②] 教学大纲是根据教学计划中规定的各门学科的目的、任务而编写的指导性文件,有画框定向的性质。它以纲要的形式,具体规定每门学科知识、技能的范围、深度及其体系、结构,同时规定教学的一般进度和对教学法的基本要求。教学大纲是教学内容的具体化,是狭义课程的具体化,课本撰写人和教师进行教学都要以它为根据。教学大纲是由教育行政部门批准颁布的。[③]

教学大纲与课程标准都是国家课程安排与教学管理评价的统领性文件,体现了我国科学课程标准在内容和结构上的变化。[④] 作为教学指导性文件,教学大纲关注的重点是学生对知识的掌握,它对教学目的、教学内容、教学内容的前后顺序都作了详细的规定,无论是对于教师、学生,还是对于教材,它都没有留下多少开拓的空间,这不利于创造能力的培养,因此,由教学大纲到课程标准的演变是时代发展和中华民族伟大复兴的迫切要求。新中国成立后的教育改革在某些方面取得了重要的发展,但是我国基础教育所存在的问题并没有得到有效的解决。学习负担太重、应试教育观念根深蒂固的现象比比皆是,因此,由教学大纲到课程标准的演变是教育改革发展的必然趋势,也是我国基础教育现状的客观要求。教学大纲没有更多地去考虑学生的感性和情趣,不少学生把学习过程当成痛苦的经历。学生关心的事不是教学大纲的知识点,教师们不会教;学生们想动手做的事不是教学大纲要考试的内容,教师和家长都反对做。因此,由教学大纲到课程标准的演变是有利于学生身

---

① 王满寿,任衍刚.中学生物学教学大纲和课程标准的发展[J].生物学教学,2003(12):10-12.
② 《中国教育百科全书》编委会.中国教育百科全书[M].北京:海洋出版社,1990.
③ 同①.
④ 戴君英.我国小学科学课程标准(教学大纲)中"伴随含义"的百年沿革与展望[D].青岛:青岛大学,2021.

心健康发展的合理选择。①

二、课程名称的演变

梳理中国百多年的科学教育历史,可以看到中国小学科学课程从清末的"格致"到民国的"理科",袁世凯统治时期被废除,而后又复出,20世纪20年代后改称为"自然"。1932年,社会、自然、卫生三科在初小合并为"常识"一科,高小依然称为"自然",一直延续到1961年,称为"常识",1963年又改为"自然","文革"时期称为"常识","文革"后1978年改为"自然常识",1981年又改称为"自然",一直延续到21世纪初,在2001年改为"科学"(见图2.1)。②③

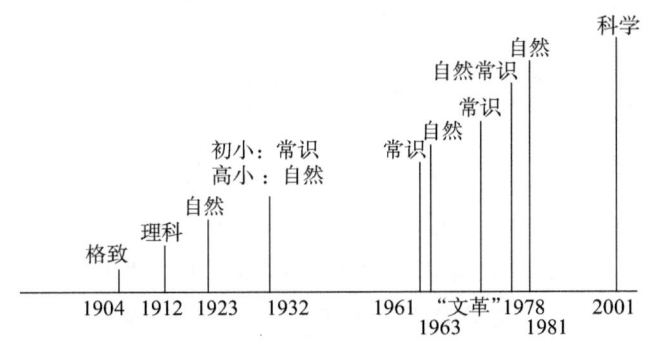

图 2.1　百年小学科学课程名称的演变④

可以看出,如果将清末"格致"课的出现定位为单独设科的标志的话,民国初年"理科"之称的出现是小学科学课程演变史中的第一次转折。"理科"之名是由日本引入的,有时还称之为"博物"或"理化",主要是指物理、化学知识的学习。因此,该转折是从具有经学意味的"格致"过渡到具有初步有限科学意味的"理科"。

"自然"之名的出现则为第二次转折,小学科学课程的内涵进一步扩展,

---

① 陈小琼,梁桂华.从教学大纲到新课程标准演变的原因研究[J].江西教育学院研究(社会科学),2005,26(1):41-44.
② 谢恭芹.中国近现代小学科学课程演变研究[D].北京:首都师范大学,2008.
③ 胡继飞.我国新版小学科学课程标准探微[J].中小学教师培训,2017(6):28-32.
④ 同②.

由简单的理化科目扩大到自然界。这对于小学科学课程的发展而言是一个巨变，这一名称的使用一直延续到21世纪新课程标准的颁行。名称体现的是当时人们对"科学"含义的理解。其间在小学低中年级有"常识"之名的使用，起初是源于小学科目以简为宜的观念，以及各地方办学条件、水平不等，可酌量合并科目的建议。"常识"之名的交替出现也表现出人们对小学低中年级科学课程的定位不明确，这也导致了科学课程在小学课程中的"漂浮不定"。

2001年，《全日制义务教育科学（3～6年级）课程标准（实验稿）》改"自然"为"科学"，课程内容又一次扩展。这一名称的变更不仅反映出教学内容上的扩展，从以自然现象、事物为主拓展到整个自然科学领域，还有与自然科学有关的人文精神、价值观、科学技术与社会的关系、科学探究的方法与过程等等。这次改变可谓小学科学课程演变的第三次转折。[1]

三、中国近代的小学科学课程标准

实际上，近代中国的科学教育是19世纪末西学东渐的结果。鸦片战争的爆发拉开了中国近代史的帷幕，开启了中国多灾多难、备受欺侮的近代史历程，统治阶层的开明者开始意识到必须学习西方的自然科学，这促使他们不得不在学习语言和专门技术的洋务学堂中开设一些基本的科学课程。[2] 1874年，徐寿和傅兰雅创办了我国第一所专门进行科学教育的新书院——上海格致书院，虽然徐寿对近代科学的认识还停留在技艺的层面，但是他也认为应该广泛地进行科学教育。同时，西方国家纷纷利用不平等条约的便利在中国设立了为数众多的教会学校，这些学校大多以"班级授课制"作为基本的教学组织形式，并在整个课程体系中加入了部分科技知识。早期的教会学校以提供初等教育为主，一般都设有比较独立但较浅显的科学课程。这些新书院和新式学堂推动了科学教育的进一步发展。[3] 这一时期的科学课程标准正处于摸索时期，许多内容都是从当时较为发达的国家直接搬过来的。

---

[1] 谢恭芹.中国近现代小学科学课程演变研究[D].北京:首都师范大学,2008.

[2] 樊冬梅.中国近代普通中小学科学教育（1878—1922）[D].上海:华东师范大学,2006.

[3] 郭长江.清末民初科学教育史话[J].上海师范大学学报(哲学社会科学·教育版),2002,31(1):115-119.

（一）《钦定学堂章程》

1878年，张焕纶等在上海创办正蒙书院（后改名梅溪学堂），开设国文、地理、经史、时务、格致、数学等课程。格致即物理、化学等自然科学的总称。"格致"二字出自《礼记·大学》"致知在格物，格物而后知至"，所谓"格物"就是推究事物的道理。正蒙书院是中国人最早自主创办的新式小学。①

甲午战争的失败让日本一时成为中国学习的对象，国人开始关注日本在明治维新中所采用的近代化的学校教育制度和由此带来的日本教育变革及其国力的提高。1901年5月，罗振玉在上海创办了中国第一本教育刊物——《教育世界》半月刊，该刊是为广泛借鉴、吸收国外教育经验，以图振兴中国教育而创办的。《教育世界》将介绍西方国家特别是日本教育制度中的有关法令、法规作为其重要内容之一，为清政府制定近代学制提供了蓝本。②

1900年，八国联军入侵北京，清政府在此民族危难之际，于1901年宣布实行新政。1902年，时任管学大臣张百熙以日本学制为摹本，结合中国自身国情，向清政府上呈《钦定学堂章程》，史称"壬寅学制"，这是我国第一部近代化学制。③

壬寅学制规定了一个较为完整的学校系统，是中国近代教育史上第一个比较系统的法定学校系统。壬寅学制中学校系统由大学堂、中学堂、小学堂三个层次的学堂所组成，功能是培养新式人才，也就是精通儒家思想和西方科学技术的人才。④ 张百熙在《钦定学堂章程》里再三强调初等教育的重要性，小学堂的宗旨就是"授以道德知识及一切有益身体之事"，规定适龄儿童在条件允许的情况下均应接受相应年限的正规学校教育，已经包含有强制接受教育的理念，可谓是开启了中国义务教育之先河。壬寅学制从制度层面开启了中国教育的近代化，但是当时的社会环境、时代背景以及清廷内部的各种矛盾等造成其夭折。⑤

---

① 樊冬梅.中国近代普通中小学科学教育（1878—1922）[D].上海：华东师范大学，2006.

② 谢长法.罗振玉：晚清教育改革的先行者[J].河北大学学报（哲学社会科学版），2003(4):17-20.

③ 佟雅囡.中国近现代科学教育与当代中小学科学教育改革研究[D].长春：东北师范大学，2005.

④ 陈睿腾.再探壬寅学制之废除：以功能理论为视角[J].闽南师范大学学报（哲学社会科学版），2017,31(4):91-95.

⑤ 周浩.壬寅学制：中国学制近代化的起始[D].银川：宁夏大学，2013.

在《钦定学堂章程》中，寻常小学堂所开设的科学教育科目只有算学一科，第一学年每周 5 课时，第二学年每周 4 课时，第三学年也为每周 4 课时，周课时总数为 13，占所有学科周课时总数的 17.7%；高等小学堂所开设的科学教育科目有算学和理科（自然课）两科，其中算学在三学年的周课时数分别为 8、10、10，周课时总数为 28，占所有学科周课时总数的 13.0%，理科在三学年的周课时数分别是 6、8、10，周课时总数为 24，占所有学科周课时总数的 11.1%。①

（二）《奏定学堂章程》

1903 年，张百熙、张之洞等人对壬寅学制进行了修改，于次年 1 月正式颁布施行《奏定学堂章程》，史称"癸卯学制"。《奏定学堂章程》规定：完全科初等小学设修身、历史、地理、格致等课程。至此，新式学堂的设立有了制度上的保证，科学课正式进入中国的小学学制。全国的中小学堂有了统一的办学依据，在科学教育上所开设的科学教育科目逐渐趋于一致，许多学校都可以按照学制的规定开设科目，科学教育的内容比较完备。②

癸卯学制是中国第一个完整的、系统的并付诸实施的学制，初等教育 9 年，包括初等小学堂 5 年，高等小学堂 4 年，另设蒙养院，不在正式学制之内。③

《奏定初等小学堂章程》规定：设立修身、读经讲经、中国文字、算学、历史、地理、格致、体操等学科，每周授课不得超过 30 小时，其中读经讲经 12 小时，课外每日半小时。《奏定高等小学堂章程》规定：高等小学堂修业 4 年，开设修身、读经讲经、中国文学、算学、历史、地理、格致、图画、体操等学科，每周授课 36 小时，其中读经讲经 12 小时，课外每日半小时。在壬寅学制中初小设格致 3 小时，在总课时设置中占 8.33%；在癸卯学制中初小设格致 1 小时，高小 2 小时，在总课时设置中分别占 3.33% 和 5.56%。④

《奏定学堂章程》初等小学堂格致科教育要义是"在使知动物植物矿物等类之大略形象质性，并各物与人之关系，以备有益日用生计之用。惟幼龄儿童，宜由近而远，当先以乡土格致。先就教室中器具、学校用品及庭院中动物植物矿物，渐次及于附近山林川泽之动物植物矿物，为之解说其生活变化作

---

① 樊冬梅. 中国近代普通中小学科学教育（1878—1922）[D]. 上海：华东师范大学，2006.
② 同①.
③ 李慧洁. 浅析中国近代第一部学制：壬寅、癸卯学制[J]. 当代教育论坛（宏观教育研究）. 2008(5)：38-39.
④ 谢恭芹. 中国近现代小学科学课程演变研究[D]. 北京：首都师范大学，2008.

用,以动其博识多闻之慕念";规定高等小学堂格致科教育要义为"在使知动物植物矿物等类之形象质性,并使知物与物之关系,及物与人相对之关系,可适于日用生计及各项实业之用,尤当于农业工业所关重要动植矿等物详为解说,以精密其观物察理之念"。① 格致科的具体内容见表 2.1 和表 2.2。也就是说,《奏定学堂章程》规定的教育目标是对初等小学堂一、二年级教授乡土动物、植物、矿物和日用必需品的名称和作用;对三、四年级教授重要动植物、矿物的形状,让儿童观察它们生活发育之情形;对五年级教授初级生理卫生知识。规定高等学堂一年级教授动植物、矿物及自然物之形象;对二年级教授寻常物理、化学之形象;对三年级教授原质及化合物,简易器具之构造、作用;对四年级教授植物、动物之相互关系及对人生之关系,人身生理卫生之大要。②

表 2.1 初等小学堂格致科内容

时间	学科	程度	每星期钟点数
第一年	格致	讲乡土之动物、植物、矿物,凡关于日用所必需者,使知其作用及名称	1
第二年	格致	讲乡土之动物、植物、矿物,凡关于日用所必需者,使知其作用及名称	1
第三年	格致	讲重要动物、植物、矿物之形象,使观察其生活发育之情状	1
第四年	格致	讲重要动物、植物、矿物之形象,使观察其生活发育之情状	1
第五年	格致	讲人身生理及卫生之大要	1

表 2.2 高等小学堂格致科内容

时间	学科	程度	每星期钟点数
第一年	格致	植物、动物、矿物及自然物之形象	2
第二年	格致	搜寻常物理化学之形象	2
第三年	格致	原质及化合物、简易器具之构造、作用	2
第四年	格致	植物、动物之相互关系及对人生之关系,人身生理卫生之大要	2

---

① 课程教材研究所.20 世纪中国中小学课程标准·教学大纲汇编:自然·社会·常识·卫生卷[M].北京:人民教育出版社,1999:3-4.

② 樊冬梅.中国近代普通中小学科学教育(1878—1922)[D].上海:华东师范大学,2006.

因此,《奏定学堂章程》很大程度上模仿日本学制,带有明显的半殖民地半封建性质。在课程的设置上,按照中学为体、保存国粹的原则,规定各级学堂必须把读经科和中国文学科列为重点的必修课,其目的就是"保存圣教""巩固国本",自然科学方面的课程所占的比例很小。人们对待科学的基本观念并没有发生改变,科学尚未摆脱实用的"技艺"和"知识"的层面。因此,最初进入主流教育体制的"科学"课程,其教育目标也往往局限于基础知识的传授和基本技能的掌握。①

(三)《小学校教则及课程表》

1912年1月9日,清末学部改为教育部,强调了政府的教育管理服务职责。民国初立,蔡元培为教育部部长时,召集各省教育界人士,在京召开中央教育会议,规定了一个学制系统,附有九条说明,曾于民国元年(1912年)9月公布,谓之"壬子学制"。随后,教育部又陆续针对办学宗旨、教师、学生、课程、办学经费、教育教学考核测评、组织管理及设备设施等教育规程方面公布了各级各类学校令,直到1913年底"壬子癸丑学制"才算公布完毕。壬子癸丑学制为民国初期学校秩序的稳定打下了基础,为民国初期共和制度下的学校结构体系布局指明了方向,尤其是办学的政治方向、人才培养的现代民主观念等方面,具有明确立场。②

1912年11月22日,教育部公布《小学校教则及课程表》,将小学教育阶段9年改为7年,规定男女平等地接受教育,初等小学阶段修业期限为4年,取消中国文字、历史、地理、格致,增设国文,即无科学课程,这相对于清末格致科的设置来说是一个倒退,高等小学阶段修业期限为3年,取消中国文学,增设国文,将"格致"改为"理科"。

《小学校教则及课程表》的教则第七条对理科要旨规定如下:"理科要旨,在使儿童略知天然物及自然现象,领悟其中相互关系及对于人生之关系,兼使练习观察,养成爱自然之心。理科宜授习见之植物、动物、矿物及自然现象,使知重要之名称、形状、效用、发育及其相互关系,与对人生之关系,进授物理、化学上之重要现象、元素与化合物之性质,简易器械之构造、作用,人身生理卫生之大要。理科务授以适切于农工、水产、家计等事项,在教授动植物时,尤宜使知该物制造品之制法及其效用。教授理科务须实地观察,或

---

① 孔云. 中国科学教育目标的演变[J]. 四川教育学院学报,2007,23(12):55-57.
② 周文佳. 民国初年"壬子癸丑学制"述评[J]. 河北师范大学学报(教育科学版),2011,13(11):47-52.

示以标本、模型、图画等,并施简易实验。"①而且理科三年每周授课时数均为 2 (表 2.3)。②

表 2.3 《小学校教则及课程表》中高等小学阶段理科内容

学年	学科	内容	每周授课时数
第一学年	理科	植物、动物、矿物及自然现象	2
第二学年	理科	植物、动物、矿物及自然现象	2
第三学年	理科	通常物理、化学上之现象;元素与化合物,简易器械之构造、作用,人身生理卫生之大要	2

(四)《小学自然(包括自然园艺)课程纲要》

五四运动前后,大量西方教育思想传入中国,国内掀起了声势浩大的教育改革运动,并掀起了研究学制改革的高潮,呼吁改革旧学制,建立新学制。

在第一次世界大战期间,中国的民族工商业得到了较快的发展,急需大量人才,而壬子癸丑学制的弱点非常凸显,例如各级学校教学程度不能衔接、小学最后一年与中学第一年课程颇多重复。1917 年,蔡元培首先发起大学改制,并在北京大学进行。全国教育会联合会从 1919 年的第五次年会开始讨论学制系统修改问题,以后由各省教育会提出学制草案,并多次集会讨论,1921 年,第七次全国教育会联合会年会拟定了学制改革草案,1922 年在北洋政府教育部专门召开了学制会议,最终于第八次全国教育会联合会年会通过,11 月 1 日以大总统令公布了《学校系统改革案》,这就是 1922 年的新学制,一般称为"'六三三'学制",亦称"壬戌学制"。壬戌学制是我国近现代学制中使用时间最长、影响最大的一个学制。③

壬戌学制的内容包括了标准、学制系统、说明三部分,体现了新文化运动以来所倡导的"民主"与"科学"的主流思想。壬戌学制不提教育宗旨,而以七项标准作为改革的指导思想,即适应社会进化之需要、发挥平民教育精神、谋个性之发展、注意国民经济力、注意生活教育、使教育易于普及、多留各地方伸缩余地,这在中国教育史上是一项历史性突破和重大创新之举。它吸收了当时世界教育改革和国内教育实践的新成果,是"儿童中心""教育即生活"

---

① 谢恭芹. 中国近现代小学科学课程演变研究[D]. 北京:首都师范大学,2008.
② 郭长江. 中国近现代科学教育变革的文化反思[D]. 上海:华东师范大学,2003.
③ 刘良初. 对我国近现代学制的回顾与展望[J]. 湖南教育,2005(3):26-28.

"学校即社会"等进步教育思想的体现。①

在壬戌学制总说明中提出,学制系统大致以儿童身心发展时期为根据,分为三级,采用"六三三"学制,将初等教育改为6年。由于中国幅员辽阔,地方情形各异,而社会的要求繁杂,故未设学分科,采取纵横活动主义,教育以儿童为中心,并顾及其个性和智能发展,高等、中等教育之编课采用选科制,初等教育之升级采用弹性制等。与之前的旧学制相比较,壬戌学制对教育阶段的划分以儿童的年龄分期作为标准,这种划分大体上符合我国学龄儿童身心发展的实际状况,这在当时被视为"吾国民新精神之觉醒"。1922年,全国教育会联合会组织了"新学制课程标准起草委员会",拟定了《中小学各学科课程要旨》,经后来反复讨论、重申、修订后,于1923年刊布了《新学制中小学课程纲要》。《新学制小学课程纲要》提出小学设国语、算术、卫生、公民、历史、地理、自然、园艺、工用艺术、形象艺术、体育、音乐等科,改理科为自然,初小增加社会、自然两科;在小学前四年,卫生、公民、历史、地理四科合并开设为"社会",园艺并入自然科讲授。② 自然科与园艺科学时数相加占总学时的12%,高小自然科学时占总学时的8%。为了适应小学科学课程教学的实际需要,各书局编辑出版了相应的教材,各地小学普遍采用的自然科教材主要有1923年商务印书馆出版的凌昌焕编《新学制自然科教科书》、1924年商务印书馆出版的杜亚泉编《新撰自然科教科书》,以及1924年世界书局出版的姜文洪等编《自然课本》。这些教材在运用过程中教员可根据地方情况酌情修改,各地区也根据当地实情编写了内容多样的教材。《中国之科学与教育》指出,中国科学发展的最重要因素是科学课程教师,中国的理科教员通常对科学知识的把握,如科学事实和书本知识,是非常扎实的,并且作为教师也具有很高的教学热情,但对于科学与人类的关系以及科学知识的探求过程,了解不多。③

19世纪20年代的美国学者对中国科学教育的状况提出了质疑和建议,从中可进一步窥视当时科学教育的弊端和局限。1921年,美国教育家孟禄依据在中国几个月的实际调查结果指出:"中国人对于科学概念不明了,即视科学为名词与分类的事情。现在新的科学概念,不是要记名词,乃是要利用自

---

① 杨文海.壬戌学制研究[D].南京:南京大学,2011.
② 解亚.中国近代普通中小学科学教育(1922—1949)[D].上海:华东师范大学,2006.
③ 郭长江.中国近现代科学教育变革的文化反思[D].上海:华东师范大学,2003.

然的势力,就是注重实用主义。我举一例:如学植物学,并不在记名词与分别草树之种类,是要研究树木如何下种,如何生长,此为现在科学上的观念。"①1923年,美国科学教学专家推士来华考察后说:在科学教学方面,教师缺乏训练,不谙教学方法者占大多数,讲演法几乎是唯一的方法。虽在小学校内,上课时全由教师讲演,学生极少反应。即使在高级学校内,科学课程由学生实验的也是极少数。各级教学皆无专家视察与指导,设备差、实验器材缺乏,合适的教室更是少见。②

教育部针对小学自然科制定了《新学制课程标准纲要小学自然(包括自然园艺)课程纲要》,规定小学自然课程的目标为启发对于自然和自然现象的基本知识,使明了自然与人生有美术的、经济的、社会的、卫生的各种关系,有欣赏自然、研究自然和爱好田野生活的兴趣,有利用自然和种植、畜养的知能。③

自然课包括自然和园艺,自然的内容为动物、植物和矿物及自然现象,园艺的内容为普通简易的田间作业。在该纲要提出前后,各地小学开展了自然课程改革的实验,其中比较典型的是东南大学附属小学的教学实验。其在实验过程中对自然教材进行改革,把教材内容分为三个部分:第一,自然界的现象,主要研究阴晴寒暖的变化和昼夜四季的更迭;第二,自然界的生活,研究动植物的习性、形态、构造和繁殖方法等;第三,自然界的利用,包括研究衣、食、住三方面材料的来源和处理方法,机械器具构造的原理等。全部内容均为儿童日常生活接触到的自然界的材料。④ 总之,小学自然科的教学内容的范围较之前更广(表2.4)。

表2.4 《小学自然(包括自然园艺)课程纲要》中的课程内容

学年	内容程序
第一学年	家庭动物、园庭植物、附近田野动植物的观察研究;气候与衣、食、住和植物等关系;校园的分配设计,种豆、种菜、饲鸡等法;风、雨、阴、晴等气候的记载

---

① 王冬凌.对中国近代科学教育的回顾与反思[J].大连教育学院学报,2004,20(2):11-13.
② 杨根.徐寿和中国近代化学史[M].北京:科学技术文献出版社,1986:248.
③ 课程教材研究所.20世纪中国中小学课程标准·教学大纲汇编:自然·社会·常识·卫生卷[M].北京:人民教育出版社,1999:6.
④ 田正平.中国小学常识教学史[M].济南:山东教育出版社,1996:153.

续表

学年	内容程序
第二学年	家庭动物、园庭植物、附近田野动植物的观察研究,扩充到野外远足观察;气候与衣、食、住和植物等关系,并虫的过冬、保护植物过冬等;种豆、种菜,饲鸡、鸭等;去草、灌溉和收获种子、保藏种子等法;气候、温度的记载
第三学年	家庭动物、园庭植物、附近田野动植物的观察研究,注重考察所见动物的生活状况和植物的自卫、散布法等;研究铁、铜、银、铅和普通的岩石土质;气候与衣、食、住和植物等的关系,并虫的苏醒,水的冰冻、蒸发、凝结等;用寒暑表、镜等研究传热、发光、反光等的浅近物理;种豆,种菜,种麦或稻,种菊,饲鸡、鸭、养蚕等;整地、播种、施肥、除虫、去草等各法;气候、温度的记载
第四学年	家庭动物、园庭植物、附近田野动植物的观察研究,注重有益有害的动物和鱼类,并有社会组织的虫类的生活等;研究铁、铜、银、铅和普通的岩石土质,加金、锡和煤等的研究;气候与衣、食、住和植物等的关系,并虫的苏醒,水的冰冻、蒸发、凝结等,加风、露、雷、电、太阳等的现象;用指南针、秤各种活动玩具等,研究磁石作用、发声、回声、重力作用、水平、摩擦电气、燃烧等的浅显道理,并氧气、氢气等的作用;种豆,种菜,种麦或稻,种菊,饲鸡、鸭、养蚕等,加种草棉、蔷薇、莲、养兔、鸽等;整地、播种、施肥、除虫、去草等各法,加浅显植物生理与深耕、浅耕的利弊;气候、温度的记载
第五学年	家庭动物、园庭植物、附近田野动植物的观察研究,注重鸟的生活、有毒植物、水族等的观察、记载、研究;研究铁、铜、银、铅、金、锡、煤和普通的岩石土质,加水银、水晶、陶土、火成岩、水成岩等研究;气候与衣、食、住和植物等的关系,并虫的苏醒,水的冰冻、蒸发、凝结,风、露、雷、电、太阳等的现象,加霜、雹、虹、月等的现象;用简易器械研究浅显的物理和化学作用;种豆,种菜,种麦或稻,种菊,饲鸡、鸭、养蚕等,种草棉、蔷薇、莲、养兔、鸽等,加种瓜、种芋、种麻、种桑、种竹、种水仙、种凤仙、种鸡冠花和饲养金鱼、蜜蜂等;整地、播种、施肥、除虫、去草等各法,浅显植物生理与深耕、浅耕的利弊,加做畦,培土、除虫各法;气候、温度的记载
第六学年	家庭动物、园庭植物、附近田野动植物的观察研究,注重山野动植物、益虫、害虫、水生植物等的观察、记载、研究,并制作植物标本;研究铁、铜、银、铅、金、锡、煤和普通的岩石土质,水银、水晶、陶土、火成岩、水成岩等研究,加玉、金刚石、水泥、玻璃、合金等;气候与衣、食、住和植物等的关系,并虫的苏醒,水的冰冻、蒸发、凝结等,风、露、雷、电、太阳、霜、雹、虹、月等的现象,加恒星、行星、卫星、地球自转公转、日食、月食、昼夜、潮汐等;用简易器械研究浅显的物理和化学作用;种豆,种菜,种麦或稻,种菊,饲鸡、鸭、养蚕等,种草棉、蔷薇、莲、养兔、鸽等,种瓜、种芋、种麻、种桑、种竹、种水仙、种凤仙、种鸡冠花和饲养金鱼、蜜蜂等,加种蓝、种树等,并研究森林的利益;整地、播种、施肥、除虫、去草,浅显植物生理与深耕、浅耕的利弊,做畦,培土、除虫各法,加选种、人工繁殖、肥料成分等;气候、温度的记载

《小学自然(包括自然园艺)课程纲要》对学生的毕业最低限度标准作出说明,规定初级自然科的最低限度标准是能识别习见的重要动物至少二十五种,并知道和人生的关系;能识别习见的重要植物至少二十五种,并知道显著

的用途;能识别习见的矿物及其制品至少十种,并知道显著的性质和用途;能略知易见的自然现象的因果,和人生的关系;能略知常见的简易理科的现象和因果。初级园艺科的毕业最低限度标准是能做最普通简易的作业,如松土、浇水、施肥、除草、捕虫各法和随便饲养地方适宜的小动物一二种;能因上项园作而自行研究试验(观察、记载、比较),略知作物和气候、水土的关系。《小学自然(包括自然园艺)课程纲要》规定高级自然科的毕业最低限度标准是除初级已学的以外,加普通的动物、植物至少各二十种(如:兔、蝙蝠、鹅、鹰、枭、鳖、蟾蜍、金鱼、鲈、鲤、蝗虫、蚁、蚤、蜻蜓、萤、蜈蚣、蛔虫、海参),并大半能说明其显著的形态特征,和对于人生的利害;除初级已学的外,加识矿物及其制品至少十种,并略知其用途和制法大要;略知各种自然现象的因果和对于人生的关系;略知普通的理化事实和简易的物理器具、化学物质等。高级园艺科的毕业最低限度标准是能做普通的作业,如做畦、削株、培土、除虫各法和饲养动物一二种;能因上述园作而自行研究试验(观察、加载、比较),知道作物和气候、水土的关系。[①]

(五)《小学课程暂行标准小学自然》

1927年,国民党在南京成立了国民政府,提出了"三民主义"教育宗旨,并重新制定了教育政策,颁布了各项教育法令、法规等,普通中小学科学教育继续得到发展,无论在理论还是实践上,都作出新的探索。在理论上更注重学生的心理与学生的生活实际,在实践上则更注重组织形式的灵活多样与教学方法的多渠道探索,尤其是注重中国当时的国情。同时,南京国民政府积极推行"党化教育",对教育的严密控制使得普通中小学科学教育的发展受到了影响。

1928年5月,国民政府大学院在南京召开的第一次全国教育会议上讨论了学制改革问题,并在5月21日通过了《整理中华民国学校系统案》,即"戊辰学制"。该学制保持壬戌学制的基本框架,分原则与组织系统两部分。第一部分提出七项原则,即根据本国实情、适应民生需要、提高教育效率、提高学科标准、谋个性之发展、使教育易于普及、留地方伸缩之可能。第二部分为学校系统,分设中学、师范和职业三种学校。1929年公布了"三民主义"教育宗旨,1931年通过了《三民主义教育实施原则》,小学科学课程的教育目标是"注重自然科学之教授,以养成儿童爱好自然、利用自然、改造自然的兴趣,及破

---

① 课程教材研究所.20世纪中国中小学课程标准·教学大纲汇编:自然·社会·常识·卫生卷[M].北京:人民教育出版社,1999:8.

除对于自然现象一切的迷信",并要求学校多购置儿童科学读物、理科仪器等。此后一直到南京国民政府覆灭,都没有大的学制系统的改变,但对小学生的科学课程发展依旧很重视,并进行了多次修订,如1929年的《小学课程暂行标准》等。①

1929年的《小学课程暂行标准小学自然》包括目标、作业类别、各学年作业要项、教学方法要点和最低限度五部分。规定第一、二学年每周学习时间为90分钟,第三、四学年每周学习时间为120分钟,第五、六学年每周学习时间为150分钟。②

《小学课程暂行标准小学自然》规定小学自然课的教育目标为启发进求理解自然的基本知识,并养成对于科学的研究态度和试验精神;增进利用自然以解决物质和精神生活问题的智能(附注:物质生活问题如个人身体的卫生,以及衣、食、住、行等民生需要的满足,还有精神生活问题,如迷信的破除、正当的宇宙观和人生观的培养等);培养欣赏自然、爱护自然的兴趣和理想。③教学内容取自存在于儿童身边的"自然现象、生活需要和卫生知能"三大领域(表2.5),教学方法也强调"以乡土材料为出发点",为儿童切身需要和儿童所能理解的,"不用或活用教科书",提供多图表、通俗易懂的参考书,充分利用自然环境为教学场所,以及"引导学生用自己的方法","亲身经验"探讨、观察并解决问题的过程等等。课程设计上提倡从具体的生活问题出发进行"大单元的设计教学"。所有这些侧面都渗透了杜威的教育思想。④

《小学课程暂行标准小学自然》被认为是"课程标准"史上的第一个正式的小学科学课程标准,尽管形式上还未达到目前所具有的完备形式。其课程目标的第一条即"启发进求理解自然的基本知识,并养成对于科学的研究态度和试验精神",自然科还要实现的目标是"增进利用自然以解决物质和精神生活问题的智能"和"培养欣赏自然、爱护自然的兴趣和理想"。这与前一阶段的目标基本一致。由此看出,这时的初等教育一方面注重实用和技能的培养,另一方面注重遵循儿童心理发展规律和尊重儿童的成长需要。⑤ 具体课

---

① 张凯.民国时期中小学科学教育政策研究(1912—1949)[D].合肥:安徽医科大学,2012.

② 课程教材研究所.20世纪中国中小学课程标准·教学大纲汇编:自然·社会·常识·卫生卷[M].北京:人民教育出版社,1999:10.

③ 谢恭芹.中国近现代小学科学课程演变研究[D].北京:首都师范大学,2008.

④ 李华.中国小学科学课程改革历史简析[J].科学课,2003(1):31-34.

⑤ 王京彩.民国时期小学科学课程标准变革研究[D].上海:上海师范大学,2011.

程内容见表 2.5。

表 2.5 《小学课程暂行标准小学自然》中的课程内容[①]

类别	第一、二学年（每周 90 分钟）	第三、四学年（每周 120 分钟）	第五、六学年（每周 150 分钟）
自然现象	冷暖的省察；秋冬春夏四时景物（例如秋天的花和虫，冬天动植物的过冬，春天花木和动植物的苏醒，夏天树木的茂盛、燕等候鸟的往来）变化象征的观察研究；春夏秋冬四时的认识；蚊蝇等的研究灭除；云、雨、风等的研究；日常晴雨的记载研究；温度的记载研究	四时物候（例如树的落叶，谷类豆类的萌叶，冬季的候风，春夏的鸣禽，夏季的梅雨等）变化象征的调查、观察、研究、记载等；植物和日光等关系（如阴处花草等）的研究；有毒植物（如石蒜、半夏、毛茛、泽漆等）的识别；有群昆虫（如蜂、蚁等）的观察研究；昼夜运行和日食、月食等的研究；霜、露、冰、雪等的研究；温度和晴雨的记载研究	四时变化的因果的研究；地震、海啸、火山爆发等的研究；地球成因、变化等的研究；月球盈亏等的研究；星球种类、成因等的研究；雷电的研究和避雷针的装置；生物进化的研究
生活需要	关于食的： 陆地食物：本土主要农作物和蔬菜等形态、生长情形等的观察研究并试行种植；家畜家禽的状态、生活等的观察研究并试行饲养；雨水气候和农作物的关系的研究 水生食物：鱼虾的状态、生活等的观察研究；捕鱼的研究；本地主要水生植物形态和生长情形等的观察研究 关于衣的：丝和主要丝织物的识别，蚕的生活、形态等的研究；棉和棉纱棉布的识别；麻和麻布的识别，大麻苎麻的试种；呢绒的识别和绵羊的研究；皮革和皮革动物的研究	关于食的： 陆地食物：继续前学年并加上对主要果树的研究；昆虫、土壤和农作物关系等的研究；茶叶的研究 水生食物：继续前学年的研究，鱼虾的状态、生活等的观察研究；捕鱼的研究；海藻种类和采集方法的研究；继续前学年本地主要水生植物形态和生长情形等的观察研究，加试行培养 关于衣的：丝和染料的研究，并蚕的饲养、桑的试种；棉织物的继续研究和棉的试种；麻的漂白等的研究试验；毛织物的继续研究；皮革物的继续研究	关于食的： 陆地食物：继续前学年加主要果树的研究；鸟和农作物关系和各种鸟类的研究；茶叶的研究 水生食物：继续前学年的研究，鱼虾的状态、生活等的观察研究；捕鱼的研究；海藻种类和采集方法的研究；继续前学年本地主要水生植物形态和生长情形等的观察研究，加试行培养；空气和空气成分、效用和真空等的研究；其他盐、空气、酒、微菌等和食物的关系的研究 关于衣的：丝和染料的研究，并蚕的饲养、桑的试种；棉织物的继续研究和棉的试种；麻的漂白作用等的研究试验；毛织物的继续研究；皮革物的继续研究；加衣类附属品以及人造丝、人造革、机械制造等的研究

---

① 课程教材研究所.20 世纪中国中小学课程标准·教学大纲汇编：自然·社会·常识·卫生卷[M].北京：人民教育出版社,1999:10.

续表

类别	第一、二学年 (每周90分钟)	第三、四学年 (每周120分钟)	第五、六学年 (每周150分钟)
生活需要	关于住的： 建筑材料：砖、瓦、石灰、木材等的研究 家用供给：水、燃料、灯火、习见工具(如尺、针等)的研究；居屋构造：日光、光线、空气的研究 关于行的：筑路用的材料(如石、煤屑……)和路的种类的研究；舟车的种类和用途的研究；石油、石炭等的研究 其他： 普通记载用品(纸、笔、墨、砚、墨胶等)的研究； 游戏器具：皮球、木马、秋千、毽子、不倒翁的简易物理的研究	关于住的： 建筑材料：花岗岩、砂岩、石灰石、松、杉以及玻璃等的研究 家用供给：普通木料家具、铁制家具、习见工具和防火用具等理化作用等的研究 关于行的：继续前学年，筑路用的材料(如石、煤屑……)和路的种类的研究；运输机械、火车蒸汽机等的研究；煤和铁的采掘等的研究 其他： 印刷器具的研究；游戏器具：地铃、铁环、纸鸢等简易物理的研究	关于住的： 建筑材料：花岗岩、砂岩、石灰石、松、杉以及玻璃等的研究 加水门汀、三合土和造林等的研究 家用供给：普通木料家具、铁制家具、习见工具和防火用具等理化作用等的研究，加瓷器陶器、五金器具、常用工具、电话、煤气灯、时钟、火炉、自来水等理化作用等的研究 关于行的：桥梁等重心和杠杆等物理作用的研究；飞机、自动车、汽车、电车等的构造和行动原理的研究；电报、无线电报装置原理等的研究；铜和锡等的采掘的研究 其他： 玻璃板精印法的原理的研究；游戏器具和娱乐器具、留声机、照相机、活动影戏等研究
卫生知能	人体外部形态功能的认识；头部、四肢、躯干等清洁法、保护法的研究实行；衣、食、住(包括睡眠)、行，玩具，学用品等清洁卫生的研究实行(以生活需要研究所及的为范围)	消化、排泄、循环、神经各器官形态功能的认识；消化、排泄、循环、神经各器官的健康法的研究实行；继续前学年，随生活需要的研究而扩充范围；曲背、近视、牙病、沙眼、痢疾、肺病等普通疾病和传染病的预防治疗的研究实行	生理卫生的概要(六年级下半年可作系统的研究)；衣食住行等卫生的研究实行；随生活需要的研究而扩充范围；普通疾病和传染病的预防治疗的研究实习；急救法大要；看护法大要；家庭常用药品的识别

(六)《小学课程标准自然》

1932年10月，教育部根据各方面试验、批评及讨论的结果，颁布了正式的《小学课程标准总纲》，规定小学自然科每周的教学时间，低、中、高年级分别为90分钟、120分钟和150分钟，而在初级小学里将社会、自然、卫生三科合并为常识一科，同时劳作等科中的园艺、家事等部分合并入自然科，从此常识科这一课程名称在小学课程设置中正式出现，可以说是"壬子癸丑学制"颁布以后最为硬化的课程设置，建议每课时30分钟为宜，也可视科目教材的性质而分别延长到45分钟或60分钟。①

1932年的《小学课程标准自然》是对1929年的暂行课程标准的修订,通过对比可知,主要变化是"作业类别"与"各学年作业要项"中的内容,因为该课程标准将卫生部分单设,所以在1929年暂行课程标准中已有的"卫生知能"部分被删去。卫生与自然的分与合,关键在于当时人们对科学范畴的理解。"科学"一词自引入起对其的界定就不一,特别是民国初期,人们多理解为"分科之学"。由此,体现在小学自然科目的划分上就常常出现变换,或合或分在主导者之念。但实际上,在具体教学上,正如之前标准总纲中所提到的,初小阶段各科目可酌量合并,因此对内容的学习并未受到很大影响。除此之外,"自然现象"和"生活需要"中的具体内容设置的变化多在于字词的调整,无实质变化。这一时期的小学自然教科书以编排方法不同为代表,其中以商务印书馆、中华书局和世界书局最为权威,主要有韦息予、孙伯才编的《小学自然课本》(上海中华书局,1933年版),以及杨卿鸿、糜赞治编的《新中华自然课本》(上海中华书局,1929年版)。这时期的教材具有共性,主要表现在编排体例采用的是大单元组织法,依照学历时令来排列教学内容,内容上与其他科充分联系。②

1932年的《小学课程标准自然》中规定的课程目标为:指导儿童理解自然界的现象,并养成其科学研究和试验的精神;指导儿童利用自然以解决人类生活问题的知能;培养儿童欣赏自然、爱护自然的兴趣和道德。还分年列举了各项作业要目,使自然课的教学具有一定的操作程序。③ 具体课程内容见表2.6。

表2.6 《小学课程标准自然》中的课程内容

类别	第一、二学年 (每周90分钟)	第三、四学年 (每周120分钟)	第五、六学年 (每周150分钟)
自然现象	冷暖的省察;秋冬春夏四时景物(例如秋天的花和虫,冬天动植物的过冬,春天花木和动植物的苏醒,夏天树木的茂盛、燕等候鸟的往来)变化的观察研究;春夏秋冬四时的认识;	四时物候(例如树的落叶,谷类豆类的萌叶,冬季的候风,春夏的鸣禽,夏季的梅雨等)变化象征的调查、观察、研究、记载等;植物和日光的关系(如阳光下和阴处花草比较的研究);	四时变化的因果研究;植物和日光的关系(如阳光下和阴处花草比较的研究);有毒植物(动物如毒蛇等,植物如石蒜、半夏、毛茛、泽漆等)的研究;有群昆虫(如蜂、蚁等)的

---

① 解亚.中国近代普通中小学科学教育(1922—1949)[D].上海:华东师范大学,2006.
② 王京彩.民国时期小学科学课程标准变革研究[D].上海:上海师范大学,2011.
③ 谢恭芹.中国近现代小学科学课程演变研究[D].北京:首都师范大学,2008.

续表

类别	第一、二学年 （每周90分钟）	第三、四学年 （每周120分钟）	第五、六学年 （每周150分钟）
自然现象	蚊、蝇、虱子等的害处和驱除方法的研究；云、雨、风等的研究；日常晴、雨、风向的记载研究；温度的记载研究	有毒动植物（动物如毒蛇等，植物如石蒜、半夏、毛茛、泽漆等）的研究；有群昆虫（如蜂、蚁等）的观察研究；昼夜运行和日食、月食等的研究；蚊、蝇、虱子等的害处和驱除方法的研究；云、雨、风等的研究；霜、露、冰、雪等的研究；温度、晴雨和风向的记载研究	观察研究；昼夜运行和日食、月食等的研究；蚊、蝇、虱子等的害处和驱除方法的研究；云、雨、风等的研究；地震、海啸、火山爆发等的研究；地球成因、变化等的研究；日、月、地球运行的现象和月球盈亏等的研究；星球种类、成因等的研究；雷电的研究和避电的研究；生物和优生进化的研究
生活需要	关于食的： 陆地食物：本土主要农作物和蔬菜等形态、生长情形等的观察研究并试行种植；家畜家禽的状态、生活等的观察研究并试行饲养；雨水气候和农作物的关系的研究 水生食物：鱼虾的状态、生活等的观察研究；捕鱼的研究；本地主要水生植物形态和生长情形等的观察研究 关于衣的：丝和主要丝织物的识别，和蚕的生活、形态等的研究；棉和棉纱、棉布的识别；麻和麻布的识别，并大麻、苎麻的试种；呢绒的识别和绵羊的研究；皮革和皮革动物的研究 关于住的： 建筑材料：砖瓦、石灰、木材等的研究 家用供给：水、燃料、灯火、习见工具（如尺、针等）的研究 居屋构造：日光、光线、空气的研究	关于食的： 陆地食物：继续前学年加上主要果树的研究；蝗螟、青蛙、蚯蚓和农作物关系的研究；大豆的研究；茶叶的研究 水生食物：继续前学年的研究，鱼虾的状态、生活等的观察研究；捕鱼的研究；海藻种类和采集方法的研究；继续前学年本地主要水生植物形态和生长情形等的观察研究，加试行培养 其他食用油、盐、糖等的研究 关于衣的：丝和染料的研究，并蚕的饲养、桑的试种；棉织物的继续研究和棉的试种；麻的漂白作用等研究试验；毛织物的继续研究；皮革物的继续研究 关于住的： 建筑材料：花岗岩、砂岩、石灰石、松、杉以及玻璃等的研究 家用供给：普通木料家具、铁制家具、习见工具和防火用具等的研究	关于食的： 陆地食物：继续前学年加主要果树的研究；蝗螟、青蛙、蚯蚓和农作物关系的研究；大豆的研究；茶叶的研究；鸟和农作物的关系和各种鸟类的研究 水生食物：继续前学年的研究，鱼虾的状态、生活等的观察研究；捕鱼的研究；海藻种类和采集方法的研究；本地主要水生植物形态和生长情形等的观察研究，加试行培养 空气和空气成分、效用和真空等的研究 其他盐、糖、酒、酱、酱油、微菌等和食物关系的研究 关于衣的：丝和染料的研究，并蚕的饲养、桑的试种；棉织物的继续研究和棉的试种；麻的漂白作用等的研究试验；毛织物的继续研究；皮革物的继续研究；加衣类附属品以及人造丝、人造革、机械制造等的研究 关于住的： 建筑材料：继续前学年花

续表

类别	第一、二学年 （每周90分钟）	第三、四学年 （每周120分钟）	第五、六学年 （每周150分钟）
生活需要	关于行的：筑路用的材料（如石、煤屑……）和路的种类的研究；舟车的种类和用途的研究；煤和石油等的研究 其他： 如普通记载用品（纸、笔、墨、砚、墨胶等）的研究	居屋构造：日光、光线、空气的研究 关于行的：继续前学年，筑路用的材料（如石、煤屑……）和路的种类的研究；运输机械、轮船、火车蒸汽机等的研究；煤和铁的采掘等的研究 其他： 印刷器具的研究；游戏器具皮球、不倒翁、毽子、纸鸢等简易物理的研究	岗岩、砂岩、石灰石、松、杉以及玻璃等的研究，加水门汀、三合土、造林等的研究 家用供给：普通木料家具、铁制家具、习见工具和防火用具等的研究，加瓷器、陶器、五金器具、常用工具、电话、电灯、煤气灯、时钟、火炉、自来水等理化作用等的研究 关于行的：桥梁等重心和杠杆等物理作用的研究；飞机、自动车、汽车、电车等的构造和运动原理的研究；有线和无线电报装置原理等的研究；铜和锡等的采掘等的研究 其他： 印刷器具的研究；游戏器具和娱乐器具留声机、照相机、活动影戏等的研究；火柴、军械等的研究

（七）《小学常识科课程标准》与《小学高年级自然课程标准》

1935年，教育部对课程标准再次进行修正，并在1936年公布了《修正小学课程标准》，规定初小的社会、自然两科合并为常识科，每周教学的时间，低、中年级各为150分钟和180分钟，教学时间相应缩短，高小自然、社会两科每周教学时间保持不变。这一时期的《小学常识科课程标准》规定，小学常识科的教学目标有三条：第一，指导儿童了解个人、家庭、学校、乡土、民族国家以至世界人类等环境和内容的大概，并明白人与社会和自然的关系。这一目标的要求注重的是知识的广度，从儿童身边出发，结合实际生活来认识世界，体会人与世界的关系。今天的课程目标仍旧延续了这一层意思。第二，指导儿童发现并解析环境中所有最重要最显露的问题，并培养儿童简约自身、改造环境和复兴民族的愿望和能力。该目标包含两层含义：善于观察和发现问题，及养成好的生活、学习习惯，激发保护环境和热爱民族的情怀。这并非给儿童树立高远的目标,而是使儿童从自身出发、从身边事做起,逐步实现大的目标。这在今天仍具有积极的现实意义。第三,指导儿童探求知识的基础方法,并养成其独立研究的志趣和能力。该目标含有培养科学探究之意,强调儿童的主动性和积极性。初小四年,常识科学习的内容很多,但多涉及儿童自身及其日常生活,因此具有一定的灵活性和趣味性。四学年要学习的主要内容可划分为四个方面:第一是家庭、社会生活的认识、研究、实验、实践、记载、发表等,又可细分为自然环境的省察(昼夜、四季、方位等与生活的关系);第二是生活劳动和生活资源的认识与研究;第三是人体生理的认识和保健方法的研究与实践;第四是社会关系的认识和团体生活的实践。[①]

与初小相比,高小阶段社会与自然仍分科。这主要是因为高小的学习内容增多,并有了一定深度。有了初小的基础后,高小的学习可在基础之上有一定的深入。另外,卫生知能部分仍归属于自然科。这与科学界包含生物学的概念相一致。1936年《小学高年级自然课程标准》中规定的目标为:指导儿童理解自然界的现象,并养成儿童爱护自然和研究科学的精神;指导儿童明了人和自然的关系,并增进儿童利用自然、改进国民生活、国家经济等的知识和能力;指导儿童获得普通的卫生医药常识,并培养儿童努力促成家庭、社会、公众健康和民族健康的理想。[②]

这一时期的标准明确规定小学自然科的教学内容主要涉及三方面(见表2.7):自然现象、生活需要和卫生知能。自然现象主要包括了儿童在环境中所接触的气候、天象、地文、生物等的特性,比如第一、二学年的自然教学的内容包括"秋冬春夏四时的景物",第三、四学年则深入到"四时物候",到第五、六学年则要求"四时变化的因果研究"。生活需要是与儿童有关的衣、食、住、行等方面的内容。卫生知能则包括卫生习惯和生理知识,以及疾病、救急、防疫等方面。这一时期公布的小学科学课程的教学内容事前经小学专家长时间的研究讨论,其间又经各小学普遍试验,是比较符合当时社会发展要求的。这一时期的小学科学教育的发展具有很明显的现代教育的意味。

南京国民政府改变了二十世纪二十年代美国式的管理模式和教学模式,建立中央集权的教育体制和严格训练的教学模式,构建了一个比较系统、完备的教育法律法规体系。因此,二十世纪二三十年代教育部重新颁布的小学各科课程标准,是我国第一次由政府制定的教学大纲,对理、化、生等课程的

---

① 王京彩.民国时期小学科学课程标准变革研究[D].上海:上海师范大学,2011.
② 谢恭芹.中国近现代小学科学课程演变研究[D].北京:首都师范大学,2008.

设置、教学目标、时间支配、教材大纲和实验均有具体的要求,从形式和内容来看,都比较正规和系统。①

表 2.7 《小学高年级自然课程标准》中的课程内容

类别	要项
自然现象	四时变化的因果的研究; 空中水蒸气变化,如云、雾、雨、露、霜、雪、雹、霰等的研究; 地球的成因和地震、海啸、火山爆发等的研究; 日、月、地球运行的现象,如昼夜、日食、月食、月球盈亏、潮汐等的研究; 星球的种类、成因等的研究; 风暴、雷电的研究,及预测和避免危害方法的研究; 生物特性,如群居的动物,有毒的动植物,奇异的动植物,动植物的保护色、警戒色、拟态等的研究; 生物进化的研究
生活需要	关于食的: 水和空气的研究; 主要食物的种类和来源,如主要农作物,蔬菜,果树,肉用的禽类、鱼类等的研究; 益农动物及害农动物的研究; 调味品,如盐、糖、酱、酱油、酒等的研究 关于衣的: 衣服的原料,如丝、棉、麻、毛、皮革等的研究; 染料、漂白等的研究 关于住的: 建筑材料如砖瓦、木材、岩石、水泥、三合土、造林等的研究; 瓷器、陶器等的研究; 电灯、电铃、电炉、时钟、杆秤、火柴等的研究 关于行的: 桥梁等的物理作用的研究; 完善道路的研究; 火车、汽车、汽船、电车、飞机等的研究; 有线电报、电话及无线电报、电话等的研究 其他: 印刷器具的研究; 娱乐器具如留声机、照相机、影戏机等的研究; 消防器具如救火机、灭火药品的研究; 火药、军械、潜水艇、防空、防毒等的研究
卫生知能	个人方面的: 人体外部及内部各器官的功能和保健; 营养元素和发育要素的研究; 疗病常识和常备药品的研究; 传染病及其预防的研究;

---

① 解亚.中国近代普通中小学科学教育(1922—1949)[D].上海:华东师范大学,2006.

续表

类别	要项
卫生知能	急救流血、晕倒、溺死、火伤、骨折、脱臼、人工呼吸法、绷带法的研究。 公共方面的： 注意公共卫生，如不任意抛弃污物及病人排泄物，取缔制造及贩卖足以传布疾病的食物等； 生活环境的研究和改善，如扑灭蚊、蝇、鼠、虱，适当处置粪便的方法、设备，自来水、下水道，劝告家庭及社会环境的改善，督促公共卫生事业的改进，并参加卫生运动等； 认识卫生设施，如死亡调查、传染病调查、出生调查的重要，以及其他各项卫生事业举办的意义等； 参加公共卫生事业，如地方卫生行政机关、医学校的参观，校内及学校附近区域卫生事业的设计，各种卫生服务的练习等

（八）《小学高级自然科课程标准》

1939年4月，教育部为了适应"抗战建国"的需要，举行第三次全国教育会议，提出再次修订各科课程标准。1942年10月颁布的《小学课程标准总纲》规定，中低年级小学科目为团体训练、音乐、体育、国语、算术、常识、图画、劳作等科。高年级小学科目为团体训练、音乐、体育、国语、算术、社会公民、社会历史、社会地理、自然、劳作、图画等科。自然科的设置没有多大的变化，初小自然科仍然划入常识科，高小自然科单独分科教学。关于自然科学部分的课程内容，要求要有与人生有关的常见动物、植物、矿物、自然现象和与日常生活有关的化学常识和物理常识。团体训练一科在初、高小中比重较之前增加一倍，其中卫生知识部分在高小仍划归为自然科，而卫生习惯部分纳入团体训练中。因此，科学科在整个小学科目中所占比重相应地有所下降。[①]

1942年的《小学高级自然科课程标准》详细规定了自然科分自然现象、生活需要、卫生知能三方面。关于自然现象，就是儿童在自然环境中所接触的气候、天象、地质、生物等的调查、观察、识别、比较、实验、记载、发表、参考图书、解答问题等。关于生活需要，就是与儿童日常生活有关的衣食住行等各种需要物品的调查、搜集、观察、识别、记载、发表、试行制作或试行畜养，以及参考图书、解答问题等。关于卫生知能，就是儿童本身公共方面日常生活必需的健康及安全要则，和防病、急救等常识的研究和实践。非常时期的小学自然科教学的一个突出特点，就是进行战争常识教育，且涉及面非常广泛，包括军械、化学兵器、细菌兵器、防空防毒知识、战地救护等等。这是与之前所

---

① 王京彩.民国时期小学科学课程标准变革研究[D].上海：上海师范大学，2011.

有时期的小学自然科教学完全不同的地方。其不足之处在于缺乏一定的要求和标准,导致各地的教学效果甚有差距。①

《小学高级自然科课程标准》要求每周教学时间为120分钟,分为目标、教材大纲及要目(见表2.8)和教学要点三部分。②

《小学高级自然科课程标准》规定的课程目标:指导儿童理解自然界的现象,并养成其研究自然的兴趣;指导儿童明了人生和自然界的关系,并增进其利用自然和改进生活的知能;指导儿童获得普通的卫生医药常识,并了解公共卫生的重要;指导儿童探求科学知识的基本方法。③

表2.8 《小学高级自然课程标准》中的课程内容

类别	教材大纲	要 目	
		第五学年	第六学年
自然现象	天象	一、星球	日的光热	1. 星球的种类 2. 星球的成因
		二、日月地球运行的现象		1. 昼夜的发生 2. 四季的发生 3. 月的盈亏 4. 月食的发生 5. 日食的发生 6. 潮汐的发生
	地质	地球的现状和地壳的变化	土壤	1. 地球的构造 2. 火山、地震、海啸的发生 3. 岩石
	气候	气候的变化	1. 昼夜气候的差异 2. 四季气候的变化 3. 云、露、霜、雾的变化 4. 雨、雪、霰、雹的发生(包括雨量) 5. 风的发生(包括风向) 6. 四季变化和生物的关系	1. 雷电的发生 2. 气候的预测(包括湿度、温度)

---

① 解亚.中国近代普通中小学科学教育(1922—1949)[D].北京:华东师范大学,2006.

② 课程教材研究所.20世纪中国中小学课程标准·教学大纲汇编:自然·社会·常识·卫生卷[M].北京:人民教育出版社,1999:25—36.

③ 谢恭芹.中国近现代小学科学课程演变研究[D].北京:首都师范大学,2008.

续表

类别	教材大纲		要 目	
			第五学年	第六学年
自然现象	生物适应	一、生物的进化	1. 人类的进化 2. 生物的生存竞争、自然淘汰和品种改良	
		二、生物的特性	1. 有毒的植物 2. 有毒的动物 3. 合群的动物 4. 动植物的保护色、警戒色和拟态作用	
生活需要	关于食的	一、水和空气	1. 水的成分、功用和清洁方法（包括氢氧） 2. 水的变化（包括物体的三态） 3. 水平和水压 4. 自来水和压水机 5. 空气的成分、功用和清洁方法（包括氮炭） 6. 空气的压力	
		二、重要的农作物	1. 稻的栽培方法和功用 2. 麦的栽培方法和功用 3. 豆类的栽培方法和功用 4. 杂粮的栽培方法和功用	
		三、重要的蔬果	1. 重要蔬菜的栽培方法和功用 2. 重要果树的栽培方法和功用	
		四、食用的禽兽	1. 鸡、鸭、鹅、鸽的饲养方法和功用 2. 猪、羊、牛、兔的饲养方法和功用	
		五、食用的水生动植物	1. 淡水中和海水中的可食用植物 2. 淡水中和海水中的可食用动物	
		六、肥料	1. 天然肥料 2. 人造肥料	

续表

类别	教材大纲	要目 第五学年	要目 第六学年
生活需要 / 关于食的	七、益农动物和害农动物	1. 益虫和害虫 2. 益鸟和害鸟 3. 其他害农的动物	
	八、调味品和刺激品	1. 盐的制造方法和功用（包括钠氯和盐酸） 2. 制糖的原料和制造方法 3. 酱和酱油的制造方法 4. 酒和醋的制造方法 5. 茶的栽培和制造方法	
	九、食物的保藏方法	1. 晒干法 2. 腌渍法 3. 冷藏法 4. 隔离空气法	
生活需要 / 关于衣的	一、衣服的原料		1. 棉的栽培和纺织 2. 麻的栽培和纺织 3. 丝的来源和纺织 4. 养蚕和种桑 5. 毛的来源和纺织 6. 畜牧和皮革
	二、染色和漂白		1. 染料和染色 2. 漂白和漂白粉（包括硫及硫酸） 3. 肥皂的功用和制造方法
关于住的	一、建筑材料		1. 木材和造林 2. 砖瓦和石灰的制造方法 3. 水泥的需要和制造方法 4. 钢铁的需要和制造方法 5. 桐油和漆的功用和制造方法
	二、日用器物	火柴的制造方法	1. 瓷器和陶器的制造方法 2. 搪瓷和玻璃的制造方法 3. 日常需要的重要金属 4. 钟表的应用和构造 5. 秤天平和杠杆作用 6. 滑车轮轴等的作用 7. 螺旋斜面和尖劈的应用 8. 镜和显微镜、望远镜的构造 9. 电灯和电热器（包括导电体和绝缘体） 10. 电铃和电池

续表

类别	教材大纲		要 目	
			第五学年	第六学年
生活需要	关于住的	三、安全装置		1. 救火机和灭火器 2. 避雷针
	关于行的	一、交通器具		1. 火车和蒸汽机 2. 汽车和罗盘针（包括磁性） 3. 飞机（包括滑翔机） 4. 汽车和电车（包括电动机） 5. 电报和电话 6. 无线电报和无线电播音
	其他	一、燃料和燃烧	1. 煤和煤气 2. 植物油和石油 3. 燃烧作用和热（包括物体胀缩和热的传播）	
		二、娱乐器具		1. 声音的发生和主要的乐器 2. 留声机 3. 摄影机和幻灯 4. 电影机
		三、军用器物		1. 火药的制造和功用（包括硝酸） 2. 枪炮、炸弹、战车 3. 军舰和潜水艇 4. 军用飞机 5. 防空设备和防毒面具
卫生知能	生理卫生	一、人体器官	1. 眼和耳的构造、功能和保健方法 2. 皮肤的构造、功能和保健方法 3. 肌肉的构造、功能和保健方法 4. 骨骼的构造、功能和保健方法 5. 呼吸器和循环器的构造、功能和保健方法 6. 消化器的构造、功能和保健方法 7. 排泄器的构造、功能和保健方法 8. 脑脊髓神经腺的功能和保健方法	
		二、食物和营养	1. 食物的营养和选择 2. 营养素的种类和功用	

续表

类别	教材大纲		要 目	
			第五学年	第六学年
卫生知能	预防和急救	一、疾病的预防	1. 普通疾病的预防 2. 传染病的预防 3. 日常应备的药品	
		二、急救方法	1. 晕倒、窒息、溺水、触电的急救方法 2. 创伤、流血、脱臼、骨折的急救方法 3. 火伤、烫伤的急救方法	
	公共卫生	公共卫生环境和公共卫生的设施	1. 公共卫生环境的改良 2. 公共卫生的重要设施	

本课程标准的突出点在课程目标已明确为注重探求科学知识的基本方法。在"科学"常常被误解甚至曲解的年代,能够理解"科学本质在方法"实为不易。在教材的编写和组织要求上特别提出"小学自然教材应充分采用副课本或参考书,指导儿童阅读",教学方法要注重观察、实验及活用教室以外的场所,使儿童能够亲自体验,直观感触。①

（九）《高年级自然课程标准》

抗战胜利后,南京国民政府教育部组织有关力量重新修订了小学课程标准,于1946年1月正式颁布实施。该课程标准规定中低年级的课程设有公民训练、音乐、体育、国语、算术、常识、美术、劳作,高年级的课程设有公民训练、音乐、体育、国语、算术、社会、自然、美术、劳作。1948年《小学课程标准总纲》的颁行是民国末期小学课程标准的最后一次修订,规定的课程有公民训练、音乐、体育、国语、算术、社会、自然、美术、劳作等九科,此次修订并没有实质上的变化。《小学课程标准总纲》中规定中低年级的常识均包含自然常识和社会常识,高年级才分设社会和自然两科。②

1948年的《高年级自然课程标准》包括目标和纲要（见表2.9）,各学年每周教学时间都是120分钟,分为4节,每节30分钟。③

---

① 王京彩.民国时期小学科学课程标准变革研究[D].上海:上海师范大学,2011.
② 解亚.中国近代普通中小学科学教育(1922—1949)[D].上海:华东师范大学,2006.
③ 课程教材研究所.20世纪中国中小学课程标准·教学大纲汇编:自然·社会·常识·卫生卷[M].北京:人民教育出版社,1999:37-40.

《高年级自然课程标准》规定的课程目标：指导儿童理解自然界的现象，使有研究自然的兴趣；指导儿童明了人生和自然界的关系，使有利用自然、改进生活的知能；指导儿童获得生理卫生、公共卫生和日常医药等常识，使有良好的卫生习惯。①

表 2.9 《高年级自然课程标准》中的课程内容

类别	要项	第五学年（每周 120 分钟）	第六学年（每周 120 分钟）
自然现象	地球、日、月	1. 地球的构造 2. 岩石、土壤的成因、利用 3. 昼夜、四季的由来 4. 月的盈亏 5. 日食、月食 6. 星球的种类	
	气候的变化	1. 气候的变化（包括水、旱、风、灾） 2. 气候的预测（包括气温、气压、风向、湿度、雨量）	
	生物的繁殖进化		1. 植物繁殖和自卫的方法 2. 动物繁殖和自卫的方法 3. 动植物品种改良 4. 人类的进化
	水、空气	1. 水的成分、性质和功用 2. 水的清洁法和自来水的装置 3. 空气的成分、性质、功用 4. 救火机、灭火器	
生活需要	食物的来源和营养	1. 主要食粮的栽培方法和病虫害的防治 2. 豆类以及重要蔬菜的栽种方法和病虫害的防治 3. 果树的接种和栽培方法 4. 家畜的品种和饲养方法 5. 淡水、海水中的可食用植物 6. 淡水、海水中的可食用动物	1. 食物的营养价值和选择 2. 食物的保藏方法（日晒、腌渍、冷藏、罐藏）
	调味品、刺激品	1. 盐的功用和制法（包括氯钠和盐酸） 2. 糖的原料和制法 3. 酱、酱油的制法 4. 酒、醋的制法 5. 茶树的栽培和茶叶的制法	

① 谢恭芹. 中国近现代小学科学课程演变研究[D]. 北京：首都师范大学，2008.

续表

类别	要项	第五学年(每周120分钟)	第六学年(每周120分钟)
生活需要	衣料和衣料的漂染、洗涤	1. 棉麻的栽种利用 2. 蚕的饲养和织品 3. 毛织品 4. 皮革	1. 衣料的漂白(包括漂白粉、硫黄、硫酸) 2. 衣料的染色(包括染料) 3. 衣料的洗涤(包括肥皂的制法)
	建筑材料		1. 造林和竹木材料 2. 桐油、漆 3. 石灰、砖瓦、三合土、水泥 4. 铁、钢
	日用器物	1. 纸的制法 2. 火柴的制法 3. 煤、石油的开采利用 4. 各种燃料和炉灶的构造(包括热的传播和物体的胀缩)	1. 铜、锡、铅、锌等的应用 2. 陶器、瓷器的制法 3. 玻璃、搪瓷的制法 4. 橡胶、塑胶等的应用 5. 传动装置和助力器械的应用(包括秤和杠杆、滑车和轮轴、斜面、尖劈和螺旋) 6. 钟表的构造 7. 镜和透镜的应用(包括显微镜、望远镜、摄影机、电影机等) 8. 各种灯的构造和发光
	电讯器物		1. 磁和电 2. 电铃、电报、电话 3. 无线电的利用
	工业的动力应用		1. 蒸汽机(包括火车、汽船) 2. 内燃机(包括汽车) 3. 电动机和发动机(包括电车) 4. 水力的利用
	乐器		1. 各种乐器 2. 留声机
	军用器物		1. 火药和炸药 2. 陆海空武器(包括枪炮、炸弹、战车、军舰、潜艇、飞机等) 3. 防空、防毒
卫生知能	人体器官的构造功能和保健方法	1. 骨骼的功能和保健方法 2. 肌肉的功能和保健方法 3. 消化器官的功能和保健方法 4. 血液和循环器官的功能和保健方法 5. 呼吸器官的功能和保健方法 6. 排泄器官的功能和保健方法 7. 皮肤的功能和保健方法	1. 眼睛、耳朵的功能和保健方法 2. 神经的功能和保健方法

续表

类别	要项	第五学年(每周120分钟)	第六学年(每周120分钟)
卫生知能	疾病和药物	1. 传染病的种类和防治 2. 疾病疗养的常识 3. 日常应用的药物	
	急救方法	1. 创伤、流血、折骨、脱臼的急救 2. 窒息、溺水、晕倒、触电的急救	
	卫生环境和公共卫生的设施		1. 环境卫生的改善 2. 公共卫生事业

表 2.10　民国时期重要的科学课程标准比较

项目	第一个标准	第二个标准	第三个标准
颁布时间	1929年	1936年	1942年
名称	《小学课程暂行标准小学自然》	《小学高年级自然课程标准》	《小学高级自然科课程标准》
标准内容	目标、作业类别、各学年作业要项、教学方法要点、最低限度等五部分	目标、作业类别、作业要项、教学要点等四部分	目标、教材大纲及要目(附教材要目单元排列顺序举例)、教学要点等三部分
教学内容	教学内容取自存在于儿童身边的"自然现象、生活需要和卫生知能"三大领域	自然现象、生活需要、卫生知能三方面	自然现象、生活需要、卫生知能三方面
突出特点	一方面注重实用和技能的培养，另一方面遵循儿童心理发展规律和尊重儿童的成长需要	比较符合当时社会发展要求，具有很明显的现代教育的意味	课程目标已明确注重探求科学知识的基本方法；进行战争常识教育，且涉及面非常广泛，包括军械、化学兵器、细菌兵器、防空防毒知识、战地救护
教学目标	启发求理解自然的基本知识，并养成对于科学的研究态度和试验精神；增进利用自然以解决物质和精神生活问题的智能(附注：物质生活问题如个人身体的卫生，以及衣、食、住、行等民生需要的满足，还有精	指导儿童理解自然界的现象，并养成儿童爱护自然和研究科学的精神；指导儿童明了任何自然的关系，并增进儿童利用自然，改进国民生活、国家经济等的知识和能力；指导儿童获得普通的卫生医药常识，	指导儿童理解自然界的现象，并养成其研究自然的兴趣；指导儿童明了人生和自然界的关系，并增进其利用自然和改进生活的知识；指导儿童获得普通的卫生医药常识，并了解公共卫生的重要；指导儿童探求科学知识的

续表

项目	第一个标准	第二个标准	第三个标准
教学目标	神生活问题,如迷信的破除、正当的宇宙观和人生观的培育等);培养欣赏自然、爱护自然的兴趣和理想	并培养儿童努力促成家庭、社会、公众健康和民族健康的理想	基本方法

通过梳理,我们不难看出民国时期小学科学课程的内容一般围绕自然现象、生活需要和卫生知能三个方面,课时所占比重也有所不同(见表2.10)。这与当时的社会背景有强烈的关系,尤其是20世纪20年代美国学者孟禄和推士来华访问,对当时中国的科学教学提出了质疑和建议,这在后来的课程标准中也得以体现。对当今科学教育仍有借鉴作用的有以下几点:第一,尊重劳动教育,这不是单纯的劳动课开展的劳动教育,而是通过科学课程体现出对劳动过程的认可和尊重;第二,强调实用主义,例如主要食粮作物的栽培方法和病虫害的防治,这里需要知道各种农作物的栽培方法,同时还需要知道病虫害的问题,这里的关键词是农作物,栽培方法和病虫害都是围绕农作物产生的,经过这样的学习,可以知道农作物的成长过程及其遇到的问题。第三,题材来自儿童的身边,容易引发儿童的共鸣,例如,肥皂的制造、纸的制造等,这些生活中常见的物品较容易引起儿童的兴趣,也能激发其了解其中的科学道理的兴趣和热情。

总之,尽管近代中国历经了各种战争和运动,科学教育在小学课程中的地位几经削弱甚至取消,但最终被保留了下来。小学科学课程的目标逐步扩展到小学生对基本的科学知识、技能的掌握,明确人与自然的关系,以及从研究自然的兴趣增加到"养成对于科学的研究态度和试验精神""探求科学知识的基本方法""培养儿童欣赏自然、爱护自然的兴趣和道德"。[①]

四、新中国成立后的小学科学课程标准

土地革命战争时期的苏区对儿童教育十分重视。在当时经济十分困难的情况下,各级政府都拨出一定的经费办学,使小学教育得到了蓬勃的发展。苏区小学原称劳动小学、列宁小学、红色小学,1934年2月后统称列宁

[①] 王京彩.民国时期小学科学课程标准变革研究[D].上海:上海师范大学,2011.

小学,修业年限5年,三二分段,前3年为初级,后2年为高级,以3年的初级小学居多,还有半日制小学。教学贯彻学习与生产劳动、与政治斗争相联系的原则,强调发展儿童的创造性和自制能力,注重启发式教学,目的是"训练参加苏维埃革命斗争的新后代,并在苏维埃革命斗争中训练将来共产主义的建设者"。①

土地革命战争初期,苏区小学的课程不是统一的,1933年,中华苏维埃共和国临时中央政府中央教育人民委员部颁布《小学课程与教则草案》,开始整理与统一小学课程。初小国语课程含乡土地理、革命历史、自然和政治;高小设自然常识课,每周2课时。抗日战争期间,各抗日根据地的小学课程没有统一的规定,但在每个根据地内,课程还是比较统一的,特别重视政治、军事的教育,以适应抗战救国的需要,陕甘宁边区具有代表性,政治、自然、历史合为"常识",并在1941年加入卫生课,每周2课时。由于历史和战乱的原因,对于本时期的自然常识课课本知之甚少。自然常识课教学在革命根据地的小学教育中始终受到充分重视。新中国成立前各解放区先后也有自编自然常识课教材,基本上是参照国民党区的教材,以马列主义毛泽东思想为指导加以改造,结合抗战和解放战争期间战争和生产生活的需要,反映农村生产生活的需要多,反映城市的少。②

(一)《小学自然教学大纲(草案)》

1949年10月1日,中华人民共和国成立,中国历史掀开了新的篇章。

针对国民党政府学制存在的种种弊端,政务院于1951年10月1日正式颁布《关于改革学制的规定》,从而产生了新中国第一个学制。这个学制缩短了小学修业年限,改四二分段为五年一贯制,奠定了我国小学教育的基础,标志着人民教育走上了有计划、系统发展的新阶段。③ 1952年3月,教育部颁布施行《小学暂行规程(草案)》,在智育目标上提出"使儿童具有自然的基本知识"。虽然1951年颁布的学制规定小学五年一贯制,但实行起来困难很大,所以政务院在1953年11月26日在《关于整顿和改进小学教育的指示》中规定:关于小学五年一贯制,但从执行情况看,由于师资、教材等条件准备不足,不宜继续推行,分初、高级,初级修业年限4年,高级修业年限2年。四二制小

---

① 中央教育科学研究所陈元晖主编.老解放区教育资料(一):土地革命战争时期[M].北京:教育科学出版社,1981:308.
② 谢恭芹.中国近现代小学科学课程演变研究[D].北京:首都师范大学,2008.
③ 刘良初.对我国近现代学制的回顾与展望[J].湖南教育,2005(3):26-28.

学,虽然初小阶段普及面广,但没有设置科学课程,高校虽然有自然课,但是课时数少。①

1956年,在学习苏联的基础上,制定了新中国第一个自然教学大纲——《小学自然教学大纲(草案)》(见图2.2),规定初小阶段的自然课内容在语文课中进行教学,"小学讲授自然课的目的,在教给儿童一些初步的自然科学知识,促进儿童的全面发展"。除此之外,大纲规定每周专门拿一节语文课来上"自然专课",以使学生能有机会从事与自然科学学习有关的实践活动。高小每周2课时自然课。初小学习生物界自然,高小学习非生物界自然。②

 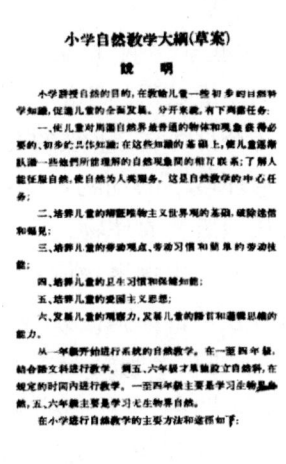

图2.2 《小学自然教学大纲(草案)》

《小学自然教学大纲(草案)》指出,自然教学的中心任务是:使儿童对周围自然界最普通的物体和现象获得必要的、初步的具体知识;在这些知识的基础上,使儿童逐渐认识一些他们所能理解的自然现象间的相互联系;了解人能征服自然,使自然为人类服务。③ 同时还提出了一些其他方面的任务,例如培养儿童辩证唯物主义世界观的基础、劳动观点、卫生习惯和保健知能、爱国主义思想,发展儿童的观察力、语言能力和逻辑思(维)推(理)能力等。这

---

① 谢恭芹.中国近现代小学科学课程演变研究[D].北京:首都师范大学,2008.
② 张红霞.小学科学课程与教学[M].2版.北京:高等教育出版社,2010:44.
③ 这是20世纪50年代的社会认知,具有一定的局限性。

些任务都是互相联系统一的整体。①

《小学自然教学大纲（草案）》规定了小学儿童获得自然知识和某些技能应该通过课堂观察、参观、记载自然历（五、六年级为气象日志）、自然角作业、教学实验园地作业、实验演示和儿童的独立实验作业、采集和制作简单的动植物标本和实际参加农业生产合作社或家庭的一些轻便的劳动等八条主要方法和途径。这些方法和途径在大纲中被通称为"实习作业"。在任何实习作业中，教师都必须用谈话、讲解、示范和其他适当方式来指导儿童进行观察和工作。② 实际上，日常教学活动的主要途径是课堂教学，即在课堂上教师讲学生听（就是通过教师口授的途径）、念课文（就是通过教科书的途径）、做一些简单的观察实验等。③

《小学自然教学大纲（草案）》规定：一年级大纲里的各个题目主要是使儿童对自然界的轮廓获得初步的具体知识；从二年级起就要比较深入地认识构成自然界的各个部分；三年级的儿童主要是较深入地认识果园里的动植物，一些特殊生活环境下的动物，一些与人类生活环境最密切的饲养动物；四年级儿童继续认识重要农作物；五、六年级的儿童主要是研究无生物界自然，培养儿童一些研究无生物界物体和现象的技能——观察和实验。④

围绕这些教学目标和任务，教材内容主要取材于儿童周围常见的自然现象和事物，编排的顺序则是按主题形式展开的。比如，一年级的学习主题有五个，依次为"秋""冬""春""夏"和"人体和保健"，二年级的学习主题包括"树林""菜园"和"保健"。依此类推，每个年级有不同的学习主题，内容均是儿童可能感兴趣或对儿童的生活有用的（相比之下，高年级的内容离学生的生活较远，未必能引起学生的学习兴趣）。尽管当时自然科学的教学是结合语文课进行的，但大纲仍详细规定并解释了"课堂观察""参观""记载自然历""自然角作业"等可能使儿童有机会亲自体验科学的教学方法。所以，从课程编制者的角度来说，当时对自然课的期望和计划还是比较理想化的。遗憾的是，"由于教学时间、教师、教材都不落实，低、中年级的科学教育实际上

---

① 石修晋.谈谈小学自然教学的任务：学习小学自然教学大纲（草案）的一点体会[J].湖南教育，1957（7）：16-17.

② 中华人民共和国教育部.小学自然教学大纲（草案）[M].北京：人民教育出版社，1956：2-3.

③ 刘默耕.谈谈"小学自然教学大纲（草案）"[J].江苏教育，1957（9）：18-19.

④ 中华人民共和国教育部.小学自然教学大纲（草案）[M].北京：人民教育出版社，1956：1.

普遍落空了"。①

(二)《全日制小学自然教学大纲(草案)》

1963年,教育部颁布了第二个自然教学大纲——《全日制小学自然教学大纲(草案)》(见图2.3),因为全国多数初小语文教师反对在语文课中承担自然教学任务,教育部又坚持初小不设自然课,所以这个大纲只规定了高小的自然教学任务,结果导致过去多年积累的初小自然课或常识课教学就这样被无形中砍掉了。②《全日制小学自然教学大纲(草案)》规定"小学自然教学的目的是教给学生一些浅近的自然常识,指导儿童初步认识自然界和人对自然的利用改造,扩大儿童的知识领域,培养儿童爱科学的品德,为儿童进一步学习和将来参加劳动准备必需的基础"。③

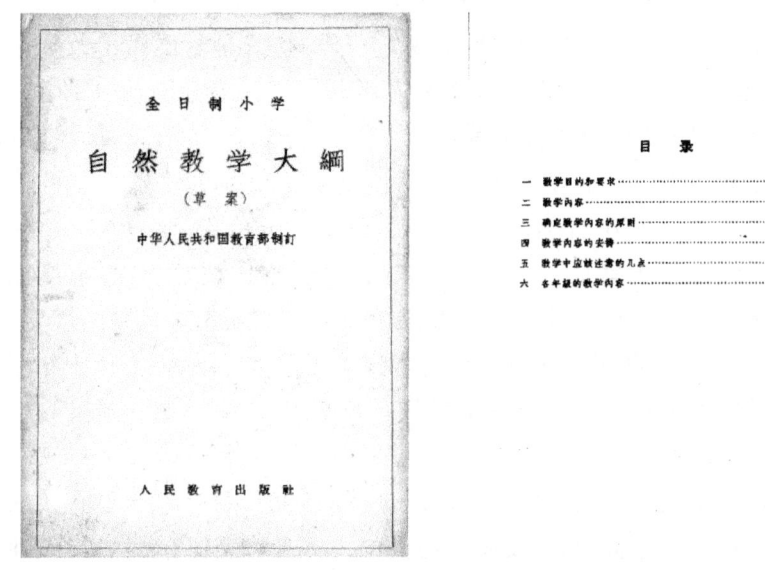

图2.3 《全日制小学自然教学大纲(草案)》

《全日制小学自然教学大纲(草案)》规定,小学自然的教学要求是:"使儿童认得一些常见的重要的动物、植物、矿物和机械、电器,初步知道它们的性质以及跟我们的生产、生活的关系;初步知道常见的气象、气候和日、月、星辰

---

① 李华.中国小学科学课程改革历史简析[J].科学课,2003(1):31-34.
② 张红霞.小学科学课程与教学[M].2版.北京:高等教育出版社.2010:44.
③ 课程教材研究所.20世纪中国中小学课程标准·教学大纲汇编:自然·社会·常识·卫生卷[M].北京:人民教育出版社,1999:61.

等现象的科学道理,破除迷信观念。使儿童获得初步的人体保健知识,养成讲究卫生的良好习惯。通过自然教学,发展儿童的观察能力和思维能力。"小学自然的教学内容包括生物常识和无生物常识,即有关于粮食植物、工业原料植物、蔬菜、果树、造林树木、观赏植物、常见野草、不开花的植物、细菌等植物的初步常识;有关于家畜、家禽、野兽、野鸟、龟、蛇、蛙、鱼、益虫、害虫、原生动物等动物的初步常识;有关于人体保健(人体各系统的卫生)的初步常识;有关于水、空气、土壤、岩石、重要矿物、金属、机械、电、宇宙的初步常识。①

《全日制小学自然教学大纲(草案)》中的教学目的的表述涉及基本知识、能力发展以及品德教育等内容,比1956年的《小学自然教学大纲(草案)》更加具体、切实。《全日制小学自然教学大纲(草案)》在课程内容组织方面采取直线式排列方式,课程内容从低难度到高难度,前后内容基本不重复。②

1950年,小学自然课本继续沿用老解放区教材,只是封面做了改变。从1951年秋季起,开始使用人民教育出版社新编和修订的十三年制中小学教科书。1953年版和1957年版的教材编排体系和体例完全一致,只是内容有删减。这是在苏联小学自然教学大纲和教材的影响下编排的中国自己的小学自然课本。1957年的高小自然课本使用后,一些地区反映"要求高,分量重,内容深""教与学都过于紧张"。所以,后来自然常识、史地常识、思想品德及其他社会常识又合并为常识科。同时根据在小学试验五年一贯制的需要,人民教育出版社于1961年编写出版了供各省试验班使用的教材——《十年制学校小学课本试用本·常识》,一至三年级只有教师用书,每学期一册,四、五年级有学生用书共四册。③

这一阶段小学教学计划直接借鉴苏联的学科中心课程体系,没有认识到该课程体系本身的不完备性,更没有考虑到与中国教育实际情况的适应性问题,从而导致学生负担过重、课程内容难度过大等一些问题。而后来的教学计划针对这些问题有所修改,自然课程总课时数有所减少。④

(三)《全日制十年制学校小学自然常识教学大纲(试行草案)》

1977年颁布了第三个全国通用的自然教学大纲——《全日制十年制学校

---

① 中华人民共和国教育部. 全日制小学自然教学大纲(草案)[M]. 北京:人民教育出版社,1963:1.
② 潘洪建. 小学科学课程标准60年[J]. 现代中小学教育,2012,28(11):22-25.
③ 谢恭芹. 中国近现代小学科学课程演变研究[D]. 北京:首都师范大学,2008.
④ 罗丽媛. 建国后我国中小学科学课程发展研究[D]. 长春:东北师范大学,2010.

小学自然常识教学大纲(试行草案)》(见图2.4),"自然常识"之名自此开始,仍只在小学最后两年开设自然常识课,每周是2课时,而低年级的科学课仍然空缺。其基本保持了第二个大纲的内容,再增加适应现代化需要的先进科学技术的内容,因此,教学内容呈现出"深、难、重"的弊端,而且在更多地强调扩大学生的知识领域的同时,强调通过自然常识教学对学生进行政治思想教育,逐步培养学生的辩证唯物主义观点,为学生进一步学习和将来参加"三大革命运动"打下初步的基础。

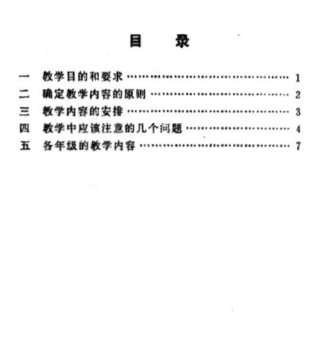

图2.4 《全日制十年制学校小学自然常识教学大纲(试行草案)》

关于小学自然课程性质与地位的正式说明始见于《全日制十年制学校小学自然常识教学大纲(试行草案)》。《全日制十年制学校小学自然常识教学大纲(试行草案)》明确规定,自然常识是小学阶段学生学习自然科学知识的一门主要学科,它对于全面贯彻党的教育方针,使学生从小爱科学、讲科学、用科学,培养又红又专的人才,为在本世纪内把我国建设成为伟大的社会主义的现代化强国具有重要意义。①

1978年,教育部颁发《全日制十年制中小学教学计划试行草案》,规定中小学学制为十年,小学五年,中学三二分段。小学开设政治、语文、数学、外

---

① 课程教材研究所.20世纪中国中小学课程标准·教学大纲汇编:自然·社会·常识·卫生卷[M].北京:人民教育出版社,1999:70.

语、自然常识、体育、音乐、美术八门课,小学自然常识课的内容主要包括自然常识和卫生常识等。① 1978年秋起,全国统一使用人民教育出版社出版的《全日制十年制学校小学课本·自然常识》1~4册及相应教参。因此,在1980年以前,我国小学科学课程发展还未成气候,教材教法体系尚未成形。

表2.11对比了1949—1980年我国颁布的三个全国通用的小学科学课程标准,从大纲内容、课程性质、教学内容以及课程特点等方面进行分析。

表2.11 1949—1980年全国通用的科学课程标准

项目	第一个大纲	第二个大纲	第三个大纲
颁布时间	1956年	1963年	1977年
名称	《小学自然教学大纲(草案)》	《全日制小学自然教学大纲(草案)》	《全日制十年制学校小学自然常识教学大纲(试行草案)》
大纲内容	说明和大纲(各年级的内容纲要)	教学目的和要求、教学内容、确定教学内容的原则、教学内容的安排、教学中应该注意的几点、各年级的教学内容等六部分	教学目的和要求、确定教学内容的原则、教学内容的安排、教学中应该注意的几个问题、各年级的教学内容等五部分
教学内容	一至四年级主要是学习生物界自然,五、六年级主要是学习无生物界自然	五年级第一学期:水、空气、土壤;五年级第二学期:动物、植物;六年级第一学期:人体保健、矿物;六年级第二学期:机械、电、宇宙	四年级第一学期:水、空气方面的常识;四年级第二学期:植物、动物方面的常识;五年级第一学期:人体保健、机械、声光热方面的常识;五年级第二学期:岩石矿物、电、宇宙方面的常识;
课程性质	没有阐述课程性质		自然常识是小学阶段学生学习自然科学知识的一门主要学科
课程特点	小学一到四年级的自然课内容,结合语文课进行教学;高小内容"以知识为中心",没有考虑儿童心理,难度超出儿童承受能力	砍掉了历来初小都有的自然或常识课,只规定高小(五、六年级)的课程内容	增加适应现代化需要的先进科学技术的内容,教学内容呈现出"深、难、重"的弊端

---

① 李彦荣.中国中小学课程改革的文化路向[D].上海:华东师范大学,2004.

续表

项目	第一个大纲	第二个大纲	第三个大纲
教学目的	小学自然课是在教给儿童初步的自然科学知识的同时，促进儿童的全面发展	教给儿童初步的自然常识，指导儿童初步认识自然界和人对自然的利用、改造，扩大儿童的知识领域，培养儿童爱科学的品德，为儿童进一步学习和将来参加劳动准备必需的基础	教给学生一些浅近的自然科学知识，指导学生初步认识自然界和人对自然界的利用、改造，扩大学生的知识领域，同时通过自然常识教学对学生进行政治思想教育，逐步培养学生的辩证唯物主义观点，为学生进一步学习和将来参加"三大革命运动"打下初步的基础
教学要求	使儿童对周围自然界最普通的物体和现象获得必要的、初步的具体知识；在这些知识的基础上，使儿童逐渐认识一些他们所能理解的自然现象间的相互联系；了解人能征服自然、使自然为人类服务。培养儿童的辩证唯物主义世界观的基础，破除迷信和偏见；培养儿童的劳动观点、劳动习惯和简单的劳动技能；培养儿童的卫生习惯和保健知识；培养儿童的爱国主义思想；发展儿童的观察能力，发展儿童的语言和逻辑思维能力	使儿童认得一些常见的重要的动物、植物、矿物、机械、电器，初步知道它们的性质以及跟我们的生产、生活的关系；初步知道常见的气象、气候和日、月、星辰等现象的科学道理，破除迷信观念。使儿童获得初步的人体保健知识，养成讲究卫生的良好习惯。通过自然教学，发展儿童的观察能力和思维能力	使学生初步了解一些常见的自然的现象、自然的性质、自然的规律性以及人和自然的关系，以开阔学生的眼界，丰富学生的知识，引起他们进一步探索自然的兴趣。使学生知道整个自然界是由物质构成的，物质又是相互联系相互制约的，而且在不断变化和发展，人们能够认识它们，利用和改造它们，逐步培养学生的辩证唯物主义观点；同时还应通过我国科学技术和工农业生产的发展，对学生进行热爱社会主义祖国、立志把我国建设成为社会主义的现代化强国的思想教育。培养学生观察、分析自然界事物的初步能力和进行科学实验的初步技能

（四）《全日制小学自然教学大纲》

1981年3月，教育部颁发《全日制五年制小学教学计划（修订草案）》，明确指出"根据'四化'需要，必须加强小学自然科学常识教育，培养少年儿童从小爱科学、学科学、用科学的志趣"，并将课程名称恢复为"自然"，取消了画蛇添足的"常识"两个字，并且在小学三年级就开始开设，每周2课时，自然课增加了80课时，使较低年级的学生开始接受正规的自然学科教育，小学的自然常识教育有所加强。[①]

---

① 谢恭芹. 中国近现代小学科学课程演变研究[D]. 北京：首都师范大学，2008.

1982年,国家教委委托人民教育出版社生物自然室修订、出版新的自然教学大纲以及与之相配套的第一册教材和教师用书。根据当时主持编写新大纲和教材工作的刘默耕先生回忆,由于该大纲的编写是建立在研究与借鉴国外经验的基础上的,并辅之以试用教材在国内部分地区的实践结果,"新的这一轮大纲、教材总算初步跳出了20世纪40年代的窠臼,走向了世界六七十年代的改革目标",因而可以视为中国小学科学教育改革的一个"站碑"。1982年秋,在科学启蒙教育大师刘默耕的带领下,"自然课就是教孩子们'搞科学'"的崭新的教育理念指导下的《自然》及指导自然课教学的教师用书,由人民教育出版社出版。①

　　1986年初,基于人们对小学低年级开设自然课重要性认识的普遍提高,应各地的要求,人民教育出版社组织北京市与湖北省的部分优秀自然教师编写了一套供小学一、二年级使用的低年级自然教材和教师用书,推进了小学科学教育向低年级段扩展的进程。

　　1986年颁布的《全日制小学自然教学大纲》(见图2.5)规定,自然课是对小学儿童进行科学启蒙教育的一门重要基础学科。小学自然教学的目的是:

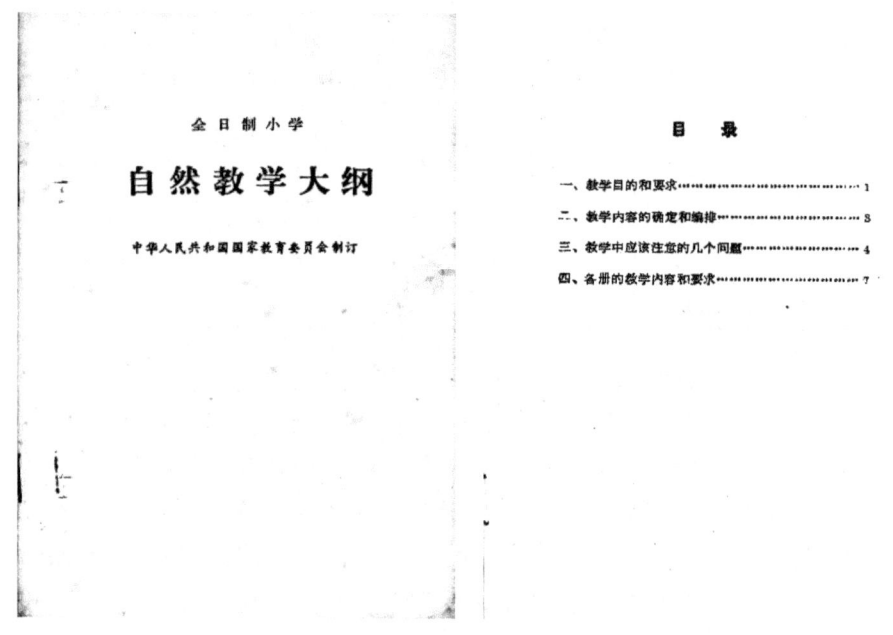

图2.5 《全日制小学自然教学大纲》

---

① 张红霞.小学科学课程与教学[M].2版.北京:高等教育出版社,2010:44-45.

指导学生初步认识自然界,初步了解人类对自然界的探索、利用、改造和保护,从而使他们获得基本自然科学常识,发展爱科学、学科学、用科学的志趣和能力,受到科学自然观、科学态度、爱家乡爱社会主义祖国等的思想熏陶,促进他们的身心健康发展。①

《全日制小学自然教学大纲》规定,自然教学内容必须具有科学性,应能反映自然界的本来面目和人的科学态度;自然教学内容必须具有广泛性,应能反映自然界及其变化发展的概貌,反映人类探索、利用、改造、保护自然的途径和方法,以及获得的成果;自然教学内容必须具有基础性,应能起到以简驭繁、举一反三、提纲挈领的作用,可根据它去追求新知;自然教学内容必须具有实践性,应能适合儿童亲自去实践科学的探究和应用,以利于发展他们学科学、用科学的能力和创造的精神;自然教学内容必须具有趣味性,应能引起儿童对自然界、自然课和科学技术的兴趣爱好;自然教学内容必须具有可接受性,应能适合儿童的接受能力。②

表2.12　1986年大纲各册的教学内容和要求

分册	知识	能力	思想教育
第一册	水是无色、无臭、无味、透明的液体;水的三态变化,雾、露、霜、雪、雨等现象;自然界里水的循环	能使用酒精灯、烧瓶、试管等仪器进行实验;通过对水的认识活动,学会用各种感官直接认识物体	结合"水的三态变化"和"自然界里水的循环"的学习,渗透自然界里的事物是不断变化的科学自然观教育
	空气的存在;空气是无色、无臭、无味、透明的气体	通过对空气的认识活动,学会用比较和实验的方法认识物体	
	根:直根、须根、贮藏根。茎:草质茎、木质茎;直立茎、缠绕茎、攀缘茎、匍匐茎;茎的特征。叶:叶片的形状、叶的组成。果实:果实的基本构造,肉果和干果。植物传播种子的几种方式(风传播、水传播、动物传播、弹射传播)。植物过冬的几种方式(落叶、种子、地下茎或根、幼苗)	会采集和制作叶的标本;会纵切和横切果实;会使用放大镜进行观察;能把植物按指定的标准(茎的质地、根、茎、叶的外形、果皮的性质)进行分类;通过观察和比较不同形态的根、茎、叶、果实,培养观察能力和用比较的方法认识物体的能力	结合采集叶的活动,进行爱护植物的教育;结合制作叶的标本,进行美的教育

---

① 中华人民共和国国家教育委员会.全日制小学自然教学大纲[M].北京:人民教育出版社,1986:1-2.

② 同①3.

续表

分册	知识	能力	思想教育
第一册	猫和兔的形态、习性特点,哺乳动物的特征;鸟的喙、脚与生活习性的关系,鸟类的特征;动物过冬的几种方式(躲藏、冬眠、迁徙、换毛、积蓄脂肪)	通过对哺乳动物和鸟的观察活动,培养把物体分成部分进行观察的能力;能收集有关动物过冬的见闻资料;通过认识哺乳动物的特征和鸟类的特征,培养由个别到一般的初步的概括能力	结合有关鸟的知识的学习,进行爱鸟的教育
	液体、气体、固体都有热胀冷缩的性质;温度表的认、读、写和使用方法	会做液体和气体热胀冷缩的实验;会使用气温表测定温度	
	太阳和影子的关系;太阳的高度,测定太阳高度的方法	会测定太阳的高度	介绍圭表和日晷,进行爱国主义教育
第二册	风向和风力,目测风向和风力的方法;空气湿度;降雨量,目测降雨大小的方法;气象符号;水能溶解别的物质;自然水域中的水是不纯净的;水的净化方法:沉淀、过滤、消毒、蒸馏	会目测风向和风力;会目测降雨的大小;会用气象符号记录天气;会用简单的方法进行过滤	
	水域污染的原因和保护方法	通过对本地水域的考察,培养对自然环境进行科学考察的能力	通过了解本地水域污染的情况进行环境保护教育
	土壤的成分:沙、黏土、水、空气、腐殖质、盐类	会用简单的方法分析土壤的成分;通过对本地土壤的考察,培养科学考察能力	
	种子的构造:种皮和胚。完全花的构造:萼片、花瓣、雄蕊、雌蕊。向日葵的生长发育过程	会解剖花;会种向日葵;通过种向日葵,培养长期观察、记录的习惯和能力	
	蚕的形态和生长发育过程;鱼、青蛙(或蟾蜍)、壁虎、蛇的形态和习性;昆虫、鱼、两栖动物、爬行动物的特征;昆虫的变态,青蛙(或蟾蜍)的一生;益虫和害虫	会养蚕或其他昆虫;通过学习昆虫、鱼、两栖动物、爬行动物的知识,培养抽象概括的能力	介绍我国养蚕的历史,进行爱国主义教育;保护益虫、青蛙和蟾蜍
	记自然日记的内容和方法;整理春季的自然日记,归纳出本地春季气温变化的趋势、	通过记自然日记,培养长期观察、记录的能力	介绍老一辈科学家竺可桢几十年如一日坚持记自然日记,进行科

续表

分册	知识	能力	思想教育
第二册	天气和物候变化的特点；整理夏季的自然日记，归纳出本地夏季气温变化的趋势、天气和物候变化的特点		学态度的教育
	整理一年的自然日记，归纳出本地四季的气温、天气和物候变化的特点	根据各季节的气温记录，画出全年的气温变化趋势图	通过长期观测和记录，培养坚韧性和实事求是的科学态度
第三册	哺乳动物牙齿的类型，肉食动物、植食动物、杂食动物牙齿的特点；几种昆虫（如蝉、蝗虫）的口器和吃食方式；动物保护自己的几种方法：保护色、拟态、"盔甲"、奔跑、放臭气、装死、丢弃部分身体等；动物的运动方式：走、跑、爬、游泳、飞行；动物有跟运动方式相适应的身体构造	观察和比较动物的吃食方式、运动方式，培养独立研究动物习性的能力	
	人体的主要骨：脑颅骨、下颌骨、脊椎骨、肋骨、胸骨、髋骨、大腿骨、小腿骨、足骨、锁骨、肩胛骨、上臂骨、前臂骨、手骨；骨骼的作用；关节的作用；肌肉的作用；体育锻炼可使骨骼粗壮，肌肉发达	通过触摸自己的身体研究骨骼和肌肉，培养间接认识事物的能力	
	要使物体改变静止或运动状态，必须对它施加力；物体的几种常见运动方式：移动、摆动、滚动、转动；苹果落地，物体有重量都是地球引力作用的结果；物体在水中或空气中都受到水或空气的压力和浮力；物体在水中沉或浮的道理；船在水上行驶是船桨与水产生作用力和反作用力的结果；飞机能在空中飞行的道理	会使用弹簧秤，会制作橡筋秤；会制作纸飞机和潜艇模型；通过研究物体的运动，培养概括和分类能力；通过地球引力的研究，培养推理和想象能力	
	星座是星空划分的区域	能在空中找出大熊座、猎户座、北极星	

续表

分册	知识	能力	思想教育
第三册	水力的利用；水在自然界循环的动力来源于太阳；空气流动形成风，空气在自然界流动的动力来自于太阳；风力的利用	会制作小水轮和纸风车	通过了解本地区水力和风力资源的开发利用，进行热爱家乡的教育
	水、土、植物、人之间的相互关系；水土保持的重要意义	通过了解水、土、植物、人之间的关系，进行保护自然的教育；通过了解水、土、植物之间的关系，进行环境美的教育	
第四册	空气的主要成分：氧气和氮气；氧气能支持燃烧；用高锰酸钾制取氧气；二氧化碳能使澄清的石灰水变浑浊	通过空气成分的实验，培养动手实验和分析实验结果的能力；通过分析科学家研究燃烧现象的资料，培养根据资料判断、推理的能力	
	金属的共同性质：有光泽，易传热，能导电，易延展；金属矿物经过开采、冶炼、加工成为金属制品	通过研究金属的性质，培养归纳能力	通过我国冶金工业和机器制造工业飞跃发展的事实，进行热爱社会主义祖国的教育
	杠杆、轮轴、滑轮、斜面的作用及其应用；皮带传动、齿轮转动、连杆传动、链传动及其特点；一部完整的机械由动力部分、工作部分和传动部分组成	通过学习机械的知识，培养独立研究问题的能力	
	人体需要的营养：蛋白质、淀粉、脂肪、水、盐类；食物必须多样化，才能保证人体健康成长；人的消化、呼吸和血液循环的意义；消化器官、呼吸器官和血液循环器官的组成和基本功能；消化器官的卫生，呼吸卫生，血液循环器官的卫生	通过学习人体各器官的知识，培养分析和综合能力；会用简单的方法分析食物的营养成分；通过唾液消化作用的实验，培养用对照实验的方法研究科学的能力；通过分析吸进空气和呼出空气的成分，学习用"解暗箱"的方法认识事物：根据可感知的情况间接推断不能直接感知的事物	

续表

分册	知识	能力	思想教育
第四册	植物用根吸收水分,用导管运输水分,用气孔蒸腾水分;介绍海尔蒙和普利斯特列的探究,了解植物怎样制造食物;植物的花经过传粉、受精形成果实和种子;植物的根、茎、叶繁殖	会做根吸收水、茎运输水、叶蒸腾水的实验;通过学习植物水分代谢的知识,了解科学认识的基本过程:发现问题——做出假设——实验验证——结论;培养用营养器官繁殖植物的能力	
	空气污染的危害和防止空气污染的方法;肥沃土壤的特点和保护土壤的方法	通过考察本地空气污染的情况,培养科学考察能力	通过学习空气污染和保护土壤的知识,进行保护自然的教育
	星座在天空中的位置是变化的;什么是银河、恒星、流星、陨石、光年、星等	能在天空中找出狮子座、天蝎座、牛郎星、织女星	
第五册	生物必须在一定的环境里生活;生物之间互相依赖、互相影响;食物链,食物网,池塘群落,森林群落;保护大自然的意义;怎样保护大自然	通过蚯蚓对阳光和湿度、植物对阳光和水分的反应实验,培养分析事物因果关系的能力;通过生物和环境关系的学习,培养想象能力	通过了解人和自然环境的关系,进行保护生态环境的教育
	声音的产生和传播;我们怎样听到声音;耳的卫生保健;光源和光的传播;光的反射现象;凸透镜的作用:会聚、放大、成像;近视眼的成因,怎样预防近视	通过声、光知识的学习,培养推理能力	
	昼夜和四季的成因;月球的概况;月相变化;日、月食的成因	能在天空中找出仙后座;通过昼夜和四季成因的学习,培养推理能力和空间想象能力	通过日、月食成因的学习,进行相信科学、破除迷信的教育
	地球的构造;火山和地震;岩石的种类(岩浆岩、沉积岩、变质岩)和成因;花岗岩、页岩、石灰岩、大理岩的特点;卵石的成因;化石的成因和作用	会利用简单的方法辨认岩石;通过火山、地震、卵石形成等知识的学习,培养推理能力和想象能力	通过学习卵石和化石的成因,以及火山和地震的知识,进行科学自然观的教育;介绍我国古代科学家张衡、沈括的伟大贡献,进行爱国主义教育
	煤的成因和开采;石油、天然气的成因		介绍我国现代科学家李四光的伟大贡献,进行爱祖国的教育

续表

分册	知识	能力	思想教育
第六册	人的神经系统的组成,脑、脊髓和神经的作用;神经系统的卫生;人的生长发育过程;青春期发育的特点	能根据身高、体重的数据绘制人体发育曲线图,并会分析曲线图	
	摩擦起电,带电体有吸引物体的性质;电有正负两种,同种电相斥,异种电相吸;放电现象,雷电和避雷针的作用;电流,简单电路;导体、绝缘体和半导体;怎样得到电流;电的用途;安全用电	会做摩擦起电、物体导电等实验,会组装简单电路	通过雷电知识的学习,进行破除迷信的教育
	磁铁的发现和应用;磁铁的性质;电磁铁及其性质;电磁铁的应用	会自制磁铁和做有关磁铁、电磁铁的实验	介绍磁铁的发现和指南针的发明,进行爱国主义教育
	信息在人类社会中的作用;传递信息的符号,用电码传递信息		介绍信息科学发展的前景,激发探索科学的愿望
	植物分种子植物和没有种子的植物两大类;没有种子的植物(蕨类、苔藓类、藻类、菌类)	认识当地几种常见的没有种子的植物;通过学习植物分类知识,培养比较和分类能力	
	动物分脊椎动物和无脊椎动物两大类;无脊椎动物(环节动物、软体动物、节肢动物)	认识当地几种常见的无脊椎动物;通过学习动物分类知识,培养比较和分类能力	
	古代的生物(三叶虫、甲胄鱼、总鳍鱼、鱼石螈、恐龙、始祖鸟、裸蕨);生物的进化:从水生到陆生,从简单到复杂;环境的变化促使生物进化或绝灭		学习生物进化与环境变化的关系,进行科学自然观的教育
	太阳的概况及其与人的关系;九大行星,卫星和彗星;太阳系;银河系,河外星系;人类对宇宙的探索	结合宇宙知识的学习,发展空间想象能力	结合宇宙知识的学习,进行科学自然观教育;学习科学家哥白尼、伽利略独立思考、勇于创造和为科学献身的精神

这一版的自然课程目标实现了从知识本位到能力本位的飞跃,体现了改革开放对科学教育的新要求。课程目标的变化,影响了课程内容的选择与组

织,《全日制小学自然教学大纲》把教学内容分为知识、能力和思想教育三个方面。① 这一版的大纲依然坚持小学自然课只在高年级开设,大纲规定的小学各册的教学内容和要求详见表2.12。

这一版的大纲要求通过自然课教给学生观察自然现象的方法,教他们用科学仪器进行实验,教他们思考问题的方法,满足他们的求知欲望,使其具有一定水平的"观察能力、实验能力、逻辑思维能力、想象能力、创造能力以及栽培、饲养、制作等技能",促使他们从小树立正确的自然观,通过认识身边的自然界,观察到千姿百态的大自然,使他们感受到大自然的美,开阔他们的心胸,培养他们爱家乡、爱社会主义祖国的情操。但是,从表2.12可以看出,这门课的教学时间、考试或考查没有严格的统一要求。教学内容较深较难,但无论是城市还是农村,专职的小学自然课教师极少,绝大多数是兼职的。在安排课程时,虽然有统一的要求,但是各个学校可以"灵活掌握",很多学校到了六年级就不上自然课了,很多任课教师不认真备课或者根本不备课,上课照本宣科,应该让学生动手操作的实验等也不让学生做。②

(五)《九年制义务教育全日制小学自然教学大纲(初审稿)》

1988年颁布的《九年制义务教育全日制小学自然教学大纲(初审稿)》规定,小学自然是对小学儿童进行科学启蒙教育的一门主要基础学科。小学自然对于贯彻德、智、体、美全面发展的教育方针,培养有理想、有道德、有文化、有纪律的社会主义公民,提高全民族的科学文化素质有着十分重要的意义。小学自然的教学目的是使学生获得一些生动具体的自然知识,培养他们热爱科学,以及学科学、用科学的能力,发展他们良好的心理品质,同时使他们受到科学自然观、爱家乡爱祖国等思想教育。③

《九年制义务教育全日制小学自然教学大纲(初审稿)》规定,教学内容应是学生周围常见的自然事物,以及人类与自然关系方面最基本的科学知识,应能起到举一反三,帮助学生学习新知识的作用;适当介绍一些学生能够接受的先进科学成果和科学发展前景。教学内容应能反映自然的本来面目,是一些正确可靠的素材;教学内容应便于学生接触自然,亲自参加观察、实验活

---

① 潘洪建.中国小学科学课程发展110年(1912—2021)[J].教育与教学研究,2021,35(7):45-61.
② 常复光.必须重视小学自然课[J].宁夏教育,1987(9):23.
③ 课程教材研究所.20世纪中国中小学课程标准·教学大纲汇编:自然·社会·常识·卫生卷[M].北京:人民教育出版社,1999:105.

动;教学内容应能引起学生的学习兴趣和求知欲;教学内容应符合学生的年龄特征,是学生能够接受的。①

《九年制义务教育全日制小学自然教学大纲(初审稿)》包含教学目的要求、教学内容的确定、教学内容、教材的编写和教学中应该注意的几个问题五个部分,将教学内容按照低、中、高年级进行划分,并分为知识部分和观察、实验、操作部分。低年级是指小学一、二年级;中年级五年制小学是指三年级,六年制小学是指三、四年级;高年级是指小学五、六年级。

低年级教学内容的基本要求是:指导学生通过游戏、观察等活动,认识周围自然界常见事物的显著特征,初步知道人类对自然界的利用,并学习一些个人卫生常识。指导学生运用各种感官进行观察,培养他们的观察能力、比较和分类等思维能力,以及进行简单小制作等动手能力。通过接触周围的自然事物,培养爱自然界、爱家乡的思想感情,激发探索自然的好奇心,培养尊重事实、认真细致的科学态度,并受到审美教育;通过卫生常识的学习,使学生养成良好的卫生习惯。通过小制作、饲养等活动,使学生受到劳动教育。中年级教学内容的基本要求是:指导学生通过观察、实验等活动,认识周围自然界常见事物的主要特征,知道人类对自然界的利用和保护。指导学生使用简单仪器进行初步的定量观察,初步培养他们的实验能力,学习进行对比实验和实验操作,发展他们的概括、推理等思维能力,以及制作、饲养等动手能力。通过学习活动,进一步培养学生对自然界、自然科学的兴趣爱好和探索新知识的欲望,培养学生爱护花草树木、保护有益动物等行为,以及虚心、客观、与人合作等科学态度。通过认识自然事物,使学生受到科学自然观的教育,培养审美情趣。高年级教学内容的基本要求是:指导学生认识自然界事物之间的联系,以及它们的运动和变化,进一步知道人类对自然界的利用、保护、改造和探索;指导学生认识人体各主要器官的作用和保健。进一步培养学生的实践能力,学习进行模拟实验,初步学习设计实验,发展他们的分析、综合、想象能力和创造精神。通过学习活动,培养学生自觉保护生态环境的行为习惯,以及独立思考、勇于探索等科学态度。通过认识自然界的运动变化和相互关系,进一步培养学生的科学自然观;通过学习我国古代和现代的科学成就,激发他们对祖国的自豪感和责任感。②

---

① 课程教材研究所.20世纪中国中小学课程标准·教学大纲汇编:自然·社会·常识·卫生卷[M].北京:人民教育出版社,1999:106.
② 同①106-111.

《九年制义务教育全日制小学自然教学大纲(初审稿)》强调,自然教学不仅是知识教学,而且还包含培养对科学的热爱,发展学科学、用科学的能力,进行思想品德教育,培养良好的心理品质、行为习惯等方面的要求。它还认为,小学自然是一门常识性的学科,知识面广,综合性强;自然教学的基本过程是学生在教师的指导下主动地认识自然事物和应用所获得的知识;观察和实验是人类认识自然的基本途径,也是自然教学的特点;教师要鼓励和辅导学生开展课外自然研究活动;我国幅员广大,各地自然情况千差万别,教学时可以根据当地的自然情况调整教学内容的顺序,或选取相应材料来替换;考查要以教学内容的基本要求为依据,应有利于学生掌握基础知识,有利于发展学生的能力,应以平时考查为主,期末考试为辅,进行综合评定;考查形式可以灵活多样,如课堂提问、作业情况、实验操作、小制作、小论文、观察报告等。①

(六)《九年义务教育全日制小学自然教学大纲(试用)》

1992年颁布的《九年义务教育全日制小学自然教学大纲(试用)》(见图2.6)规定,自然是义务教育小学阶段的一门重要基础学科,担负着向学生进行科学启蒙教育的任务。它对于全面贯彻国家教育方针,使学生在德、智、体、美等方面全面发展,提高全民族的科学文化素质,培养有理想、有道德、有文化、有纪律的社会主义建设人才有着十分重要的意义。自然的教学目的是:指导学生获得一些浅显的自然科学基础知识,同时培养他们的科学志趣,及学科学、用科学的能力,使他们受到科学自然观、科学态度、爱家乡、爱祖国、爱大自然等思想品德教育,促进他们身心健康发展。②

《九年义务教育全日制小学自然教学大纲(试用)》明确规定,小学自然的教学要求是:指导学生认识周围自然界常见的事物及其相互间的联系,了解人类对自然的利用、改造、保护和探索,从而对大自然的概貌和人类与自然之间的关系有一个初步的了解;指导学生获得浅显的生理卫生知识,促使他们养成良好的卫生习惯。培养学生学科学、用科学的能力,主要是初步的观察能力,实验能力,制作、栽培、饲养等动手能力,逻辑思维能力和想象能力,启发他们的创造精神。发展学生对自然界和科学技术的兴趣爱好;对学生进行相信科学、破除迷信等科学自然观的教育;培养学生实事求是、认真细致、追

---

① 课程教材研究所.20世纪中国中小学课程标准·教学大纲汇编:自然·社会·常识·卫生卷[M].北京:人民教育出版社,1999:116-117.
② 谢恭芹.中国近现代小学科学课程演变研究[D].北京:首都师范大学,2008.

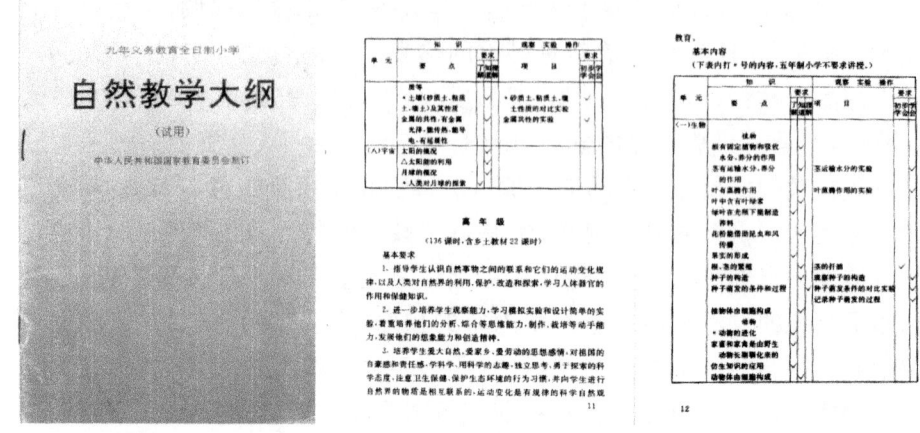

图 2.6　1992 年出版的《九年义务教育全日制小学自然教学大纲(试用)》

求新知等科学态度,以及爱家乡、爱社会主义祖国、爱大自然、爱劳动的思想感情和健康的审美情趣。①

大纲中规定,自然的全部教学内容按知识的内在联系和学生的认识规律由易到难、由近到远、由具体到抽象地安排在低年级、中年级和高年级三个年级段中。低年级在五、六年制小学均指一、二年级;中年级在五年制小学指三年级,在六年制小学指三、四年级;高年级在五年制小学指四、五年级,在六年制小学指五、六年级。各年级段的教学内容部分分基本内容和基本要求两部分,基本内容又分知识和观察、实验、操作两部分。知识部分的教学要求分为了解、知道和理解三个层次。了解是指不要求识记,不考查;知道是指能说出或写出所学知识的要点,能识别所学过的自然事物;理解是指能懂得所学知识的道理,能初步运用所学知识,解释自然界中有关的简单问题。观察、实验、操作部分的教学要求分为初步学会和学会两个层次。初步学会是指能在教师指导下正确操作;学会是指能独立进行正确操作。②

1988 年颁布的《九年制义务教育全日制小学自然教学大纲(初审稿)》和 1992 年颁布的《九年义务教育全日制小学自然教学大纲(试用)》(如图 2.6)将小学自然课的开设时间修定为低、中、高三个阶段,并针对每个阶段做出明确的课时和内容规定,1992 年的试用稿中还对各项内容要点的教学要求做出

---

①　中华人民共和国教育部.九年义务教育全日制小学自然教学大纲(试用)[M].北京:人民教育出版社,1992:1-2.
②　同①2-3.

了三级规定。《九年义务教育全日制小学自然教学大纲(试用)》吸取了现代教学论和心理学研究成果及国外小学科学教育改革的有益经验,结合我国小学自然科学课程自身的特点,初步建立了一套适合我国国情的小学自然科学课程结构体系。① 自然课在整个小学课程计划中的地位得到明显提高,从新中国成立以来第一次在国家教学大纲中被列为小学阶段的"基础学科"。② 全国小学自然课的设置由此结束了长达三十余年在低年级段不单独设课的可悲历史,"自然"从此成为整个小学阶段全体学生必修的一门基础课。这对于进一步推动我国小学科学教育事业的蓬勃发展,加速提高全民族的科学素养,无疑是一项巨大的贡献。

与此同时,遵照国家教育委员会关于中小学教材建设"在国家统一要求下实现教材多样化",即"一纲多本"的指导精神,从1993年开始,上海、广东、江苏、浙江等地教材建设风起云涌,这一时期的教材编写无论是内容选择、编排体系还是呈现方式,都更多地关注学生,强调自然课教学要让小学生经历科学研究过程。

表2.13分析了1981—2000年全国通用的三个小学科学课程标准的差异,从内容框架、课程性质、课程目标、确定教学内容的原则等方面进行阐述。

表2.13 1981—2000年全国通用的小学科学课程标准

项目	第一个大纲	第二个大纲	第三个大纲
颁布时间	1986年	1988年	1992年
名称	《全日制小学自然教学大纲》	《九年制义务教育全日制小学自然教学大纲(初审稿)》	《九年义务教育全日制小学自然教学大纲(试用)》
内容框架	教学目的和要求、教学内容的确定和编排、教学中应该注意的几个问题、各册的教学内容和要求四个部分	教学目的和要求、教学内容的确定、教学内容、教材的编写和教学中应该注意的几个问题五个部分	教学目的和要求、教学内容、教材的编写和教学中应该注意的几个问题四个部分
课程性质	自然课是对小学儿童进行科学启蒙教育的一门重要基础学科	小学自然是对学生进行科学启蒙教育的一门主要学科	自然是义务教育小学阶段的一门重要基础学科

---

① 张红霞.小学科学课程与教学[M].2版.北京:高等教育出版社,2010:45.
② 潘洪建.小学科学课程标准60年[J].现代中小学教育,2012,28(11):22-25.

续表

项目	第一个大纲	第二个大纲	第三个大纲
教学目的	指导儿童初步认识自然界和人类对自然界的探索、利用、改造、保护，从而使他们获得基本的自然科学常识，发展爱科学、学科学、用科学的志趣和能力，受到正确的自然观、科学态度、爱家乡、爱社会主义祖国思想熏陶，促进他们的身心健康发展	使学生获得一些生动具体的自然知识，培养他们热爱科学，以及学科学、用科学的能力，发展他们良好的心理品质，同时使他们受到科学自然观、爱家乡、爱祖国等思想教育	指导学生获得一些浅显的自然科学基础知识，同时培养他们的科学志趣，及学科学、用科学的能力，使他们受到科学自然观、科学态度、爱家乡、爱祖国、爱大自然等思想品德教育，促进他们身心健康发展
教学要求	涉及知识、能力和思想教育三个方面	按照低、中、高年级提出不同层次的知识学习要求与观察、实验、操作要求	按照低、中、高年级提出不同层次的要求；知识部分的教学要求细分为了解、知道、理解三个层次，观察、实验、操作部分的教学要求分为初步学会和学会两个层次
确定教学内容的原则	必须具有科学性，应能反映自然界的本来面目和人的科学态度；必须具有广泛性，应能反映自然界及其变化发展的概貌，反映人类探索、利用、改造、保护自然的途径和方法，以及获得的成果；必须具有基础性，应能起到以简驭繁、举一反三、提纲挈领的作用，可根据它去追求新知；必须具有实践性，应适合儿童亲自去实践科学的探究和应用，以利于发展他们学科学、用科学的能力和创造的精神；必须具有趣味性，应能引起儿童对自然界、自然课和科学技术的兴趣爱好；必须具有可接受性，应能适合儿童的接受能力	应是学生周围常见的自然事物，以及人类与自然关系方面最基本的科学知识，应能起到举一反三，帮助学生学习新知识的作用；适当介绍一些学生能够接受的先进科学成果和科学发展前景。应能反映自然的本来面目，是一些正确可靠的素材。应便于学生接触自然，亲自参加观察、实验活动。应能引起学生的学习兴趣和求知欲。应符合学生的年龄特征，是学生能够接受的	应是学生周围常见的自然事物，以及人类与自然关系方面的科学基础知识；适当介绍一些学生能够接受的先进的科技成果和科技发展前景。应正确反映自然事物以及人与自然界的关系。应有利于向学生进行思想品德教育。应注意联系学生周围的生活、生产实际。应便于学生观察、实验、操作，进行科学探究活动。应能引起学生的学习兴趣和求知欲。应符合学生的年龄特征

续表

项目	第一个大纲	第二个大纲	第三个大纲
教学内容	三年级第一学期：水、空气、植物、动物、热、宇宙；三年级第二学期：空气和水、环境保护、土壤、植物、动物、自然日记；四年级第一学期：自然日记、动物、生理卫生、力、宇宙、能源、环境保护；四年级第二学期：空气、金属、机械、生理卫生、植物、环境保护、宇宙；五年级第一学期：环境保护、声和光、宇宙、岩石、能源；五年级第二学期：生理卫生、电和磁、信息、植物、动物、生物的进化、宇宙	低年级(68课时)：植物，动物，人体，水和空气，力和机械，声、光、热现象，电磁现象，地球和地壳变动，宇宙；中年级(68课时)：植物，动物，人体，水和空气，力和机械，声、光、热现象，电磁现象，地球和地壳变动，宇宙；高年级(136课时)：植物，动物，人体，生物和环境，水和空气，力和机械，声、光、热现象，电磁现象，地球和地壳变动，宇宙	低年级(68课时)：生物，人体，水，空气，力，机械，声、光、热，电、磁，地球，宇宙；中年级(68课时，含乡土教材12课时)：生物，人体，水，空气，力，机械，声、光、热，电、磁，地球，宇宙；高年级(136课时，含乡土教材22课时)：生物，人体，水，空气，力，机械，声、光、热，电、磁，地球，宇宙
教学中应该注意的几个问题	全面体现本学科的目的要求；注重指导儿童自行探求知识和应用知识；注重观察和实验；力求把自然研究的实践活动化为儿童乐于从事的经常性活动；密切联系当地的自然条件进行教学；恰当掌握教学内容的重点和深度广度；在自己动手的基础上不断充实教学设备	注意全面体现本学科的目的要求；恰当掌握教学内容的深度和广度；注意指导学生学会自己获取知识的方法；加强观察和实验；积极开展课外自然研究活动；密切联系当地的自然条件进行教学；重视学生学习效果的考查	注意全面体现本学科的目的要求；恰当掌握教学内容的深度和广度；注意指导学生学会自行获取知识；加强观察和实验；积极开展课外自然研究活动；密切联系当地自然条件进行教学；重视学生学习效果的考查

（七）《全日制义务教育科学(3～6年级)课程标准（实验稿）》

进入21世纪，我国基础教育取得了显著进步，但随之而来的问题却日益突出，我国又开始了新一轮基础教育课程改革。这次改革对小学科学教育来说，具有非同寻常的意义。国家基础教育课程教材发展中心受教育部委托于2000年初正式启动并实施课程标准的研制工作。2000年4月29日，"国家队"首次大集中。小学科学课程标准研制核心组（大学科研人员、教研人员、教学专家等8人）在项目负责人南京师范大学教育科学学院郝京华博士的带领下，经过近一年的努力，于2001年3月完成了《全日制义务教育科学(3～6年级)课程标准（实验稿）》的编制。

《全日制义务教育科学(3~6年级)课程标准(实验稿)》分为前言、课程目标、内容标准和课程实施建议四个部分,最后是附录。第一部分为前言,简要说明了标准产生的背景,小学科学课程的性质、教学基本理念以及设计思路,明确提出"小学科学课程是以培养科学素养为宗旨的科学启蒙课程",这是对原自然教学大纲的继承和超越,充分体现了新的时代精神,具有重大的现实意义。①

第二部分为课程目标,阐述了科学课程的总目标和三个分目标(即科学探究、情感态度与价值观、科学知识),以及各部分目标的相互关系。这一版的课标将3~6年级的科学课程作为整个基础教育科学课程的一个相对完整的阶段,具体内容标准表述的是6年级结束时绝大多数学生应达到的程度,不再划分年级或年段,这样可以给教材编写者和教师以更大的空间。总目标为:通过科学课程的学习,知道与周围常见事物有关的浅显的科学知识,并能应用于日常生活,逐渐养成科学的行为习惯和生活习惯;了解科学探究的过程和方法,尝试应用于科学探究活动,逐步学会科学地看问题、想问题;保持和发展对周围世界的好奇心与求知欲,形成大胆想象、尊重证据、敢于创新的科学态度和爱科学、爱家乡、爱祖国的情感;亲近自然、欣赏自然、珍爱生命,积极参与资源和环境的保护,关心科技的新发展。②

第三部分为内容标准,描述科学探究、情感态度与价值观、生命世界、物质世界、地球与宇宙五个方面的内容标准及活动建议。根据《全日制义务教育科学(3~6年级)课程标准(实验稿)》,教学内容从以自然现象、事物为主,拓展到整个自然科学领域,包括与自然科学有关的人文精神、价值观以及科学、技术与社会(science,technology,and society,STS)的关系等,而且还包含了科学探究的方法与过程。

科学探究是科学学习的中心环节,科学探究不仅涉及提出问题、猜想结果、制订计划、观察、实验、制作、搜集证据、进行解释、表达与交流等活动,还涉及对科学探究的认识,如科学探究的特征。在小学阶段,对科学探究能力的要求不能过高,必须符合小学生的年龄特点,由"扶"到"放",逐步培养。在具体的教学实施过程中,可以涉及科学探究的某一个或某几个环节,也可以是全过程。③

---

① 潘洪建.中国小学科学课程发展110年(1912—2021)[J].教育与教学研究,2021,35(7):45-61.
② 中华人民共和国教育部.全日制义务教育科学(3~6年级)课程标准(实验稿)[M].北京:北京师范学院出版社,2001:5.
③ 同②8.

情感态度与价值观既是科学学习的动力因素,影响着学生对科学学习的投入、过程与效果,又是科学教育的目标,通过对千姿百态、引人入胜的自然现象的学习,改变学生的行为倾向,激发他们对科学学习的兴趣,陶冶爱科学、爱家乡、爱祖国的情感,并为他们形成正确的科学价值观打好基础。科学教育中情感态度与价值观的目标主要包括对待科学学习,对待科学,对待科学、技术与社会的关系,对待自然四个方面。培养小学生的情感态度与价值观,不能像传授知识一样直接"教"给学生,而是要创设机会,通过参与活动,日积月累,让学生感受、体验与内化。[①]

生命世界的内容标准的确定是要让学生尽可能多地去认识不同种类、不同环境中的生物,进而对多种多样的生物有比较全面的认识。"生命的共同特征"这部分内容是为了整合学生对生命零散的认识。"生命与环境""健康生活"部分的具体内容则十分强调联系和应用。生命世界这部分内容的学习不应拘泥于生物学上的专有名词和概念,要让学生深入探究生物生命活动中一些有意义的问题,有助于他们对生命本质的认识上升到新的高度。[②]

物质世界部分中,"物体与物质"部分经过对物体—材料—物质这三个层次的观察与探讨,了解物质一些基本的性质与变化过程,使学生的认识逐渐由具体向抽象过渡。"运动与力"部分使学生了解位置与运动的概念,知道力与运动变化的关系,了解常见的简单机械。"能量的表现形式"部分讨论了声、热、光、电、磁这些物理现象,并使学生知道它们都是能量的不同表现形式,能量可以转换。物质世界这部分所涉及的许多知识与技能都是现代科学和现代技术的基础,在这一部分应该充分体现出其与技术的关系。[③]

在低幼年段,儿童就从各种媒体接触到"地球"这个名词,科学课程有责任使小学生获得有关地球的更完整的印象,这包括了解地球的概貌和组成物质,以及因地球的运动而引起的各种变化。让小学生用探究的方法研究地球物质的性质,不仅可以使他们获得有关的知识,了解科学探究的过程和方法,体验到探究的乐趣,还可以使他们对习以为常的地球物质"刮目相看",意识到地球物质的价值和保护它们的重要性。地球与宇宙还包括天空中的星体,

---

[①] 中华人民共和国教育部.全日制义务教育科学(3~6年级)课程标准(实验稿)[M].北京:北京师范学院出版社,2001:12.

[②] 同①14.

[③] 同①20.

这部分内容为小学生撩起了星空的神秘面纱。他们通过观察、记录太阳和月球的运动变化,探究它们的运动模式,锻炼自己的毅力;他们通过了解人类对宇宙奥秘的探索,认识科学的进步和人类智慧的潜力。这部分内容的教学重点是点燃小学生的求知欲,这远比告诉他们太阳的直径、温度更重要。①

第四部分为实施建议,由教学建议、评价建议、课程资源的开发与利用、教材编写建议、教师队伍建设建议、关于科学教学设备和教室的配置等六个部分组成。《全日制义务教育科学(3～6年级)课程标准(实验稿)》提出七条教学建议:把科学课程的总目标落实到每一节课;把握小学生科学学习的特点,因势利导,用丰富多彩的亲历活动充实教学过程;让探究成为科学学习的主要方式;树立开放的教学观念;悉心地引导学生的科学学习活动;充分运用现代教育技术。在每一条教学建议下又给出了注意事项。例如,在"把科学课程的总目标落实到每一节课"中,《全日制义务教育科学(3～6年级)课程标准(实验稿)》认为设计科学课的教学目标时应注意:"用教材教"而不是"教教材";用不同的行为化动词表述不同类型的教学目标;尽可能用表现性目标表达需长期积累才可能实现的目标。②

在评价建议中提出:第一,充分明确评价的目的,即科学课程教学评价的主要目的是了解学生实际的学习和发展状况,以利于改进教学、促进学习,最终实现课程宗旨,即提高每位学生的科学素养。这样的评价不同于传统的评价,即单纯由教师对学生的学业成绩进行分等排队的做法,这种评价势必引起评价主体、评价内容、评价方法和评价时机等方面的一系列变化。第二,准确把握评价的内容。科学探究方面应重点评价学生动手动脑"做"科学的兴趣、技能、思维水平和活动能力。情感态度与价值观方面应重点评价小学生科学学习的态度。科学知识方面应重点评价小学生对生命科学、物质科学、地球与宇宙科学诸方面最基本的概念和技能的理解过程和应用情况,而不是检查学生最终记住了多少信息。第三,灵活运用评价方法。科学课程的评价以真实的日常教学为基础,充分利用所有正常的课堂教学活动和课外实践活动,全面反映学生实际的学习和发展状况。并提出教师观察、与学生谈话、杰出表现记录、测验与考试、活动产品分析、学生成长记录袋、评定量表和作业

---

① 中华人民共和国教育部.全日制义务教育科学(3～6年级)课程标准(实验稿)[M].北京:北京师范学院出版社,2001:26-27.
② 同①33-37.

法(作业法从形式上可分为短周期与长周期两种)、评议法等九种可供采用的评价方法。①

为了使小学生的科学学习具有广阔的智力背景,科学教育不能局限于传统意义上的教材,必须利用与开发多种多样的课程资源。科学教育的课程资源无处不在,无时不有。从空间上可分为学校资源、家庭资源和社区资源三类;从性质上包括人、物、环境三大资源。各级教育主管部门要充分调动教师、家长、学生和其他社区成员的积极性,并根据农村和城市学校特定的自然环境和人文环境,以多种途径、多种方式、多种渠道开发与利用丰富的课程资源,共同促进小学生科学素养的提高和发展。②

《全日制义务教育科学(3～6年级)课程标准(实验稿)》是编写科学教材的依据。教材编写者须充分领会和掌握其基本思想和各部分内容,并整体反映在教材之中。教材编写者也须发挥自身的主动性和创造性,为满足我国不同地域、不同经济发展水平地区学生的需要,编写出具有不同风格和特色的科学教材。③ 2001年秋季,科学课在38个实验区进行试验,2003年在对实验教材进行修订后将实验区增加至280个,2004年聊城市东昌府区开始使用青岛版小学科学教材,2005年全国所有起始年级的学生全部使用新的小学科学教材,共有8个版本的小学科学教材供不同省(直辖市、自治区)的小学使用。本次课程改革最显著的特点是实施了基于科学探究的小学科学教学方式变革,学生学习科学的积极性和兴趣普遍高涨,小学科学课程的地位逐步提高。

第五部分为附录,包括关于具体目标中行为动词的定义、教学活动的类型与设计、案例三个部分。《全日制义务教育科学(3～6年级)课程标准(实验稿)》中涉及情感态度与价值观的具体目标,其行为动词主要是体验、意识。体验指学生在参与科学学习与探究活动中获得情绪感受,并融入自身的经验之中。它强调学生亲历过程,伴有情绪反应,并对原有经验发生影响。意识是指学生知道某一概念及其价值,并把它纳入判别标准,用于指挥或规范自己的行为。涉及科学探究能力的具体目标,其行为动词主要是会、能够。会是指学生知道规则、方法或程序,能正确操作,大多用于技能目标。能够是指学生掌握规则、方法或程序,胜任操作,大多用于科学探究能力的目标。涉及

---

① 中华人民共和国教育部. 全日制义务教育科学(3～6年级)课程标准(实验稿)[M]. 北京:北京师范学院出版社,2001:38-41.
② 同①41-42.
③ 同①43.

知识的具体目标,其行为动词主要是知道、认识、理解。知道是指学生能说出、写出或识别所学的内容。认识是指学生在经历认知过程的基础上,对所学内容有一定程度的反应。理解是指学生懂得所学内容的道理,往往表现为可以举例、类比、解释、概括或应用①。

在这一轮改革中,不仅教学大纲变成了课程标准,而且根据新的课程标准,学科的名称也由原来的"自然"改为"科学"。尽管小学科学课程的开设仅局限于3～6年级,但它将课程性质明确为"以培养学生科学素养为宗旨的科学启蒙课程",这不能不说是一个历史性的进步。

（八）《义务教育小学科学课程标准》

经过十余年的探索、研究和完善,小学科学课程对培养学生科学素养发挥了重要作用,但在实践中存在课程适宜性、可操作性、时代性和整体性有待增强等问题。为进一步加强小学科学教育,根据立德树人工作总体部署,教育部组织专家对小学科学课程标准进行了修订完善。

《义务教育小学科学课程标准》修订工作是教育部在2003年开始启动的,先后成立了由著名科学家领衔的两届修订工作小组（2003年至2007年3月由郑光美院士主持,2007年3月后则由韦钰院士担纲）,其间八易其稿,历尽艰难,成员包括高校学科教育专家、地方科研人员和一线教师。根据修订要求,为提高修订效率和质量,结合修订组专家的学术背景,修订工作分为三个小组。采取分散工作和集中研讨相结合的方式,先后开展了国际科学教育比较研究和我国小学科学课程实施状况调研。这次教育部专门就小学科学课程实施问题发文,在我国教育史上应该是第一次,足见国家对小学科学教育问题的重视。

此次修订特别强调:第一,关注学生已有的生活经验,强调学生的主动学习和积极思维以及思维能力的培养;第二,重视学生的发展和国家的发展需要方向一致,强调"实践能力、创新能力、社会责任感、保护环境意识以及交流与合作能力"等培养目标;第三,对科学素养、科学探究提出了明确的定义。修订原则有两点,即增强科学课程的整体性和增强科学课程的适宜性。②

2017年2月,教育部颁布《义务教育小学科学课程标准》,并于2017年秋

---

① 中华人民共和国教育部.全日制义务教育科学（3～6年级）课程标准（实验稿）[M].北京:北京师范学院出版社,2001:50.

② 《基础教育课程》编辑部.小学科学课程标准修订[J].基础教育课程,2017(3):6-21.

季开始执行。①《义务教育小学科学课程标准》分为前言、课程目标、课程内容、实施建议和附录五个部分,其颁布与实施有助于提升小学科学课程的学科认同和课程地位。《义务教育小学科学课程标准》是规定小学科学学科的课程性质、课程目标、内容目标、实施建议的教学指导性文件。课程标准是教材编写以及教师教学最基本的依据,对课程标准内容的把握程度会直接影响到教师教学工作的好坏。新的小学科学课程标准是我国小学科学教育发展过程中一件里程碑式的大事,也令科学教育界感到振奋和鼓舞。至于其成效如何,还需在科学教育实践中去检验。《义务教育小学科学课程标准》的颁布标志着我国小学科学课程正式由探索性的实验阶段迈入全面提升阶段,这是我国科学教育发展的历史性进步。

总之,小学自然课程的性质定位从主要学科、重要基础学科及其往复,最后确定为"科学启蒙课程"。课程设置的意义也经历知识教育为主、兼顾全面发展到以培养科学素养为宗旨的发展历程,丰富了科学课程的意义与内涵。尽管在课程内容的多少、详略、增减问题上有一些变化,但变化不是很大,主要选择基础性的自然科学常识,新的科学课程更加强调科学探究的意义。小学自然、科学课程目标的具体表述虽有细微差异,但均大致包括知识目标、能力目标、道德目标三大方面。课程目标的基本走向为:从笼统走向具体,即从教学目的、教学任务走向教学活动目标(总目标+分目标),并采用行为动词进行表述,具体明确;从重结果走向重过程,关注知识的形成过程,强调探究能力的培养,从目标取向转向过程取向。这一变化符合新时代人才培养的基本要求,也反映了世界小学科学教育发展的基本趋势。②

教学内容的呈现大多采取主题形式,以主题统整教材内容,设计观察、实验、操作等活动,教学内容组织方式上的变动较为频繁。二十世纪二三十年代的小学自然课程内容围绕儿童的生活经验(衣食住行等)选择相关材料,进行螺旋式组织;四十年代课程内容走向系统化,课程内容也更加条理化,采取直线式组织方式;五十年代小学自然课程采用螺旋式安排知识主题;六七十年代则采取直线式排列方式;八十年代关注基础知识与技能,直线式与螺旋式并重;九十年代从知识与实践两个维度分层设计、系统规划。2001年以后,打破知识排列的传统做法,按照主题或主线整合教学内容,设置了科学探究、

---

① 张美静.新旧版小学科学课程标准对比的差异性分析[J].学周刊,2018(5):26-28.

② 潘洪建.小学科学课程标准60年[J].现代中小学教育,2012,28(11):22-25.

情感态度与价值观、科学知识三大领域,每一领域包含系列主题与二级主题,教学内容走向整合化。《义务教育小学科学课程标准》按照科学"大观念"统合教学内容,进行进阶式设计。可以说,一百多年的小学科学课程内容从以纵向组织为主走向以横向组织为主,不断降低深度、增加广度,加强了科学知识与生产生活的联系。课程内容选择与组织经历了从经验本位到学科本位,再不断突破学科本位,关注儿童生活、经验、兴趣,在更高水平上回归生活世界,以科学素养统领知识与经验,实现了从经验中心与心理组织,到知识中心与逻辑组织,再向素养本位与心理组织的重大转移。①

---

① 潘洪建.中国小学科学课程发展110年(1912—2021)[J].教育与教学研究,2021,35(7):45-61.

第三章 《义务教育小学科学课程标准》解读

当人类进入 21 世纪,原有的教育理论似乎要进入"失灵"的状态。信息的快速发展使得人类进入"知识爆炸"的时代,这意味着按照以前基于"学科结构"或"做中学"等教育理论的课程发展,将导致无论怎么学,知识也学不完,甚至知识刚学完已经过时,技能刚学会就已经被淘汰。人工智能自我学习能力的发展也会对人类的认知能力形成新的挑战。此时此刻,到底用什么样的新理论引领我们的学习和教育是人类不得不面对的问题,这也成为人类教育面临的时代性问题。[①]

小学科学课程是实现科学教育目的的载体,小学科学课程标准作为科学教育的指导性文件,体现了国家对小学阶段学生学习科学的基本要求和规范,对小学科学教育改革具有重要意义。

一、《义务教育小学科学课程标准》修订的关键词

"核心素养"是目前世界各国基础教育理论和实践研究的热点问题,2016年9月13日上午,《中国学生发展核心素养》在北京师范大学举行正式发布会,它标志着党的十八大和十八届三中全会提出的关于"立德树人"的要求落到实处,核心素养课题组历时三年集中攻关,并经教育部基础教育课程教材专家工作委员会审议,最终形成研究成果。为了更好地落实我国教育部提出的《中国学生发展核心素养》,培养符合国家发展需要以及具备终身发展与适应未来社会关键生存能力的人,核心素养已经主导了新版即 2017 年《义务教

---

① 杨志成.核心素养的本质追问与实践探析[J].教育研究,2017,38(7):14-20.

育小学科学课程标准》的修订。①

（一）学生发展核心素养

所谓"学生发展核心素养"是指学生应具备的，使其能够适应终身发展和社会发展需要的必备品格和关键能力。这一概念内涵同时强调了核心素养的品格属性和能力特征，体现出中国特色、中国风格和中国气派。构建中国化学生发展核心素养，目的是全面贯彻党的教育方针，落实立德树人根本任务。培育中国学生的核心素养，以促进更多满足党、国家、人民和时代需要的人才不断涌现。②

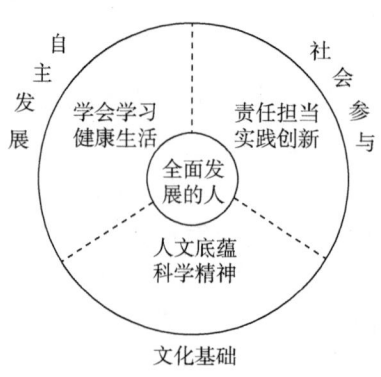

图 3.1 中国学生发展核心素养的框架③

《中国学生发展核心素养》（图 3.1、图 3.2）以培养"全面发展的人"为核心，分为文化基础、自主发展、社会参与 3 个方面，综合表现为人文底蕴、科学精神、学会学习、健康生活、责任担当、实践创新等六大核心素养，具体细化为国家认同等 18 个基本要点，即：人文积淀，人文情怀，审美情趣；理性思维，批判质疑，勇于探究；乐学善学，勤于反思，信息意识；珍爱生命，健全人格，自我管理；社会责任，国家认同，国际理解；劳动意识，问题解决，技术运用。④

（二）学科核心素养

学科核心素养是指学生通过某学科的学习而逐步形成的关键能力、必备品格与价值观念。余文森教授认为，学科核心素养是核心素养在特定学科（或学习领域）的具体化，是学生学习一门学科（或学习领域）之后所形成的具有学科特点的关键成就，是学科育人价值的集中体现。也可以说，学科核心素养是各学科在教育教学中形成的具有学科特质的综合素养，是学生通过学科课堂教学的学习形成的跨学科的知识和技能、过程与方法、情感、态度和价值观的整合，是学生在学习过程中逐步形成的关键能力和必备品格。因此，

---

① 迟菁华. 基于科学学科核心素养的小学科学教材比较研究：以"青岛版""教科版""苏教版"为例[D]. 济南：山东师范大学，2021.

② 林崇德. 构建中国化的学生发展核心素养[J]. 北京师范大学学报（社会科学版），2017(1)：66-73.

③ 同②.

④ 核心素养研究课题组. 中国学生发展核心素养[J]. 中国教育学刊，2016(10)：1-3.

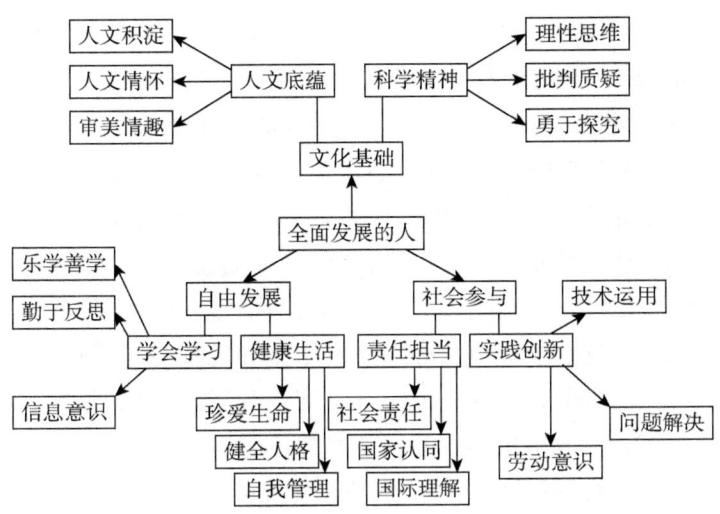

图 3.2　中国学生发展核心素养

所谓学科核心素养,是指凸显学科本质,具有独特、重要育人价值的素养。①

学科知识与学科活动是学科核心素养形成的两个方面。学科知识是学科核心素养形成的主要载体,学科知识不是学科各个知识点的简单的排列和堆积,而是一个有结构的有机整体。学科活动是学科核心素养形成的主要路径,学科核心素养不可能凭空形成,关键的问题在于什么样的学科知识才有利于学科核心素养的形成,即怎么选择、组织、设计学科知识。为了有效促成学科核心素养的形成,作为载体的学科知识,应突出强调学科大概念、学科结构、学科思想与方法及学科情境四大要素。完整的学科活动包括实践活动和认识活动。学科教学的实质就是学科活动,包括教师教的活动和学生学的活动,其中学的活动是根本。学科教学过程即学科活动(包括教和学的活动)的过程。因此,为了有效促成学科核心素养的形成,作为路径的学科活动,必须体现实践性、思维性、自主性、教育性和学科性等特性。②

学科核心素养重在申明本学科对于人的发展的价值,追求的是人格的完善和能力的进步,而不是对若干知识的记忆和背诵。落实学科核心素养,需要协调好学科核心素养和学科课程的关系,解决核心素养的跨学科性的特

---

① 曹培英.从学科核心素养与学科育人价值看数学基本思想[J].课程・教材・教法,2015,35(9):40-43,48.

② 余文森.论学科核心素养形成的机制[J].课程・教材・教法,2018,38(1):4-11.

点,需要明确该学科对于人的发展的共性贡献和独特贡献。①

(三) 学业质量评价标准

学业质量体现了一个国家整体的教育质量管理中最具核心竞争力的那部分内容,也反映了代表这一部分核心竞争力的学生的实际学业水平或达标状况。而国家学业质量标准则提出了国家所期望的不同学段或年龄段学生都应达到的学业质量要求和程度。换言之,学业质量标准是依据国家课程标准的目标、内容,以及学生身心发展和认知水平特点所设定的总体和各学科的具体质量指标。这些学业质量标准是对学生在完成各学段学习时,所应具备的核心素养应达到的具体水平的明确界定,包括知识掌握程度、基本素养、能力发展水平等。学业质量标准基于学科核心素养,又为测量和评价学科素养水平而构建。课程标准是国家对基础教育阶段学校课程所设定的基本准则、内容规定、教学规范和质量评价要求。其初衷是期望把内容标准和表现标准都融合在课程标准的总体框架之内,但从学科标准的设计来看,侧重的是内容标准。因此,学业质量标准是区别于内容标准的表现标准。制定学业质量标准是国家的责任,实施学业质量监测是国家的权力。标准的制定应体现素质教育的目标和价值取向,即培养德智体美劳等方面全面发展的具有创新精神和实践能力的学生。②

因此,学业质量标准是一种测量与评价的工具体系,一旦制定后就已经客观存在了,在这个标准体系中规定了学业质量的水平体系。③

二、《义务教育小学科学课程标准》修订的重点

与 2001 年《全日制义务教育科学(3~6 年级)课程标准(实验稿)》(简称"课标 2001")相比,2017 年《义务教育小学科学课程标准》(简称"课标 2017")在六个方面进行了修订。

第一,课标 2017 规定小学 1 年级开始设置科学课,1~2 年级每周不少于 1 课时,3~6 年级每周不少于 2 课时。

---

① 李彦群,张文.学科核心素养的学理审思[J].当代教育科学,2017(4):41-45.
② 乐毅.试论制定国家学业质量标准的若干基本问题[J].教育研究,2014,35(8):40-51.
③ 曹宝龙.基于学科核心素养的学业质量评价探索[J].物理教学探讨,2018,36(6):1-5,9.

第二，课标 2017 提出科学素养是指了解必要的科学技术知识及其对社会与个人的影响，知道基本的科学方法，认识科学本质，树立科学思想，崇尚科学精神，并具备一定的运用它们处理实际问题、参与公共事务的能力。在当今时代，科学技术的快速发展对每一位公民的科学素养提出了新的要求。小学科学课程要按照立德树人的要求培养小学生的科学素养，为其继续学习和终身发展打好基础。

第三，课标 2017 在课程目标中增加了一个新的维度——"科学、技术、社会与环境（science，technology，society，and environment，STSE）"。此目标要求小学生初步了解所学的科学知识在日常生活中的应用、初步了解人类活动对自然环境、生活条件及社会变迁的影响；了解社会需求是推动科学技术发展的动力；了解科学技术已成为社会发展的重要推动力量。初步了解在科学技术的研究与应用中，需要考虑伦理和道德的价值取向；热爱自然，珍爱生命，具有保护环境的意识和社会责任感。①

第四，课标 2017 在内容标准中增加了一个新的领域——"技术与工程"。人类观察自然、研究各种现象产生和变化的原因而产生的科学，科学的核心是发现；对科学加以巧妙运用以适应环境、改善生活而产生技术，技术的核心是发明；人类为实现自己的需要，对已有的物质材料和生活环境加以系统性的开发、生产、加工、建造等，这便是工程，工程的核心是建造。运用科学、技术和工程，人类创造了丰富多彩的人工世界。技术与工程领域的学习可以使学生有机会综合所学的各方面知识，体验科学技术对个人生活和社会发展的影响。技术与工程实践活动可以使学生体会到"做"的成功和乐趣，并养成通过"动手做"来解决问题的习惯。②

第五，课标 2017 强调科学"大概念"。大概念是指在某一学科领域中最精华、最有价值的学科内容。反映学科本质及其特殊性的、构成学科框架的概念，是一种高度形式化、兼具认识论与方法论意义、普适性极强的概念。大概念不仅仅是一个简单的词语，它背后潜藏着一个意义的世界，它超出了一个普通概念应有的内涵与外延，它是学科思想和理论及其体系的载体。大概念是知识背后的知识，表现出中心性、网络状、可持久和可迁移等特点，能促进学生对知识本质的理解，形成学科观念，促进学生发生知识联结，发展适应能

---

① 中华人民共和国教育部.义务教育小学科学课程标准[M].北京：北京师范大学出版社，2017：14.

② 同①52-53.

力,促进学生自我建构与自我进化,指向终身素养。发展学生的学科核心素养不是知识的灌输与堆积,而是不断地启迪与对话,最终使学生获得带得走的能力而不是背不动的书包,从而更好地适应现代生活。①

相关研究表明,专家采用大概念组织知识有两个明显优势:一是便于记忆,而且记得牢固;二是便于调取,准确而顺畅地应用知识。大概念教学的主要优势体现在可以扩充知识量,这不是最重要的,重要的是可促进知识的应用。科学大概念是围绕涉及重要科学领域的有组织、有结构的科学知识和模型,以大概念进行科学教育,还强调整个基础教育阶段的科学学习过程是不可分割的,是趋向于整体目标不断上升的建构过程。学生从小就应该开始学习如何从周围的现象中抓住体现现象本质的问题进行探索,学习如何提出问题,如何找寻解决问题的思路和方法,由易到难,由浅入深。②

课标 2017 跳出知识点的惯性思维,考察各知识点的本质联系,从而把大概念提取出来。从物质科学、生命科学、地球与宇宙科学、技术与工程四个领域选择适合小学生学习的 18 个主要概念,其中,物质科学领域 6 个,生命科学领域 6 个,地球与宇宙科学领域 3 个,技术与工程领域 3 个(表 3.1)。通过学习,可以为小学生科学素养的初步培养和持续发展奠定良好的基础。

表 3.1 课标 2017 中的主要概念

领域	主要概念
物质科学领域	物质具有一定的特征,材料具有一定的性能
	水是一种常见而重要的单一物质
	空气是一种常见而重要的混合物质
	物体的运动可以用位置、快慢和方向来描述
	力作用于物体,可以改变物体的性状和运动状态
	机械能、声、光、热、电、磁是能量的不同表现形式
生命科学领域	地球上生活着不同种类的生物
	植物能适应环境,可制造和获取养分来维持自身的生存
	动物能适应环境,通过获取植物和其他动物的养分来维持生存

---

① 李刚,吕立杰.大概念课程设计:指向学科核心素养落实的课程架构[J].教育发展研究,2018,38(Z2):35-42.

② 韦钰.以大概念的理念进行科学教育[J].人民教育,2016(1):41-45.

续表

领域	主要概念
生命科学领域	植物和动物都能繁殖后代，使得它们得以世代相传
	动植物之间、动植物与环境之间存在着相互依存的关系
	人体由多个系统组成，各系统分工配合，共同维持生命活动
地球与宇宙科学领域	在太阳系中，地球、月球和其他星球有规律地运动着
	地球上有大气、水、生物、土壤和岩石，地球内部有地壳、地幔和地核
	地球是人类生存的家园
技术与工程领域	人们为了使生产和生活更加便利、快捷、舒适，创造了丰富多彩的人工世界
	技术的核心是发明，是人们对自然的利用和改造
	工程的关键是设计，工程是运用科学和技术进行设计、解决实际问题和制造产品的活动

物质科学领域 6 个主要概念具有 3 个层级，如图 3.3 所示。第一层级"物质世界"反映物质科学研究的对象和领域；第二层级涉及"物质""运动""能量"，属于物质科学的 3 个跨学科核心概念；第三层级是 3 个跨学科概念的具体化。"物质""运动""能量"3 个跨学科概念概括了物质世界的主要特征。①

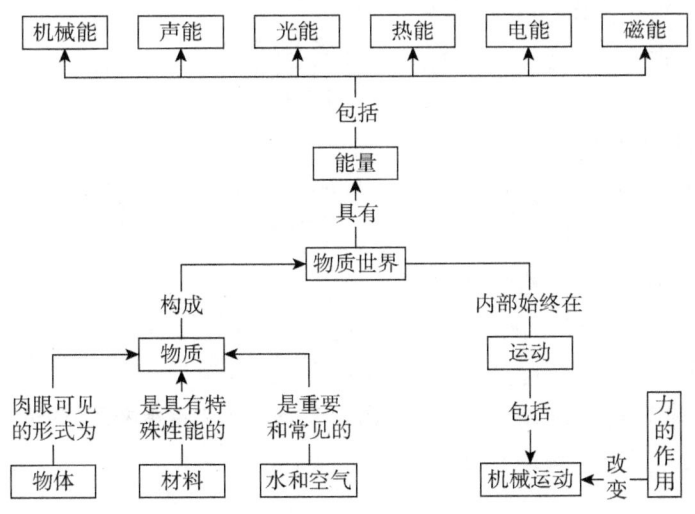

图 3.3　物质科学领域的知识结构图②

---

① 中华人民共和国教育部. 义务教育小学科学课程标准[M]. 北京：北京师范大学出版社，2017：17.

② 同①.

生命科学领域的主要概念体现了整体与个别的认识思维。"地球上生活着不同种类的生物"从整体、宏观的角度说明生物的多样性;"植物能适应环境,可制造和获取养分来维持自身的生存""动物能适应环境,通过获取植物和其他动物的养分来维持生存"及"人体由多个系统组成,各系统分工配合,共同维持生命活动"从个体的形态结构和生命活动的层面认识不同类型的生物,主要介绍自然界最常见的生物类群。生命科学领域的大概念还体现了系统与要素的认识思维。"植物和动物都能繁殖后代,使它们得以世代相传"从个体间信息传递的角度分析遗传和变异现象,而"动植物之间、动植物与环境之间存在着相互依存的关系"从系统的角度介绍生态系统中各个要素之间的相互作用。②

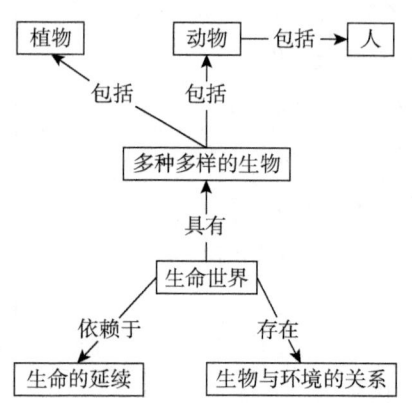

图3.4 生命科学领域的知识结构图①

地球与宇宙科学领域的主要概念体现了系统与要素的认识思维。"在太阳系中,地球、月球和其他星球有规律地运动着"与"地球上有大气、水、生物、土壤和岩石,地球内部有地壳、地幔和地核"要求学生能够认识到地球、太阳系、地月系是宇宙巨大系统的子系统,同时进一步学习地球环境中的大气、水、生物、土壤和岩石等自然要素的知识。本领域的大概念也体现了认识世界的唯物辩证观。这些大概念要求学生认识到各个自然要素之间是互相联系、互相影响、互相制约的。同时呈现了自然界中的天体、地球与自然环境的运动与变化,呈现了人与自然环境的

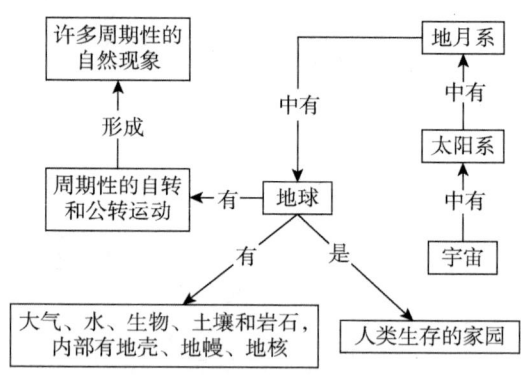

图3.5 地球与宇宙科学领域的知识结构图③

---

① 中华人民共和国教育部.义务教育小学科学课程标准[M].北京:北京师范大学出版社,2017:34.

② 同①33-34.

③ 同①45.

和谐相处。这些实际上体现了世界的物质性、运动性、规律性等唯物辩证观。①

技术与工程领域的主要概念呈现了技术与工程的关系及其作用。技术与发明创造了丰富多彩的人工世界,满足了人类生存与发展的需要,共同推动着人类社会的发展。首先,工程包含技术,一项工程包含若干技术系统。其次,本领域的大概念也呈现出技术与工程的核心和关键。技术的核心是发明,工程的关键是设计。②

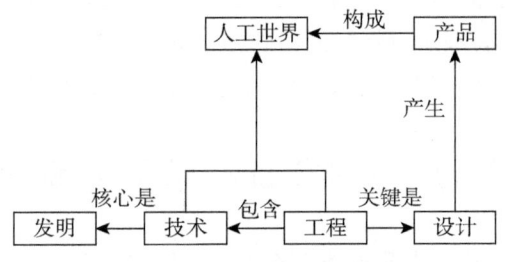

图 3.6 技术与工程领域的知识结构③

第六,课标 2017 按年段安排学习进阶。学习进阶(learning progressions, LPs)也称学习进程,是近几年美国科学教育改革中的一个新兴的概念,是对各学段学习同一主题的概念时所遵循的连贯的、典型的学习路径的描述,一般呈现为围绕核心概念展开的一系列由简单到复杂、相互关联的概念序列。自 20 世纪 90 年代起,美国教育界已经意识到现行的科学教育标准"广而不深",知识点庞杂无序,考试评价并不能很好地测查出学生对知识的掌握程度和能力的提升水平等问题。为此,美国教育界积极探索,始终致力于探究新的途径来解决这些问题。④ 2004 年,在史密斯等学者代表"基础教育阶段科学学业成就评价委员会"向美国国家研究理事会(National Research Council,NRC)提交的报告中,学习进阶第一次在科学教育领域被正式提出。⑤ 美国国家研究理事会在 2005 年和 2007 年的两份报告中提出"学习进阶是理论研究者、考试命题者、课程编制者、教育决策者对话的重要渠道,是沟通学习研究和学

---

① 中华人民共和国教育部. 义务教育小学科学课程标准[M]. 北京:北京师范大学出版社,2017:45.

② 同①53.

③ 同①.

④ 皇甫倩,常珊珊,王后雄. 美国学习进阶的研究进展及启示[J]. 外国中小学教育,2015(8):53-59,52.

⑤ 姚建欣,郭玉英. 为学生认知发展建模:学习进阶十年研究回顾与展望[J]. 教育学报,2014,10(5):35-42.

校课堂实践的桥梁,是联结课程标准、教学与评价,促进一致性的最具潜力的工具"。① 从本质上讲,学习进阶就是一个关于学生认知发展的模型,其本身需要被不断修正和改进,所以对学习进阶的研究一直在面临挑战。

课标2017以学习进阶思想指导课程标准的分段设计,把小学阶段的学习划分为三个阶段,即低段1~2年级,中段3~4年级,高段5~6年级,相应的内容标准与之相匹配,学习内容的呈现融入了学习进阶的理念和成果,使学生的科学学习呈现螺旋式上升的趋势,建构连贯一致的发展图景。课程标准的进阶设计不仅仅局限于"科学知识"维度,而是对"科学探究""科学态度"和"科学、技术、社会与环境"等全部维度都提出了进阶发展要求。②

三、《义务教育小学科学课程标准》的课程性质

《义务教育小学科学课程标准》将科学课程定位为基础性课程、实践性课程、综合性课程的有机统一。

课程的基础性体现了科学课程在基础教育中的重要作用。课标2017强调,早期的科学教育对一个人的科学素养的形成具有十分重要的作用,通过小学科学课程的学习,能够使学生体验科学探究的乐趣,初步了解与其认知水平相应的科学知识,培养小学生科学学习的习惯和思维方式,满足其对自然界的好奇心,为其今后的学习、生活以及终身发展奠定良好的基础。在小学科学课程中,学生通过知识与技能的学习,培养观察、比较、分析的能力,利用科学知识和科学技能去理解身边的科学现象并解决一些实际问题,为日后的科学知识学习、日常生活乃至终身发展打好坚实基础。

课程的实践性意味着学生通过活动的方式学习课程,学生能够通过自身的体验、操作发现科学现象并对其进行推理论证。同时要贴合学生生活经验,具有情境性。将探究活动作为学生学习科学的重要方式,通过重视学生动手动脑亲身经历等实践活动,强化学生各方面的学习能力,塑造学生良好的科学态度,是小学科学课程实践性的具体表现。③

---

① 皇甫倩,常珊珊,王后雄.美国学习进阶的研究进展及启示[J].外国中小学教育,2015(8):53-59,52.

② 姚建欣,郭玉英.小学科学教育:课程创新与实践挑战[J].课程·教材·教法,2017,37(9):98-102.

③ 冀思琪,刘军.2017版小学科学课程标准解读[J].教育实践与研究(A),2017(5):4-6.

综合性则体现了科学课程的本质属性。首先,以大概念方式统领课程内容,横跨并联结四大领域,推动了课程内容的整合,这是课程内容的综合性。其次,注重学习内容与已有经验的结合、动手与动脑的结合、书本知识与社会实践的结合、理解自然与解决问题的结合,着力提高学生的综合能力。最后,强调科学课程与并行开设的语文、数学等课程之间的相互渗透,从而促进学生的全面发展,并提出具体的学科关联建议,这是跨学科化倾向。可见,课标2017对科学课程提出了更高的要求和定位。[1]

四、《义务教育小学科学课程标准》的基本理念

我国小学科学课程的指导思想和教学理念也经历过多次调整。1981年教育部颁布的《全日制小学自然教学大纲(征求意见稿)》指出"自然课是对小学儿童进行科学启蒙教育的一门主要基础学科",第一次将小学科学定位于"科学启蒙教育"。课标2017与课标2001一样,都突出科学素养和科学探究主题,但前者在具体的课程理念上又有所超越,而且更为全面。

小学科学课程标准的理念是整个小学科学课程标准制定和设计的总指导,也反映了课程标准的价值取向。课标2017要求小学科学课程面向全体学生,适应学生性别、文化等各方面的差异,使学生获得良好的科学教育。课标2017倡导探究式学习,科学探究是人们探索和了解自然,获得科学知识的重要方法。探究式学习是指在教师的指导、组织和支持下,学生主动参与、动手动脑、积极体验、经历科学探究,从而获取科学知识、领悟科学思想、学习科学方法的学习方式。小学科学课程要保护学生的好奇心和求知欲,将科学本质、科学思想、科学知识、科学方法等学习内容嵌合在儿童喜欢的科学主题中,创设轻松愉快的学习氛围,激发儿童学习科学的兴趣。在小学科学课程的授课过程中,教师应突出学生的主体地位,应从学生的认知水平出发,利用学校、社区等各种资源,为儿童创设学习环境,引发学生的认知冲突,引导学生主动学习探究。[2]

---

[1] 张敏.对《义务教育小学科学课程标准》的研读与思考[J].实验教学与仪器,2018,35(6):58-60.

[2] 中华人民共和国教育部.义务教育小学科学课程标准[M].北京:北京师范大学出版社,2017:3-4.

五、《义务教育小学科学课程标准》的目标体系与结构

课程目标是学生学完课程后,对学生学习结果的最终要求和规定,制约着教学内容、教学活动的开展与实施。课标 2001 包括科学知识、科学探究、情感态度与价值观三个分目标,而课标 2017 的总目标(图 3.7)是培养学生的科学素养,并为他们继续学习、成为合格公民和终身发展奠定良好的基础,并包括科学知识,科学探究,科学态度,科学、技术、社会与环境四个分目标。在学习进阶成果的支撑下,课标 2017 将课程目标划分为 1~2 年级、3~4 年级、5~6 年级 3 个学段目标,具体规定了不同学段学生的学习内容和学习目标,这样的表述使得课程目标变得非常明晰和精细。

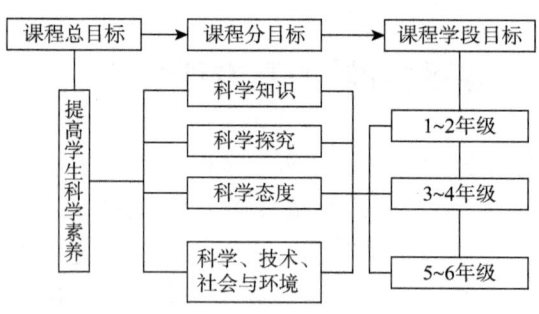

图 3.7 小学科学课程目标体系结构图①

课标 2017 提出了科学知识的总目标,并按照物质科学领域、生命科学领域、地球与宇宙科学领域和技术工程领域分别规定了具体的科学知识(见图 3.8)。依据不同年龄阶段儿童的思维发展的特点和科学学科特点,把小学 6 年分为 3 个学段,1~2 年级主要是认识事物的外部特征,3~4 年级主要是知道事物的性能、作用、分类、原因和规律等,5~6 年级主要是了解事物的结构、功能、变化及相互关系等。②

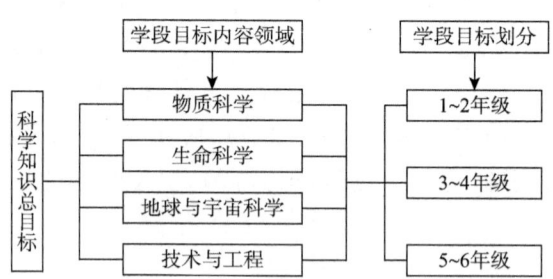

图 3.8 科学知识目标体系结构图③

---

① 林长春,彭蜀晋,宋乃庆,等. 小学科学课程与教学[M]. 重庆:西南师范大学出版社,2019:24.
② 同①.
③ 同①25.

科学探究是小学科学应积极倡导的重要课程理念,课标 2017 对科学探究要素进行了划分,即分为提出问题、作出假设、制订计划、搜集证据、处理信息、得出结论、表达交流和反思评价等八大要素,这种表述更为准确和清晰(见图 3.9)。因为不同年龄阶段儿童的思维发展、知识水平、能力水平等存在差异,所以不同学段学生达到的程度或者目标要求是不一样的。②

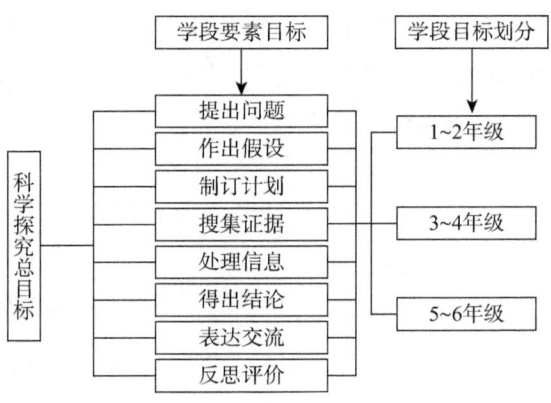

图 3.9　科学探究目标体系结构图①

科学态度的内涵较为丰富,1975 年,加德纳将科学态度划分为"科学的态度(scientific attitude)"与"对于科学的态度(attitude toward science)"。一般认为"科学的态度"与科学思维、科学方法有关,包括强烈的求知欲和好奇心,勤于思考、善于推理等也被认为是学习科学的基本条件。"对于科学的态度"更偏向于情意,主要是指对与科学及科学学习相关的人、事、关系,包括科学本质、学校科学教学、科学课程教师、科学价值及科学家等的评价。课标 2017 从探究兴趣、实事求是、追求创新、合作分享四个维度描述科学态度目标(见图 3.10)。③

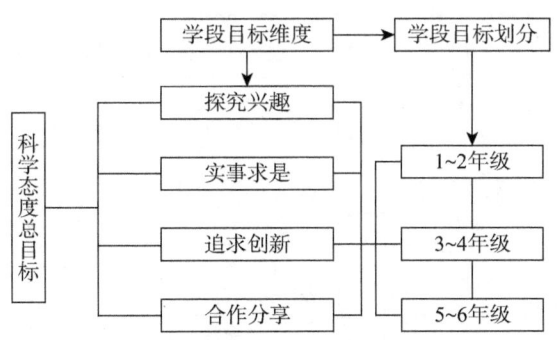

图 3.10　科学态度目标体系结构图④

---

①　林长春,彭蜀晋,宋乃庆,等.小学科学课程与教学[M].重庆:西南师范大学出版社,2019:25.
②　同①.
③　同①25-28.
④　同①26.

科学、技术、社会与环境的内容涉及科学技术与日常生活的联系、科学技术与社会发展的联系、人类与自然和谐相处3个方面，按照由简单到复杂、由具体到抽象、由知识到概念、由意识到行为的螺旋式阶段发展进行设计（见图3.11）。①

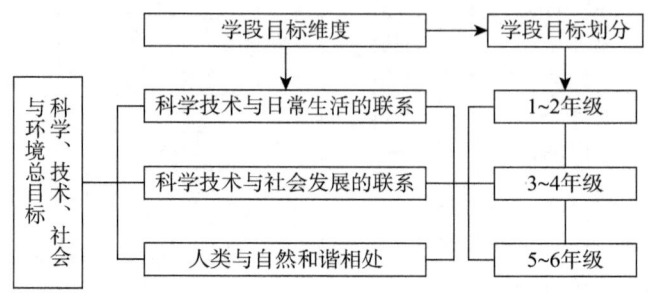

图 3.11　科学、技术、社会与环境目标体系结构图②

六、《义务教育小学科学课程标准》的课程内容解读

根据以科学大概念、核心概念设计小学科学课程内容的思路，《义务教育小学科学课程标准》在内容设计方面，主要考虑学生的实际情况，以学生感知到的科学、技术和工程中一些比较直观、学生感兴趣的重要内容作为载体，选择了18个主要概念作为小学科学课程的学习内容（见图3.12）。

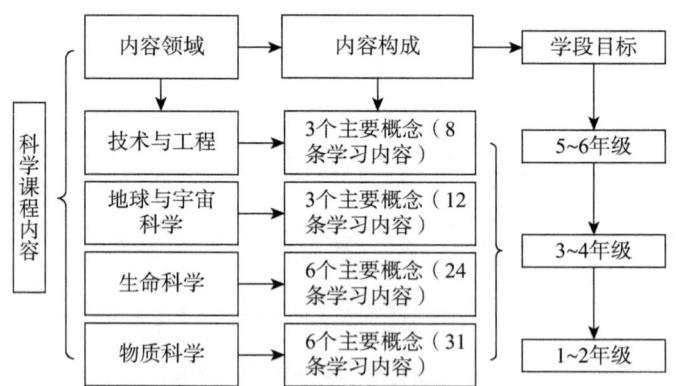

图 3.12　科学课程内容体系结构图③

---

　　①　林长春,彭蜀晋,宋乃庆,等. 小学科学课程与教学[M]. 重庆：西南师范大学出版社,2019:26.

　　②　同①.

　　③　同①30.

物质科学就是研究物质及其运动和变化规律的基础自然科学。人们生活在物质世界中,无时无刻不在接触各种各样的物质,感受自然界丰富多彩的物质运动和物质变化。物质科学领域的学习有助于增强儿童对物质世界的求知欲,形成"世界是物质的,物质是运动的"的观点,从而使得学生感受到物质科学对社会进步、提高人类生活质量所起到的重要作用,帮助学生养成乐于观察、注重事实、勇于探索的科学品质。

物质科学领域有6个主要概念,31条学习内容(详见表3.2),而在每一个大概念后面,《义务教育小学科学课程标准》又给出一些活动建议,可以供教师参考。在这一部分,教师指导学生,通过实验、观察、调查等方式开展对物质世界现象的探索。

表3.2 物质科学领域学习内容及活动建议

主要概念	学习内容及活动建议
物体具有一定的特征,材料具有一定的性能	物体具有质量、体积等特征(指导学生收集身边常见的物体,如石块、铁钉、橡皮、玻璃和大米粒等,观察并描述它们的特征,尝试从颜色、轻重、软硬等方面对它们进行分类)
	材料具有一定的性能(说一说周围用塑料制成的成品,如塑料袋、塑料杯、塑料积木和塑料吸管等,比较一下它们的透明程度,谈一谈用这些塑料制成的物品给人们的生活带来了哪些便利)
	物质一般具有三种状态:固态、液态和气态(观察水、油、醋和牛奶等液体,尝试归纳总结它们的共同特征。比如,都可以倾倒,具有流动性;有固定的质量和体积;形状可以改变等)
	利用物体的特征或材料的性能,把混合在一起的物体分离
	物体在变化时,构成物体的物质可能改变,也可能不改变(在日常生活中经常看到这样一些变化,如易拉罐被压扁了,水结冰了,铅笔尖折断了。尝试分析以上变化的特征,比如,水结冰时水的状态发生了变化,由液态变成了固态,无论是液态的水还是固态的冰都是由同一种物质构成的,因此,这种变化属于没有新物质生成的变化)
水是一种常见而重要的单一物质	水在自然状态下有三种存在状态(取一个烧杯,加入一些冰块,用温度计测量并记录冰块的温度;让冰块自行融化,观察冰块的融化过程,每隔一段时间测量并记录温度;当冰块完全融化时,观察记录温度计的读数)
	有些物质在水里能够溶解,而有些物质在水里很难溶解(取相同质量的食盐两份,同时倒入两个盛有等体积水的烧杯中,用搅拌棒搅拌其中一个烧杯,观察两个烧杯中食盐的溶解快慢;取相同质量的食盐两份,同时倒入两个盛有等体积冷水和热水的烧杯中,观察两个烧杯中食盐溶解的快慢)

续表

主要概念	学习内容及活动建议
空气是一种常见而重要的混合物质	空气具有质量并占有一定的空间,形状随容器而变化,没有固定的体积(取一个塑料杯,在杯底紧塞一团纸,将其垂直倒扣在盛有水的水槽中,观察纸是否会被浸湿,通过该实验可以证明空气占有空间)
	空气是由氮气、氧气、二氧化碳等组成的混合物
	空气的流动是风形成的原因(取两个一样大小的玻璃瓶,分别放在盛有冷水和热水的水盆中,在热瓶中放入点燃的香,待瓶内充满烟后,移走香,立即用毛玻璃片将瓶子盖好,将冷瓶倒扣在有烟的热瓶上,抽掉玻璃片,通过观察烟,了解空气的流动;重复前面的操作,只是将冷瓶和热瓶的上下位置对调,通过观察烟,了解空气是如何流动的)
物体的运动可以用位置、快慢和方向来描述	可以用某个物体相对于另一个物体的方向和距离来描述该物体在某个时刻的位置(用线绳、直尺等工具测量物体的位置,描述物体的位置)
	通常用速度大小来描述物体运动的快慢(尝试乘坐自行车、公共汽车、轮船、火车、飞机等,体验和比较不同交通工具的速度,尝试说明判断运动快慢的依据)
	物体的机械运动有不同的形式(尝试让各种物体运动起来,观察物体前进、后退、转弯、旋转、滚动、振动、绕圈等各种不同的运动形式,描述其特点,用图示、文字等方式描述物体运动的状态与过程)
力作用于物体,可以改变物体的形状和运动状态	有的力直接施加在物体上,有的力可以通过看不见的物质施加在物体上(观察磁铁吸引回形针,了解磁力可以隔着一段距离产生作用;通过实验,观察常见的推力、拉力、摩擦力、弹力、浮力和重力,了解这些力对物体的作用,以及对物体体积和形状的改变,如弯曲、拉伸等)
	物体运动的改变和施加在物体上的力有关(尝试用推、拉的方式让物体启动、加速、减速或停止,观察力可以改变物体的运动状态)
机械能、声、光、热、电、磁是能量的不同表现形式	声音因物体振动而产生,并通过物质传播: 声音可以在气体、液体和固体中向各个方向传播(将发声物体放入水中,了解声音在液体中的传播;轻轻敲击课桌、楼梯扶手、墙面等,将耳朵贴在远离敲击点的不同方位,倾听声音,了解声音可以在固体中沿各个方向传播)
	声音因物体振动而产生,并通过物质传播: 声音因物体振动而产生(尝试让各种物体发出声音,感知声音高低和强弱的变化;观察物体发出声音时伴随着物体的振动,了解声音产生的原因)
	声音因物体振动而产生,并通过物质传播: 声音的高低、强弱与物体振动有关(设计实验,尝试用弦线、皮筋、直尺等物品产生不同高低和强弱的声音)
	太阳光包含不同颜色的光, 有的光直接来自发光的物体,有的光来自反射光的物体(举例说出生活中常见的光源,如太阳、灯等;尝试在黑暗的环境中观察物体,了解人眼是如何看到物体的)

续表

主要概念		学习内容及活动建议
机械能、声、光、热、电、磁是能量的不同表现形式	光遇到不同的物质时传播方向会发生改变	光在空气中沿直线传播；行进中的光遇到物体时会发生反射，会改变光的传播方向，会形成阴影（观察影子，形成影子，设法改变影子的形状、大小和方向，认识影子形成的条件；观察光的行进，以及光在射到镜子表面后传播方向的变化，了解光的直线传播与反射）
		太阳光包含不同颜色的光（观察太阳光穿过三棱镜后投射到墙上的彩色光带，了解太阳光由各种颜色的光组成）
	热可以改变物质的状态，以不同方式传递，热是人们常用的一种能量表现形式	用温度来表示物体冷热的程度，摄氏度是温度的一种计量单位（测量水的温度，以及室内、室外的温度，学习正确使用温度计的方法；列举日常生活中常见的温度，如气温、人体的温度、水结冰的温度等，了解表示物体冷热程度的单位）
		加热或冷却时物体的体积会发生变化；加热和冷却也可以改变某些物质的状态（将压瘪一个小坑的乒乓球放在热水中，观察其变化；结合水的三态变化以及热胀冷缩现象，感知加热和冷却可以对物体的形状和状态产生影响）
		热可以在物体内和物体间传递，通常热从温度高的物体传向温度低的物体（触摸放在热水中的金属勺的勺柄，测量包裹在薄棉被中的冰块的温度变化等，了解热在物体与环境、物体与物体之间、同一物体的不同部分之间传递的方式，认识到热通常从温度高的物体传向温度低的物体；将铁棒、塑料棒、木棒、铅棒等放入热水中，在每一个棒的顶部涂上动物油，观察动物油的变化，了解热的传递现象，了解物质的导热性；观察热水瓶的结构，了解影响热传递的因素）
	电可以在特定物质中流动，电是日常生活中不可缺少的一种能源	电路是包括电源在内的闭合回路，电路的通断可以被控制（用小灯泡、导线、电池和开关连接成简单电路，尝试让小灯泡亮起来，了解电路形成的条件；观察常用的各种开关，了解控制电路的方法，制作简易开关）
		有的材料容易导电，而有的材料不容易导电（将木条、金属、橡皮、硬币等接入线路，观察灯泡是否被点亮，了解物体的导电性能）
		电是重要的能源，但有时也具有危险性（调查自然界和生活中各种电现象，制作安全用电的小报）
	磁铁有磁性，可对某些物体产生作用	磁铁能对某些物体产生作用（观察各种类型的磁铁，尝试发现能被磁铁吸引的物体；观察指南针的结构，学会正确使用指南针，了解指南针是中国古代四大发明之一）
		磁铁总是同时存在着两个不同的磁极，相同的磁极相斥，不同的磁极相吸（观察两块磁铁放在一起时发生的现象，探索磁极的相互作用）

续表

主要概念		学习内容及活动建议
机械能、声、光、热、电、磁是能量的不同表现形式	自然界有多种表现形式的能量转换	自然界中存在多种能量的表现形式（尝试打击、碰撞物体，观察发生的现象，了解运动的物体具有能量，可能会对人体造成伤害，因此需要注意交通安全、遵守交通规则）
		一种表现形式的能量可以转换为另一种表现形式〔观察开启的电灯、电炉，了解电能转换为光能和热能的过程，以麦克风（话筒）、电话为例，了解声能转换为电能，再转换为声能的过程；用电池、铁棒、导线制作一个电磁铁，观察电磁铁产生磁力的现象〕

生命科学领域有 6 个主要概念，24 条学习内容（详见表 3.3）。教师应在教学活动中，通过观察、简单归类、实验、调查、讨论等多种途径指导学生学习这些内容。

表 3.3 生命科学领域学习内容及活动建议

主要概念	学习内容及活动建议
地球上生活着不同种类的生物	生物具有区别于非生物的特征
	地球上存在不同的动物，不同的动物具有许多不同的特征，同一种动物也存在个体差异（参观动物园或养殖场，观看各种媒体资料，利用动物图片进行分类；讨论动物与人类的关系，开展保护动物的宣传活动）
	地球上存在不同的植物，不同的植物具有许多不同的特征，同一种植物也存在个体差异（在校园和社区中观察常见的树木，为校园或社区树木挂标牌；查阅本市市花或市树的有关资料；调查当地主要经济作物、观赏植物和珍稀植物；调查当地近年来新出现的食用植物品种）
	细胞是生物体的基本组成单位（用显微镜观察洋葱表皮细胞，观察各种动植物细胞图片等）
	地球上多种多样的微生物与我们的生活密切相关
植物能适应环境，可制造和获取养分来维持自身的生存	植物具有获取和制造养分的结构
	植物的一生会经历不同的发展阶段，其外部形态结构也会发生相应的变化（亲手种下盆栽植物的种子，观察和记录种子萌发成幼苗，再到开花结果的过程）
	植物能够适应其所在的环境（利用图片等资料，对比沙漠中、盐碱地及海底的植物在外部形态上的异同）
动物能适应环境，通过获取植物和其他动物的养分来维持生存	动物通过不同的器官感知环境（通过视觉、听觉、嗅觉、味觉、触觉分别感受不同的食物或物体，了解不同感觉器官的功能）
	动物能适应季节的变化（通过观看燕子冬季飞往南方、夏季又返回北方等图片或视频，初步了解动植物适应季节变化的多种方式）
	动物的行为能够适应环境的变化

续表

主要概念	学习内容及活动建议
人体由多个系统组成，各系统分工配合，共同维持生命活动	人体有感知各种环境刺激的器官
	人体具有进行各种生命活动所需的器官（通过测量、统计和分析全班同学的肺活量，讨论呼吸系统保健、呼吸系统传染病、抽烟、一氧化碳中毒、大气污染等与呼吸有关的问题）
	人脑具有高级功能，能够指挥人的行动，产生思想和情感，进行认知和决策
	脑需要被保护
	生活习惯和生存环境会对人体产生一定影响［制订自己的作息计划；从健康的角度评价家庭生活质量（可以从饮食、家居环境、生活习惯等方面评价）］
植物和动物都能繁殖后代，使它们得以世代相传	生物有生有死，从生到死的过程中，有不同的发展阶段（种养一株植物或照顾一种小动物一段时间，观察并记录生物体的成长过程；交流栽培植物和饲养小动物的经验和体会，展示观察记录；展示一株植物生命过程的照片）
	生物繁殖后代的方式有多种
	生物体的后代与亲代非常相似，但也有一些细微的不同（利用照片、视频等资料，了解恐龙等已经灭绝的生物）
	有些曾经生活在地球上的植物和动物现在已不复存在，而有些现今存活的生物与它们具有相似之处
动植物之间、动植物与环境之间存在着相互依存的关系	动物和植物都有基本生存需要，如空气和水；动物还需要食物，植物还需要光；栖息地能满足生物的基本需要（用简单的实验或依据生活经验，探讨水、阳光、空气、温度、肥料等因素对植物生长的影响）
	动物的生存依赖于植物，一些动物吃其他动物
	动物会给植物的生存带来影响
	自然或人为干扰能引起生物栖息地的改变，这种改变对于生活在该地的植物和动物种类、数量可能会产生影响（讨论人类保护自然环境和维持生态平衡的重要性；讨论人如何与自然和谐相处，保持可持续发展）

地球是目前人们认识到的宇宙中唯一适合人类生存的星球，地球与宇宙中的有关现象、事物和规律，具有时间和空间的复杂性，需要对它们运用实地观察、长期观测、建构模型、模拟实验、逻辑推理等方法进行研究。① 地球与宇宙科学领域有3个主要概念，12条学习内容（详见表3.4）。教师在教学活动中可根据活动建议进行授课。

---

① 中华人民共和国教育部. 义务教育小学科学课程标准[M]. 北京：北京师范大学出版社，2017：44.

表 3.4　地球与宇宙领域学习内容及活动建议

主要概念	学习内容及活动建议
在太阳系中，地球、月球和其他星球有规律地运动着	地球每天自西向东围绕地轴自转，形成昼夜交替等有规律的自然现象（观察、记录、描述太阳每天东升西落的现象，认识太阳每天的位置变化规律，学习观察的方法）
	地球每年自西向东围绕太阳公转，形成四季等有规律的自然现象（观测、记录一天中不同时段和一段时间内阳光下影子的方向和长短，描述影子变化的规律；模拟地球自转和围绕太阳公转的运动状态，并将影子的变化与地球运动联系起来）
	月球围绕地球运动，月相每月有规律地变化[持续观察、记录一段时间内（上半月）月球在天空中的位置变化和月相变化，学习长期观测的方法；用做游戏等方式，模拟日、地、月三球地运动模式]
	太阳系是人类已经探测到的宇宙中很小的一部分，地球是太阳系中的一颗行星（搜集资料，认识太阳系八颗行星及其大小、位置的相对关系）
地球上有大气、水、生物、土壤和岩石，地球内部有地壳、地幔和地核	地球被一层大气圈包围着（使用气温计测量一天中不同时段或不同地点的气温，描述一天中气温变化的大致规律；观察、测量、记录一段时间的天气现象）
	地球表面有由各种水体组成的水圈（运用地球仪或世界地图，简要说明地球上的海陆分布状况，以及陆地上有不同类型的水体；做与地球水循环有关的成云致雨的模拟实验）
	陆地表面大部分覆盖着土壤，生存着生物（观察土壤标本，知道土壤的基本成分，做对比实验，比较沙质土、黏质土和壤土的特征）
	地球表面覆盖着岩石
	地球内部可以划分为地壳、地幔和地核三个圈层（利用图片和视频资料，或通过模拟实验，初步了解地震和火山喷发形成的原因）
地球是人类生存的家园	地球为人类生存提供各种自然资源（调查日常生活中垃圾分类、资源回收、物品重复使用等情况）
	人类生存需要不同形式的能源（查阅和分析资料，认识一些资源、能源及其形成过程；认识我国是一个能源短缺的国家，我们需要节约能源，积极开发利用新能源）
	人类生存需要防御各种灾害，人类活动会影响自然环境（观看台风、洪涝、干旱等气象灾害，以及地震、火山喷发等自然灾害的图片或视频资料，了解防御各种灾害的措施；调查、考查当地水体或空气污染情况，提出一些防治水体或空气污染的合理化建议）

技术与工程领域的学习可以使学生有机会综合所学的各方面知识，体验科学技术对个人生活和社会发展的影响。技术与工程实践活动可以使学生

体会到"做"的成功和乐趣,并养成通过"动手做"来解决问题的习惯。① 技术与工程领域有 3 个主要概念,8 条学习内容(详见表 3.5)。教师在教学活动中指导学生通过观察、阅读、制作等方法,学习对常见工具和器具的操作与使用,学会简单的加工方法等,知道工程师设计实际应用的产品,意识到人们的生活离不开工具,认同创意设计能够改善生活质量,知道技术应用会带来某些不良的影响等。

表 3.5 技术与工程领域学习内容及活动建议

主要概念	学习内容及活动建议
人们为了使生产和生活更加便利、快捷、舒适,创造了丰富多彩的人工世界	人工世界和自然世界不一样(通过观察周围的环境,发现自然世界和人工世界的不同)
	工程和技术产品改变了人们的生产和生活(使用手机、电饭煲、洗衣机、卷笔刀等常见的科技产品,掌握使用的方法;调查当地的工程项目,了解其设计进程和功用)
技术的核心是发明,是人们对自然的利用和改造	技术发明通常蕴含着一定的科学原理[通过阅读等活动了解一些著名工程师和发明家,如鲁班、蔡伦、黄道婆、詹天佑、瓦特、爱迪生、乔布斯、艾伦·图灵(人工智能之父)等。通过检索、阅读各种资料,分析工程师和发明家的研究过程,如爱迪生发明电灯灯丝的探索过程,体会设计和发明离不开创新的勇气、坚强的毅力和持续的努力。观察一些生物运动系统的主要结构,了解它们和仿生机械之间的关系,例如:通过模拟蝙蝠捕食的过程,分析蝙蝠捕食的各个要素,绘制蝙蝠捕食的流程图;将其与雷达捕捉飞机信息的过程进行对比,找到两者之间的共性]
	技术包括人们利用和改造自然的方法、程序和产品(尝试将周围简单科技产品分解,了解其各部分之间的功能,例如:将一支圆珠笔拆开分解成各个部分,再重新组装起来,认识圆珠笔各部分之间的关系及其功能;通过分析保温杯的结构,了解如何运用科学原理进行技术应用)
	工具是一种物化的技术(操作和使用锤子、刀具、温度计、酒精灯等常见的简单工具,对身边的物品进行简单的加工、测量、加热等;识别生活中常见的测量仪器,运用基本测量仪器来测量和比较长度、时间、温度等量的大小,如制作日晷和沙漏,比较手表、秒表、沙漏、日晷等计时工具的准确性,体会使用工具的优越性;通过使用杠杆、滑轮、轮轴、斜面等简单机械,体会机械能够省力,工作更方便;在生活中寻找常见的简单机械的应用实例,观察简单机械装置的结构和作用,运用杠杆、滑轮、齿轮等简单机械装置的传递改变力的大小)

---

① 中华人民共和国教育部. 义务教育小学科学课程标准[M].北京:北京师范大学出版社,2017:53.

续表

主要概念	学习内容及活动建议
工程技术的关键是设计，工程是运用科学和技术进行设计、解决实际问题和制造产品的活动	工程是以科学和技术为基础的系统性工作［认识自己家的住房环境系统，了解家庭电力的供应系统，并知道安全使用常见家用电器，了解梁柱、楼板、墙、门窗、楼梯等的制作材料，了解各个系统（如供水、采光、供暖系统等）的工作情况及各个系统是如何协调工作的］
	工程的核心是设计（通过按图装配、按流程完成等程序性说明书，完成一架玩具飞机的组装，讨论设计图、说明书和成品之间的关系）
	工程设计需要考虑可利用的条件和制约因素，并不断改进和完善（在家里或校园中观察常见的物品，寻找这些物品的不足和缺陷；查阅有关资料，对设计方案进行改进。设计通过不同途径传递信息的简单方案，如声音传播消息、制作"土电话"来传送声音信息、闪光传递信息等）

本书根据儿童学习的特点，梳理课标 2017 中的学习目标，然后按照 1～6 年级学习进阶对这些教学内容应达到的学习目标逐步分解到每一个学期。1 年级学习目标分解详见表 3.6，2 年级学习目标分解详见表 3.7，3 年级学习目标分解详见表 3.8，4 年级学习目标分解详见表 3.9，5 年级学习目标分解详见表 3.10，6 年级学习目标分解详见表 3.11。

表 3.6　1 年级学习目标分解

项目	第一学期	第二学期
学情分析	六岁左右的儿童有很强的好奇心，对身边的小动物和植物充满探索的欲望，而这个阶段的儿童还未掌握利用工具探索世界的方法，因此，本阶段以认识植物和动物为主，学会利用感官感知环境，知道环境变化会对动植物产生一定的影响	本阶段的儿童已经掌握基本的感官观察方法，对未知的世界充满探究的欲望，因此本阶段主要是学会描述观察对象的方法，可根据一定的原则对观察对象进行分类，知道一年四季的变化，能依据生活实践知道四季变化对动植物和人类的影响
科学知识目标	说出周围常见植物的名称及其特征；说出生活中常见动物的名称及其特征；知道动物和植物都是生物；举例说出动物可以通过眼、耳、鼻等感知环境；说出动物的某些共同特征；知道有阴、晴、雨、雪、风等天气现象；描述天气变化对动植物和人类生活的影响	识别人眼、耳、鼻、舌、皮肤等器官；观察并描述水的颜色、状态、气味等特征；辨别生活中常见的材料；通过观察，描述物体的轻重、薄厚、颜色、表面粗糙程度、形状等特征；根据物体的外部特征对物体进行简单分类；描述一年中季变化的现象，举例说出季节变化对动植物和人类生活的影响；描述月相的变化现象

续表

项目	第一学期	第二学期
科学探究目标	在教师指导下，能用语言初步描述信息；在教师指导下能利用多种感官或者简单的工具，观察对象的外部形态特征及现象	在教师指导下能从具体现象与事物的观察、比较中提出感兴趣的问题；在教师指导下，能依据已有的经验，对问题做出简单猜想，在教师指导下，了解科学探究需要制订计划
科学态度目标	能在好奇心的驱使下，对常见的动植物和自然现象等表现出探究兴趣；愿意倾听、分享他人的信息	能在好奇心的驱使下，对物质的外在特征、生活中的科学现象表现出探究兴趣，乐于表达、讲述自己的观点
STSE目标	珍爱生命，保护身边的动植物，意识到保护环境的重要性	了解生活中常见的科技产品及其给人类生活带来的便利

表3.7　2年级学习目标分解

项目	第一学期	第二学期
学情分析	本阶段的儿童的学习欲望强烈，有浓厚的科学学习兴趣，经过一年的科学学习，掌握了一定的观察方法	本阶段的儿童可以准确表达自己的想法、分享自己的观点，具有科学探究的初步经历，科学学习的兴趣非常浓厚
科学知识目标	描述太阳每天在天空中东升西落的位置变化；描述怎样利用太阳的位置辨认方向；使用前后左右、东南西北、远近等描述物体所处位置和方向；说出植物需要水和阳光以维持生存和生长；观察并描述周围的土壤上生长着的植物和生活着的动物；知道太阳能够发光发热，描述太阳对动植物和人类生活有着重要作用；说出人类生活离不开动植物的一些实例，初步树立珍惜动植物资源的意识；体会生活中的科技产品给人们带来的便利、快捷和舒适；知道植物、动物、河流、山脉、海洋等构成了自然世界，而建筑物、纺织产品、交通工具、家用电器、通信工具等构成了人工世界；知道我们周围的人工世界是由人设计并制造出来的	列举生活中常用的不同外形的磁铁；描述磁铁可以直接或隔着一定距离对铁、镍等材料产生吸引作用；知道指南针中的小磁针是磁铁，可以用来指示南北；说出磁铁总是同时存在两个不同的磁极，相同的磁极相斥，不同的磁极相吸；知道有些物质能够溶解在一定量的水里，如食盐和白糖等，有些物质很难溶解在水里，如沙和食用油等；认识常见工具，了解其功能；知道推力和拉力是常见的力；知道力可以使物体的形状发生改变；使用工具对材料进行简单加工；描述肉眼观察和简单仪器观察的不同；认识周围简单科技产品的结构和功能；利用提供的材料和工具，通过口述、图示等方式表达自己的设计与想法，并完成任务；对自己和他人的作品提出改进建议
科学探究目标	在教师指导下，有运用观察与描述、比较与分类等方法得出结论的意识，在教师指导下，能简要讲述探究过程与结论，并与同学讨论、交流	在教师指导下，具有对探究过程、方法和结果进行反思、评价与改进的意识

续表

项目	第一学期	第二学期
科学态度目标	能如实讲述事实,当发现事实与自己原有的想法不同时,能尊重事实,养成用事实说话的意识	在教师指导下,能围绕一个主题做出猜测,尝试多角度、多方式认识事物;能按要求进行合作探究
STSE目标	了解人类生活和生产需要从自然界获取资源,同时会产生废弃物,有些垃圾可以回收利用	了解人类可以利用科学技术改造自然、让生活环境不断得到改善

表3.8　3年级学习目标分解

项目	第一学期	第二学期
学情分析	这个阶段的孩子愿意表现自己,有良好的语言表达能力,可以运用一定的技术手段对事物进行观察,具有探究的初步意识	这个阶段的孩子思维活跃,善于表现自己,有一定的合作意识,初步具备证据意识
科学知识目标	能够使用简单的仪器测量物体的长度、质量、体积、温度等常见特征,并使用恰当的计量单位进行记录;区分生活中常见的天然材料和人造材料;描述某些材料的导电性、透明程度等性能,说出它们的主要用途;知道有些材料是导体,容易导电,有些材料是绝缘体,极不易导电;说出电源、导线、用电器和开关是构成电路的必要元件,说明形成电路的条件;解释切断闭合回路是控制电路的一种方法;列举电的重要用途;知道雷电、高压电、交流电会对人体产生伤害;知道安全用电的常识;根据物体的特征或材料的性能将两种混合在一起的物质分离开来,如分离沙和糖、铁屑和木屑;知道生活中常见的摩擦力、弹力、浮力等都是直接施加在物体上的力;举例说明给物体施加力,可以改变物体运动的快慢,也可以使物体启动或停止;知道土壤是地球上重要的资源;知道组成土壤的主要成分;观察并描述沙质土、黏质土和壤土的不同特点;举例说出沙质土、黏质土和壤土适宜生长不同的植物;描述动植物维持生命需要空气、水、温度和食物等;举例说出水、阳光、空气、温度等的变化对生物生存的影响;描述植物一般由根、茎、叶、花、果实和种子组成,这些部分具有帮助植物维持	知道固体有确定的形状、体积和质量;液体有确定的体积和质量,液体的表面在静止时一般会保持水平;气体有确定的质量,但没有确定的形状和体积;知道可以用相对于另一个物体的方向和距离来描述运动物体在某个时刻的位置;知道空气具有质量并占有一定的空间,空气总会充满各处;知道空气中的氧气和二氧化碳对生命具有重要意义;举例说出人类生活离不开淡水,树立节约用水的意识;说出人类利用土壤进行农业生产的例子,树立保护土壤资源的意识;说出人类利用矿产资源进行工业生产的例子,树立合理开采利用矿产资源的意识;了解台风、洪涝、干旱等气象灾害对人类的影响;举例说明声音在不同物质中可以向各个方向传播;举例说明声音因物体振动而产生;知道声音有高低和强弱之分;制作能产生不同高低、强弱声音的简易装置,知道振动的变化会使声音的高低、强弱发生改变;知道噪声的危害和防治;知道保护听力的方法;使用和制作简易的古代测量仪器模型,如日晷、沙漏等;知道使用工具可以更加精确、便利和快捷;说出植物通常会经历由种子萌发成幼苗,再到开花、结出果实和种子的过程;描述生

续表

项目	第一学期	第二学期
科学知识目标	自身生存的相应功能；说出植物的某些共同特征；列举当地的植物资源，尤其是与人类生活密切相关的植物	物的特征；知道生物和非生物具有不同的特点
科学探究目标	在教师指导下能从具体现象与事物的观察、比较中，提出可探究的科学问题，并能基于已有的经验和所学知识，从现象和事件发生的条件、过程、原因等方面提出假设	在教师指导下，能基于所学知识制订简单的探究计划，并在教师引导下运用感官和选择恰当的工具、仪器，观察并描述对象的外部形态特征及现象
科学态度目标	能在好奇心的驱使下，表现出对现象和事件发生的条件、过程、原因等方面的探究兴趣	在科学探究中能以事实为依据，不从众，不轻易相信权威与书本；面对有说服力的证据，能调整自己的观点
STSE目标	了解科学技术对人类生活方式和思维方式的影响	了解并意识到人类对产品不断改进以适应自己不断增长的需求

表3.9　4年级学习目标分解

项目	第一学期	第二学期
学情分析	本阶段的孩子具有独立思考的习惯和思维方式，对于科学探究有自己的想法	本阶段的孩子思维能力得到较大的提升，语言的组织、表达能力得到极大提高，具有良好的合作能力，学习兴趣浓厚
科学知识目标	描述测量物体或空气温度的方法，知道国际上常用摄氏度作为温度的计量单位来表示物体的冷热程度；利用气温、风向、降水量、云量等可测量的量，描述天气；知道气候和天气的概念不同；知道一般物体具有热胀冷缩的性质；知道水结冰时体积会膨胀；描述加热或冷却时常见物质发生的状态变化，如水结冰、冰融化、水蒸发和水蒸气凝结；知道冰、水、水蒸气在形状和体积方面的区别；观察并描述一般情况下，当温度升高到100 ℃或降低到0 ℃时，水会沸腾或结冰；知道冰、水、水蒸气虽然状态不同，但都是同一种物质；知道有些物体的形状或大小发生了变化，如被切成小块、被挤压、被拉伸、纸被撕成小片等，构成物体的物质没有发生改变；描述行进中的光被阻挡就形成了阻挡物的阴影；描述一天中在太阳光的照射下，物	知道测量距离和时间的常用方法；知道用速度的大小来描述物体运动的快慢；知道自行车、火车、飞机等常用交通工具的速度范围；列举并描述生活中常见物体的直线运动、曲线运动等运动方式；比较不同的运动，举例说明各种运动的形式和特征；通过观察，描述热空气上升的现象；知道空气的流动是风形成的原因；列举生活中常见的形成风的一些方法；知道月球是地球的卫星；描述月相变化的规律；知道地球是一个球体，是太阳系中的一颗行星；描述月球表面的概况；知道太阳是一颗恒星；识别日常生活中的能量；知道运动的物体具有能量；举例说出制造技术、能源技术、生化技术、通信技术的产品；举例说出动物适应季节变化的方式，说出这些变化对维持动物生存的作用；举例说出生活在不同

续表

项目	第一学期	第二学期
科学知识目标	体影子的变化规律;知道岩石是由矿物组成的;知道地球表面海陆分布的情况;知道地球陆地表面有河流、湖泊等水体类型;观察花岗岩、砂岩、大理岩的标本,认识岩石的表面特征;知道矿产是人类工农业生产的重要资源;简要描述人体用于呼吸的器官;简要描述人体用于摄取养分的器官;列举保护这些器官的方法;知道一些著名工程师、发明家的研究事迹,了解他们的设计和发明;举例说出改变方法和程序可以提高工作效率	环境中的植物其外部形态具有不同的特点,以及这些特点对维持植物生存的作用;能根据某些特征对动物进行分类;识别常见的动物类别,描述某一类动物(如昆虫、鱼类、鸟类、哺乳类等)的共同特征;列举我国的几种珍稀动物;举例说出动物通过皮肤、四肢、翼、鳍、鳃等接触和感知环境;举例说出一项工程运用到的科学技术和原理,如汽车刹车系统的设计中运用到的科学与技术;知道工程设计的基本步骤包括明确问题、确定方案、设计制作、改进完善等;针对一个具体的任务,按照设计的基本步骤来设计一个产品或完成指定的任务;对自己或他人设计的想法、草图、模型等提出改进建议,并说明理由;在制作过程中及完成后进行相应的测试和调整
科学探究目标	在教师引导下,能用比较科学的词汇、图示符号、统计图表等方式记录、整理信息,陈述证据和结果;能依据证据,运用分析、比较、推理、概括等方法分析结果,得出结论	在教师引导下,能正确讲述自己的探究过程与结论,能倾听别人的意见,并与之交流;能对自己的探究过程、方法和结果进行反思,做出自我评价与调整
科学态度目标	能容纳他人的观点、完善自己的探究;乐于尝试运用多种材料、多种思路、多样方法完成科学探究,体会创新乐趣	能分工协作,进行多人合作的探究学习;乐于为完成探究活动,分享彼此的想法,贡献自己的力量
STSE目标	了解人类的需求是影响科学技术发展的关键因素	了解人类的生活和生产方式可能造成对环境的破坏,具有参与环境保护活动的意识,愿意采取行动保护环境、节约资源

表 3.10　5 年级学习目标分解

项目	第一学期	第二学期
学情分析	本阶段的孩子已具备一定的问题分析的能力,对于事物的认识更加客观,有自己的想法,愿意分享和倾听	本阶段的孩子具备较强的观察、分析能力,可根据需要制订一些计划

续表

项目	第一学期	第二学期
科学知识目标	知道很多发明可以在自然界找到原型，能够说出工程师利用科学原理发明创造的实例；了解一项工程需要由多个系统组成，如建造住宅需要考虑结构、供水、采光、供暖系统等；认识生活中保温、防霉、防锈等技术的应用；描述人类生产生活离不开能源，知道太阳能是生活中可利用的一种清洁、可再生能源；描述煤炭、石油和天然气是目前人类利用规模最大的能源，知道它们的形成与太阳能有关；树立节约能源的意识，了解开发利用新能源的一些举措；了解地球上的海洋为人类生存提供了生物、矿产、能源等各种资源；知道一些自然资源是可再生的，一些自然资源是不可再生的，列举日常生活中一些可回收或可再利用的资源，树立回收或再利用资源的意识；树立保护资源的意识，说出自己力所能及的保护资源的举措；说出人类不合理活动对自然环境的影响，树立保护环境的意识，举例说出人类保护环境的举措，能够针对现实环境问题提出适当建议；知道声、光、热、电、磁都是自然界中存在的能量形式；了解地震、火山喷发等自然灾害对人类的影响，知道抗震防灾的基本常识；调查和说明生活中哪些器材、设备或现象中存在动能（机械能）、声能、光能、热能、电能、磁能及其之间的转换；说出生活中常见的热传递的现象，知道热通常从温度高的物体传给温度低的物体，举例说明影响热传递的主要因素，列举它们在日常生活和生产中的应用	知道完成某些任务需要特定的工具；知道杠杆、滑轮、轮轴、斜面等是常见的简单机械；使用杠杆、滑轮、轮轴、斜面等简单机械解决生活中的实际问题；利用摄影、录像、文字与图案、绘图或实物，表达自己的创意与构思；将自己简单的创意转化为模型或实物；根据现实的需要设计简单器具、生产物品或完成任务；根据设计意图，分析可利用的资源；简单评估完成一个产品或系统的可行性，预想使用效果；知道地球自西向东围绕地轴自转，形成了昼夜交替与天体东升西落的现象；知道地球自转轴（地轴）及自转的周期、方向等；知道正午时物体影子在不同季节的有规律的变化；知道四季的形成与地球围绕太阳公转有关；描述雾、雨、雪、露、霜、雹等天气现象形成的原因；说出不同动物以植物或其他动物为食，动物维持生命需要消耗这些食物而获得能量；说出植物与动物之间吃与被吃的链状关系；举例说出常见的栖息地为微生物提供光、空气、水、适宜的温度和食物等基本需要；认识到人与自然环境应该和谐相处；认识到保护身边多种多样的生物非常重要
科学探究目标	能基于所学的知识从事物的结构、功能、变化及相互关系等角度提出可探究的科学问题，并提出有针对性的假设，能阐明假设的依据；能依据所学知识，制订完整的探究计划，初步具备实验设计能力	能依据所学知识，通过观察、实验、查阅资料、调查、案例分析等方式获取事物的信息；能依据所学知识，制订完整的探究计划，能设计单一变量的实验方案

续表

项目	第一学期	第二学期
科学态度目标	表现出对事物的结构、功能、变化及相互关系进行科学探究的兴趣;在尊重证据的前提下,坚持正确的观点	当多人观察、实验结果出现不一致时,不急于下结论,而是分析原因,再次观察、实验,以事实为依据作出判断
STSE目标	了解科学技术可以减少自然灾害对人类生活的影响;了解地球上的资源是有限的	了解人类的好奇和社会的需求是科学技术发展的动力,技术的发展和应用影响着社会发展

表 3.11　6 年级学习目标分解

项目	第一学期	第二学期
学情分析	本阶段的孩子具备从各种途径获取信息的能力,科学探究的范围更加广泛,具备一定的创新意识	本阶段的孩子探究和表达能力很强,文字功底较好,可以用较为客观的语言表达、呈现科学探究的结果
科学知识目标	知道太阳是太阳系的中心;知道太阳系中的八颗行星,描述它们在太阳系中的相对位置;描述月球、地球和太阳的相对大小和相对运动方式;知道宇宙中有无数星系,银河系只是其中一个;知道大熊座、猎户座等主要星座;学习利用北极星辨认方向;了解人类对宇宙的探索历史,关注我国及世界空间技术的最新发展;知道地球不需要接触物体就可以对物体施加引力;描述地球上的水在陆地、海洋及大气之间处于不间断的循环之中;举例说明水在地球上的循环产生了云、雾、雨、雪等天气现象;举例说明水在地表流动的过程中,塑造着地表形态;举例说出人体对某些环境刺激的反应方式和作用;举例说出动物在气候、食物、空气和水源等环境变化时的行为;简要描述脑是认知、情感、意志和行为的生物学基础;举例说出保护脑的健康需要采取的主要措施,比如,人需要充足的睡眠,需要避免长时间的精神压力,防止外界的激烈冲撞,保持愉快、积极的情绪等;列举睡眠、饮食、运动等影响健康的因素,养成良好生活习惯;列举噪声、雾霾、污水等对人体健康的影响,养成环保意识	知道重大的发明和技术会给人类社会发展带来深远影响和变化;知道某些科技产品可能会对人类生活和环境产生负面影响;从经济效益、社会效益、环境效益等方面评价某个工程设计,并提出改进和完善建议;描述地球内部有地壳、地幔和地核三个圈层;知道地壳运动是地震、火山喷发等自然现象形成的原因;说出地壳主要由岩浆岩、沉积岩和变质岩三大类岩石构成;根据化石资料举例描述已灭绝的生物,如恐龙、猛犸象等;描述和比较灭绝生物与当今某些生物的相似之处;描述和比较植物后代与亲代的异同,如花的颜色、叶的颜色、大小与形状等;描述和比较动物后代与亲代的异同,如毛皮的颜色、躯体的大小、外形和外貌等;说出细胞是生物体的基本单位;对常见植物进行简单的二歧分类;知道蘑菇和木耳是生活中可以直接看到的微生物;知道感冒、痢疾是由肉眼难以观察到的微生物引起的;识别来自光源的光,如太阳光、灯光;识别来自物体反射的光,如月光;知道来自光源的光或来自物体的反射光进入眼睛,都能使我们看到光源或该物体;知道光在空气中沿直线传播;

续表

项目	第一学期	第二学期
科学知识目标		知道行进中的光遇到物体时,会发生反射现象,光的传播方向会发生变化;描述太阳光穿过三棱镜后形成的彩色光带,知道太阳光中包含有不同颜色的光
科学探究目标	能基于所学的知识,用科学语言、概念图、统计图表等方式记录、整理信息,表述研究结果;能基于所学的知识,运用分析、比较、推理、概括等方法得出科学探究的结论,判断结论与假设是否一致	能基于所学的知识,采用不同的表述方式,如科学小论文、调查报告等方式,呈现探究的过程与结论;能基于证据质疑并评价别人的探究报告;能对探究活动进行过程性反思,及时调整,并对探究活动进行总结性评价,完善研究报告
科学态度目标	能大胆质疑,从不同视角提出研究思路,采用新的方法、利用新的材料,完成探究、设计与制作,培养创新精神	能接受别人的批评意见,反思、调整自己的探究;在进行多人合作时,愿意沟通交流,综合考虑小组各成员的意见,形成集体的观点
STSE目标	了解在科学研究与技术应用中必须考虑伦理和道德的价值取向	认识到人类、动植物、环境的相互影响和相互依存关系;人类活动会对环境产生负面和正面的影响,自觉采取行动,保护环境

七、两版课程标准的差异

　　课标 2001 的颁布是小学科学课程开始进行探索的新阶段,但是,国际科学教育发展观的传播与拓展使得科学课程面临改革的新起点。2017 年 2 月,教育部颁布课标 2017,标志着小学科学课程实践探索阶段已经结束,课标 2017 将引领小学科学教育进入一个跃升发展的全新阶段。这是我国科学教育发展中一件里程碑式的大事,也令科学教育人感到振奋和鼓舞。作为占据重要节点的纲领性文件,对比二者将有助于把握科学教育发展的方向,而且有利于提高教师实施课标 2017 的能力,并为教科书的编者提供参考依据。[①]

---

① 刘恩山.《义务教育小学科学课程标准》的变化及其影响[J].人民教育,2017(7):46-49.

表 3.12　两版科学课程标准的比较①②③④⑤⑥⑦

项目	课标 2001	课标 2017
名称	《全日制义务教育科学(3～6年级)课程标准(实验稿)》	《义务教育小学科学课程标准》
时代背景	世纪之交,基础教育已取得一定的进步,但原开设的课程不能适应和满足社会发展的需要	十几年的探索已积累了较为丰富的实践经验,初步建立了科学课程体系,国际科技成果的不断涌现和学生发展核心素养的迫切要求,使我国科学课程面临完善的需求和挑战
课程性质	以培养科学素养为宗旨的科学启蒙课程	一门基础性、实践性、综合性课程
课程基本理念	科学课程要面向全体学生;学生是科学学习的主体;科学学习要以探究为核心;科学课程的内容要满足社会和学生双方面的需要;科学课程应具有开放性;科学课程的评价应能促进科学素养的形成与发展	面向全体学生;倡导探究式学习;保护孩子的好奇心和求知欲;突出学生的主体地位
开设年级	从 3 年级开始开设课程	从 1 年级开始开设课程,覆盖面全
设计思路	3～6年级的科学课程作为整个基础教育科学课程的一个相对完整的阶段,具体内容标准表述的是 6 年级结束时绝大多数学生应达到的程度,不再划分年级或年段,这样可以给教材编写者和教师以更大的创造空间	提出大概念教学,分为 1～2 年、3～4 年级、5～6 年级三个学段,对每个学段都做出了要求,课标 2017 的思路更加科学和合理

---

① 赵福君,李昱瑛.小学科学新旧课程标准的对比分析[J].兵团教育学院学报,2018,28(3):72-76.

② 席学荣.《义务教育小学科学课程标准》的 10 个变化[J].课程教材教学研究(小教研究),2017(Z4):3-5.

③ 林维超.理解课程标准 明确育人目标:《义务教育小学科学课程标准》的主要变化[J].福建教育,2017(18):28-31.

④ 周克楠.新旧科学课程标准比较[J].天津教育,2019(12):50-51.

⑤ 胡继飞.我国新版小学科学课程标准探微[J].中小学教师培训,2017(6):28-32.

⑥ 张美静.新旧版小学科学课程标准对比的差异性分析[J].学周刊,2018(5):26-28.

⑦ 王秋芳,王鹏.试析我国小学科学课程标准之"新"与"行"[J].上海教育科研,2018(2):61-64.

续表

项目	课标 2001	课标 2017
课程总目标	从"三维"目标维度对课程目标进行规划和设计,具体描述了科学知识与习惯、科学探究的过程与方法、情感态度与价值观	培养学生的科学素养,并为他们继续学习成为合格公民和终身发展奠定良好的基础,并分别从科学知识、科学探究、科学态度、科学、技术、社会与环境等方面叙述
课程分目标	以传统"三维"目标对总目标进行分解,包括科学知识、科学探究、情感态度与价值观	"四维"目标,强调从科学知识、科学探究、科学态度、科学、技术、社会与环境四个方面阐述具体目标,即四个方面的总目标,再按照不同的领域、要素、维度和关系对这四个方面进行学段目标的详细划分
课程内容	物质世界领域、生命世界领域、地球与宇宙领域	物质科学领域、生命科学领域、地球与宇宙科学领域、技术与工程领域,凸显技术教育的重要性,融入了 STEM(science, technology, engineering, and mathematics,科学、技术、工程与数学),是我国科学课程的一个重要突破
探究式教学	让探究成为科学学习的主要方式,在课标 2001 实施之初教师以灌输为主的情势下进行这样的强调是必要的	推行探究式教学的同时,注意强调"不要把探究式学习作为唯一的科学学习方式",以及"处理好探究式学习中学生自主与教师指导之间的关系"
学科关联	仅强调科学内部的综合,学科关联略显不足	强调要加强科学学科与小学并行的其他学科之间的联系,包括同语文、数学、综合实践活动等学科之间的相互渗透,更包括与科学、技术、工程、数学之间的融合
关于评价	提出了 11 种具体的评价方法,大多是一种个性化的表述	从过程性评价和终结性评价两方面加以说明,每一种评价方式都提供了较为具体和多样化的测评方法,同时还特别强调表现性评价
关于教学资源	重视校内资源、校外资源和网络资源的开发与利用	将实验室建设与管理纳入课程资源之中并加以重点突出,强调科学教师应当参与到实验室的建设和管理中来,教师和学校要充分利用好实验室和注意开发实验室的功能

续表

项目	课标 2001	课标 2017
教材编写建议	对教学内容、教材的组织与呈现形式给出建议,体现小学生以探究为核心的科学学习过程,符合小学生认识事物的特点和规律,有机整合科学课程的各项指标,为小学生自由展开学习过程提供适当条件,教材要具有科学而合理的逻辑结构	从广义教材的角度来进行表述,内容更为全面。除了教科书之外,课标 2017 还就学生活动手册、教具、学具、教师教学指导用书等的编写或研制提出了一些具体建议
教师队伍	加强教师的职前与职后培训,理解和支持科学教师的工作	没有就师资队伍建设问题提出具体建议
附录	附录很多,包括关于具体目标中行为动词的定义、教学活动的类型与设计、案例三个部分,且占有较大篇幅,具有很好的参考价值,值得广大科学教师去研读和学习	附录仅有教学案例部分,案例设计更为精致
教学案例	案例多达 13 个,但案例的设计较为粗糙,分别用来作为科学探究、教学设计、科学游戏、学生课业作品等四个项目的示范	案例减少为 6 个,且更具有开放性,没有进行分类和定位,有利于科学教师在研读案例时进行个人意义上的建构

八、《义务教育小学科学课程标准》的影响

在全面了解课标 2017 之后,可以预见它必将给我国的小学科学教育实践带来深刻影响。

(一)课程地位提升

从我国科学教育的开设历史不难看出,我国小学科学课程开课年级可谓变化无常,堪称教育史上的"奇葩事件"。美国、英国等几乎所有的发达国家和地区都是从小学 1 年级开始设置科学课程的,而且有些国家和地区已经在幼儿园系统开设科学课。此前有调查研究表明,小学科学课程的正常开课率在全国平均不到 30%,在中国的校园里,处处彰显了科学课程的"副科"气息:学校领导默许,学生家长认同,教师随意将科学课课时换作他用,特别是被语、数、外等升学考试学科占用;在教师培训、职称晋升以及教师晋级等关系重大的工作中,总是先考虑语、数、英等升学考试科目,甚至科学课教师的课

酬都比其他科目的教师低。①

按照课标2017,在小学科学课程设置方案中将开设年级提前至1年级,并规定1~2年级科学课程的课时不少于每周1课时,小学科学课程与语文、数学等科目一样成为小学核心课程,各级教育主管部门和学校势必会给予科学课应有的重视,我国科学教育的春天即将到来,科学课有望得以正常开设,而不再是可有可无的"副科"。

(二)教科书的作用弱化

教材是课程与教学中极其重要的基本用语之一。广义的教材是指在课程实施过程中教师和学生使用的所有教学材料,包括教科书、教学参考书、复印资料、报刊、幻灯片、实物模型等,即凡是有利于学习者全面发展的材料均可称为教材。狭义的教材指的就是教科书。一般来说,教科书就是指根据课程标准编制的教学用书,一般图表清晰、语言规范,能够体现课程标准和课程目标。教科书是教材的一种形式,是学科教学的主要材料。通常情况下,我们所说的小学科学教材是指狭义的概念,也就是小学科学教科书。②

2017年由教育部中小学教材审定委员会审定通过了八套小学科学教材。课标2017精细化的课程目标和课程内容,为科学教师独立"依标施教"提供了更大的可能性,一些底蕴深厚的科学教师会尝试抛开既定教科书,依据课程标准自主组织材料并实施教学,"用教材教而不是教教材"将成为现实,教科书的作用将会弱化,使得校本课程资源得到极大程度的利用,这对当地的教学资源整合极为有利,让科学学习更加贴近学生的生活,真正使科学课成为实践性的学科。③

(三)师资队伍的短板进一步凸显

长期以来,小学科学教师的培养一直得不到重视,数量少,学历层次参差不齐,教学素质差异很大,极大影响了小学科学课程的教学质量。当前的小学科学课教师队伍多由语文、数学、音乐、美术等学科教师兼职,甚至是由不合格教师去兼职,这些教师知识欠缺、教学观念比较传统、教学能力单一,缺乏专业精神,不能有效应对科学课程的新理念、高要求,成为阻碍小学科学课程有效实施的最根本因素。

---

① 胡继飞.我国新版小学科学课程标准探微[J].中小学教师培训,2017(6):28-32.
② 林长春,彭蜀晋,宋乃庆,等.小学科学课程与教学[M].重庆:西南师范大学出版社,2019:34.
③ 同①.

课标 2017 的实施对科学教师的素质和数量提出了新要求,科学教师师资的短板将进一步凸显。左成光在《2018—2030 年我国小学科学教师需求预测及对策研究》中提出,从 2018—2030 年中国小学科学教师需求的影响将从 2022 年开始显现,2027 年达到高峰,即当前小学科学教师的补充模式不能满足未来对小学科学教师的需求。① 课标 2017 的颁布会促使学校引入具有相关专业背景的教师,为小学科学教师队伍注入活水源泉。

(四)教学理念更新

今天的教育是为了使现在的孩子适应未来的生活。教学理念的更新是教育不断前进的动力,是促进教学改革并提高教学质量的源泉。每个人都生活在自己的时代,教育也应是顺应时代发展要求的教育。教育的理念是课堂呈现的灵魂。然而,小学科学的课堂教学从内容到方法几乎看不到科学课程赋予的内涵,很多科学教师的课堂教学仍以传授知识为唯一目的,接受式学习方式占据主导,甚至直接在黑板上或教科书上梳理知识点让学生记忆,课堂教学失去了科学课该有的样貌。

课标 2017 对 STEM 和 STSE 教育理念的引入,将推动科学课与课外科技活动的进一步融合,保护孩子的好奇心和求知欲,组织学生进行实验设计与操作、探究与合作、对话和交流,让学生掌握科学基础知识和技能,领会科学与技术、自然、社会和生活的关系,提高科学素养,同时科学课课堂会进一步向课外和校外教育延伸,对小学生增强综合素养具有重大作用。

(五)需教学硬件作保证

小学科学课程是一门基础性、实践性与综合性相结合的课程。小学科学课程的特点决定了教学硬件是保证其课程实施的先决条件,这要求学校主动改善实验教学条件,包括实验场地、实验器材的配置和实验经费的保证。然而,很多学校的科学课程不按课程目标内容有针对性、有计划地进行资金投入,以完善条件性教学资源的配置;很多科学教师不能从课程整合角度进行有规划的校本资源开发与运用,对于学校已经配置的教学资源,行政管理层面缺乏督促使用和管理,小学科学课教师不能积极进行创造性的利用,以至于仅存的资源也被荒废。课标 2017 颁布以后,对教学设施和教学资源的使用会有更高的要求,学校和各级主管部门必须加强管理,增加实验课的资金投入,必须使小学科学教师走出"教师手拿一本书进课堂,学生凭一本书学科

---

① 左成光.2018—2030 年我国小学科学教师需求预测及对策研究[J].教师教育学报,2019,6(6):78-85.

学"的困境。第一,推行小学科学教学实验室和实验场所的标准化建设,课标2017"课程内容"中涉及的物质科学、生命科学、地球与宇宙科学和技术与工程四个领域均需要开展观察和实验活动,尤其是随着课程的开设下延至1年级,现有的实验室物质资源就会比较紧张。教育主管部门和学校应加大经费投入,按照国家标准配备相应的实验室仪器。第二,整合内外资源,提高利用率。要树立"大资源观",即学校中的很多活动场所都是开展科学教育的有效资源,学校和教师应充分发掘"身边的资源",让校园成为科学教育的"大课堂",有条件的学校可以开辟具有本校特色的"科学学习园地",如种植区、养殖区、实验区等。同时,广泛利用社会科普教育资源,如科技馆、天文馆、动物园、田野、公园等,结合课程内容进行现场参观学习,弥补校内资源的不足。第三,利用信息技术,创新资源载体。随着现代信息技术的快速发展,网络资源以内容的丰富性、传递的便捷性、展示的生动性受到师生的广泛青睐,合理有效地利用网络资源可以弥补现实教学中的不足。[1]

九、中美小学科学课程标准比较

2011年,美国制定和实行了《K-12科学教育框架:实践、跨学科概念和学科核心概念》(简称《K-12科学教育框架》),为了培养一代又一代精英,美国教育部于2013年4月正式颁布了以《K-12科学教育框架》为基础的Next Generation Science Standards(NGSS,《下一代科学标准》),该标准由26个州和国家科学教师协会(National Science Teachers Association)、美国科学促进协会(American Association for the Advancement of Science)、国家研究委员会(National Research Council)以及非营利组织Achieve联合开发,它的制定借鉴了众多实证研究的最新成果和经验,也经过了实践的反复检验。该标准凝结了美国科学教育最新的理论研究成果,同时也体现了世界科学教育未来的发展趋势。对其进行分析研究可以为我国的科学教育改革提供一定的参考。[2]

---

[1] 王秋芳,王鹏.试析我国小学科学课程标准之"新"与"行"[J].上海教育科研,2018(2):61-64.

[2] 于佳鑫.中美小学科学课程标准比较研究[D].大连:辽宁师范大学,2020.

表 3.13 中美小学科学课程标准比较①②③④

比较内容	《义务教育小学科学课程标准》	NGSS
课程核心理念	全面提高学生的科学素养,没有对相关内容做出详细的阐释与说明	培养学生的科学素养,注重工程与实践方面的能力,掌握学科核心思想,更重视学生对科学本质的认识
课程基本理念	面向全体学生;倡导探究式学习;保护孩子的好奇心和求知欲;突出学生的主体地位	培养学生学习科学的全部能力;聚焦于学科核心理念与实践;随时间的推移使学生不断加深对于科学知识的理解;科学和工程领域兼顾理论与实践;科学教育要结合学生的经验和兴趣;促进教育公平
设计思路	只有一个文本,略显单薄	科学教育文件分为框架、第一卷和第二卷三部分,阐释均较为详尽
课程总目标	对科学知识,科学探究,科学态度,科学、技术、社会与环境四个方面分别提出了各自的总目标	保证全部学生在完成 K-12 学年所有科学教育后能意识到科学的魅力;利用所学的科学和工程的相关内容参与公共事务的讨论;能冷静思考和分析日常生活中常见的科学信息;具备终身学习的能力和意识;熟练掌握预选职业包括与科学和工程有关职业的基本技能
课程分目标	小学三个学段的分目标,又分别以领域、要素、维度、关系为标准进行阐述,层次鲜明,条理清晰,可以一目了然地了解某个学段的学生应该知道和掌握的科学知识、应该掌握的科学探究方法、需要养成的思维习惯、对科学和生活应该持有的情感和对人类与自然环境关系的理解	不直接列出课程目标,而是散落在各部分学习内容中,以表现期望的形式展现(表现期望即对学生在完成一个阶段的学习任务后应该知道什么和会做什么的具体要求,其含义基本上和课程目标相同)
课程内容规划	按照课程目标、课程内容、课程实施与评价几个方面进行介绍,且均较为简略	围绕科学与技术实践、学科核心观念、跨学科概念三个部分,对 K-12 科学课程的目标、内容、学习等进行详细的解释与说明,整合程度颇高

---

① 崔青青.中美最新小学科学课程标准比较研究[D].扬州:扬州大学,2018.
② 于佳鑫.中美小学科学课程标准比较研究[D].大连:辽宁师范大学,2020.
③ 许艺珊.中美小学科学课程标准比较研究[D].武汉:华中师范大学,2018.
④ 施展霞.美国、英国、新加坡、中国小学科学课程标准比较研究[D].南京:南京师范大学,2018.

续表

比较内容	《义务教育小学科学课程标准》	NGSS
课程内容	按照少而优的原则选择，18个基本概念统领整个小学科学的课程内容，按照不同的作用和价值分布于四大学习领域	按照少而优的原则选择，在四个领域分别选取若干具有代表性的主要概念，帮助学生达成该学习领域的课程目标
实施建议	实施建议作为一个独立的章节出现，从多个维度列举具体的建议，为包括教师、教育管理部门以及教材编写者等科学教育参与者提供了明确的指导，在某种程度上对课程标准的内涵做了拓展和延伸，但也使课程标准在定位方面显得有一些模糊	实施建议、评价建议和编写建议等内容放在"框架"中进行简单的论述，然后散落在各个核心学习领域之中，针对不同的学习领域提出一些建议以供参考

美国对科学课程教师的专业素质培养、职前教育都给予了极大的支持，提供了多种途径帮助教师实现职业发展。而且对相关方的义务作了明确的规定，旨在让学校、地区和州对教师发展给予支持。相比美国，我国科学教师队伍的专业素质不容乐观，小学科学课程教师数量不足，专职教师太少，兼职教师过多，教师队伍的整体水平偏低，不能满足科学学科教学改革与发展的需要。因此，为加强科学课程教师的培养，师范院校可以设置科学课程教育辅修专业，开设相关课程，培养专业的科学课程教师。对于在职科学教师，需要加强职后培训，教育行政管理部门应加大职后培训力度，开展多个类型与层次的培训，保障培训条件，促进科学教师专业素质的提升，为科学课程改革与发展提供强有力的支撑。[①]

[①] 崔青青，潘洪建. 中美小学科学课程标准比较研究[C]//扬州大学基础教育研究所教育部山东师范大学基础教育课程研究中心. 当代教育评论：第8辑. 镇江：江苏大学出版社，2018：6.

第四章　海南省小学科学教育现状研究

2020年2月,本书采用问卷调查法,针对海南省落实《义务教育小学科学课程标准》的相关问题随机抽取212名小学科学课程教师进行问卷调查,并结合教育实习、教育见习等对当地的科学课程教师进行访谈,以了解科学课程教师队伍的情况。2022年3月,本研究依然采用问卷调查法随机抽取442名海南省小学科学课程教师进行调研,并对两次调研结果做了比较,从中发现海南省小学科学课程教育存在的问题。

一、师资队伍不足,专职教师比例增大

在2020年的调查中发现,小学科学课程教师中兼职教师比例为71.7%,而专职教师只占28.3%;在2022年的调查中,小学科学专职教师比例为33.26%,兼职教师为66.74%。可以看出,海南省的小学科学课程教师队伍中兼职教师占大多数,但专职教师比例正逐步增大,具体结果如图4.1所示。

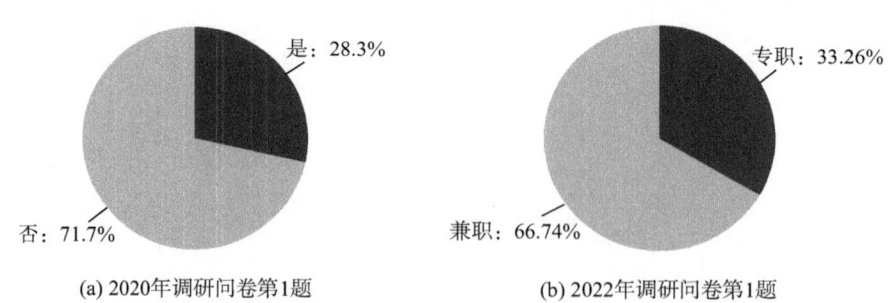

(a) 2020年调研问卷第1题　　　　(b) 2022年调研问卷第1题

图 4.1　专、兼职教师比例

由图4.2可知,2020年科学课程教师每周课时5节及以下的占60.38%,

6~10 节的占 8.02%,而 11 节及以上的占 31.6%。2022 年专职科学课程教师科学课周课时的 12 节及以上的比例达到 33.48%,5 节及以下的依然占 47.06%,这也从侧面反映出多数教师为科学课程兼职教师,科学课程兼职教师承担的任务依然繁重。在科学课程教师队伍中,各年龄段所占的比例见图 4.3,41~50 岁年龄组教师比例为 27.83%,36~40 岁年龄组教师比例为 20.75%,26~30 岁年龄组教师占 17.45%,可以看出 26~40 岁的中青年教师为主力,年龄结构较为合理。

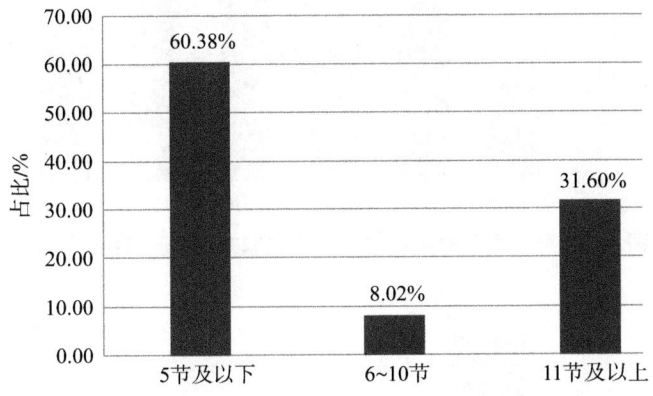

(a) 教师科学课的周课时(2020 年调研问卷第 2 题)

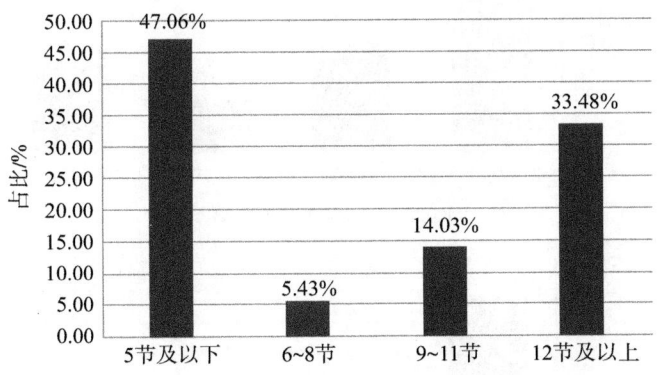

(b) 专职科学课程教师科学课的周课时(2022 年调研问卷第 2 题)

图 4.2 周课时

在 2022 年的调研中发现,小学科学课程教师队伍中,专职教师的比例为 33.26%,兼职教师的比例为 66.74%,结果如图 4.1(b)所示。与两年前相比,专职教师比例增加 4.96 个百分点。图 4.2(b)显示,周课时 5 节及以下的专职教师占 47.06%,12 节及以上的占 33.48%,这与专职教师比例增多的结果一致。在2020年的调研中也发现，很多科学课程教师都是"新科学课程教师"，从事科学教学的时间较短，2年及以下科学课程教龄的教师占52.36%，3～4年科学课程教龄的占20.75%，即5年以下科学课程教龄的占据科学课程教师队伍中的大多数，科学课程教师的教龄结构如图4.4(a)所示。在2022

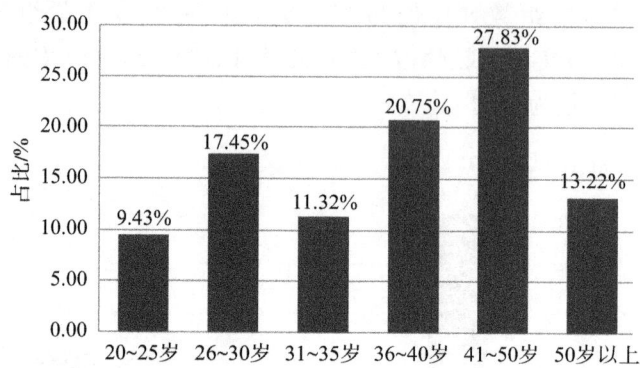

图 4.3　科学课程教师的年龄结构（2020年调研问卷第3题）

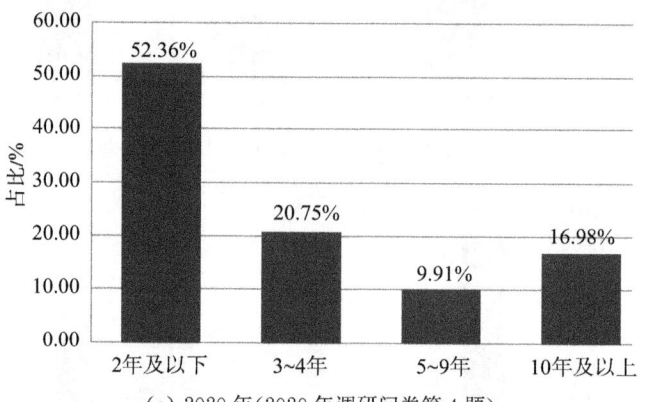

（a）2020年（2020年调研问卷第4题）

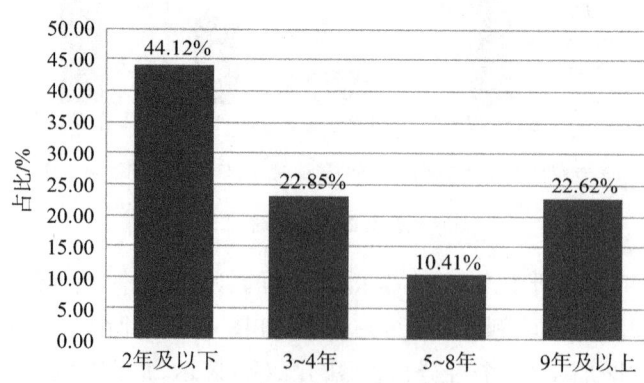

（b）2022年（2022年调研问卷第3题）

图 4.4　担任科学课程教师的时间

年的调研中发现,担任科学课程教师2年及以下时间的有195位老师,占44.12%[如图4.4(b)所示]。大专学历的科学课程教师241名,占58.02%[如图4.5(b)所示],这说明随着科学课程教师队伍的不断壮大,年轻教师正成为主力军。另外,科学课程教师队伍的学历层次也发生很大变化,在2022年的调研中,具有研究生学历的科学课程教师2名,本科学历的有184名,本科及以上学历的小学科学课程教师占42.08%,具体结果如图4.5(b)所示。2022年的调研结果中,科学教育专业毕业的科学教师有35名,占7.92%,物理科学专业毕业的科学教师有7名,化学科学专业毕业的科学教师有6名,生物科学专业毕业的科学教师有5名,地理科学专业毕业的科学教师有3名,其他学科的科学教师386名,占87.18%,结果如图4.6所示。因此,尽管科学教师的基数增大了,但是仅仅2年的时间,专职科学课程教师的比例依然增大了,专业的科学课程教师比例也逐渐增长,科学课程教师队伍的壮大显而易见,但是,教师队伍学历层次差异大、学科背景复杂也是较为突出的问题。

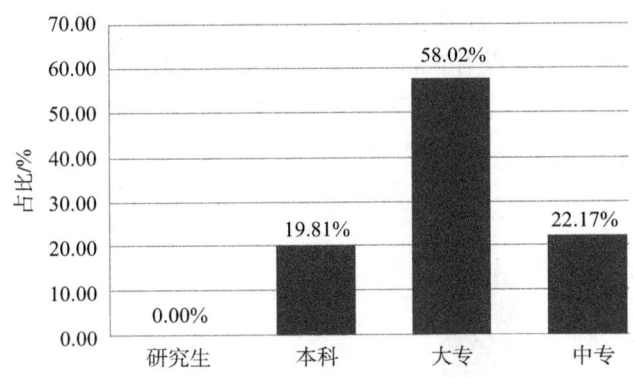

(a) 2020年(2020年调研问卷第5题)

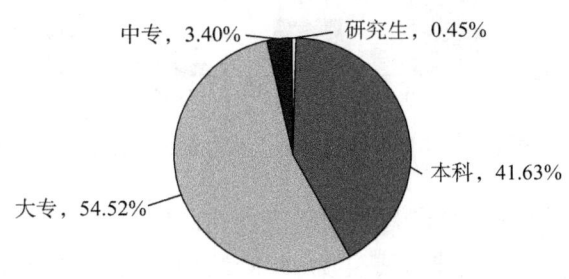

(b) 2022年(2022年调研问卷第4题)

图4.5 科学课程教师的学历情况

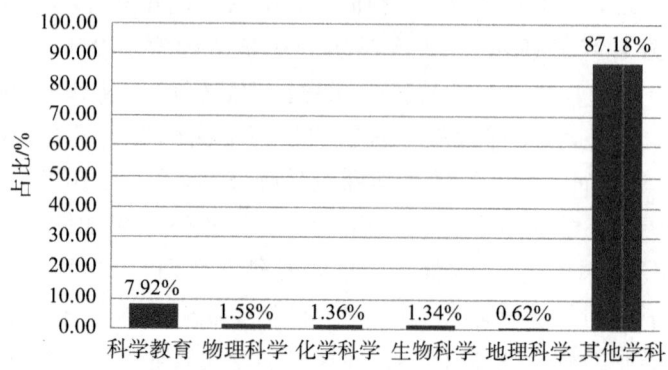

图 4.6 科学课程教师的学科背景（2022 年调研问卷第 5 题）

在 2022 年的调研中发现，66.96％的学校只有 3 名及以下专职科学课程教师，有 10 名及以上专职科学教师的学校占 14.71％，如图 4.7 所示。在教育实习见习的访谈中也发现，在当前的科学课程教师队伍中，真正成熟的科学课程教师较少，有一些教师尽管教龄很长，但是教授科学课程的时间不长，由于职称晋升等原因而没有转行，这些人甚至还没有小学科学课程教师资格证。还有一些学校只有 1～2 名科学课程教师，但是却要教授整个年级所有的班级，教师数量严重不足。

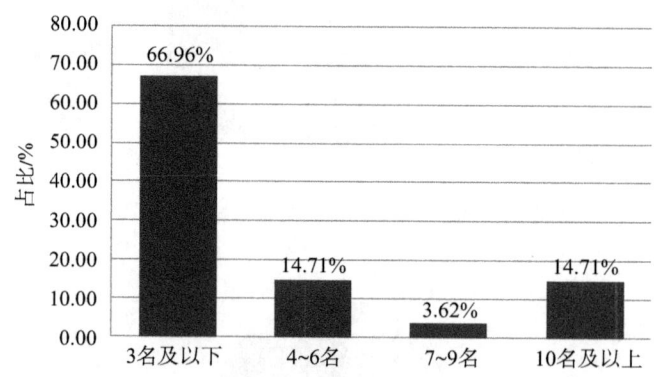

图 4.7 学校专职科学课程教师的人数（2022 年调研问卷第 6 题）

总之，海南省小学科学课程教师队伍存在的问题非常突出，即数量少、质量参差不齐。尽管中青年教师是主力，年龄结构较为合理，但多数为"新科学教师"，从事科学课程教学的时间短；兼职教师多，专职科学教师比例小。

二、开课情况不一而足

根据课标 2017 的要求,科学课应在小学 1~6 年级开设,2020 年的调查中发现 212 名教师的授课班级分布在 1~6 年级,也就是说,每个年级都在开设科学课,结果如图 4.8 所示。

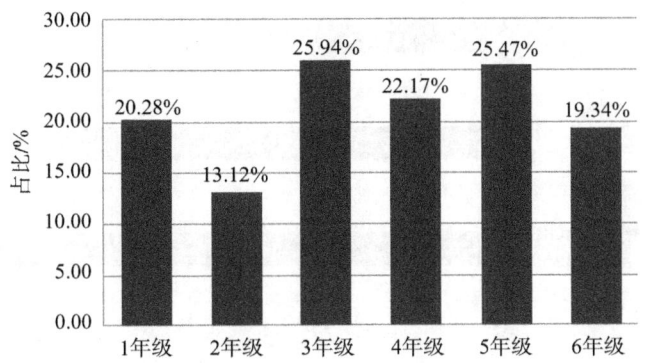

图 4.8　科学课各年级开设情况(2020 年调研问卷第 6 题)

在 2022 年的调研中发现,75.34%的学校从 1 年级起开设科学课,16.74%的学校从 3 年级起开设科学课,只有 0.68%的学校没有开设科学课,具体结果见图 4.9。科学课程的每周课时量差异较大,1~2 年级每周 1 课时、3~6 年级每周 2 课时以上的占 46.38%,1~2 年级每周 1 课时、3~6 年级每周 2 课时的占 34.39%,1~2 年级不上科学课、3~6 年级每周 2 课时的占

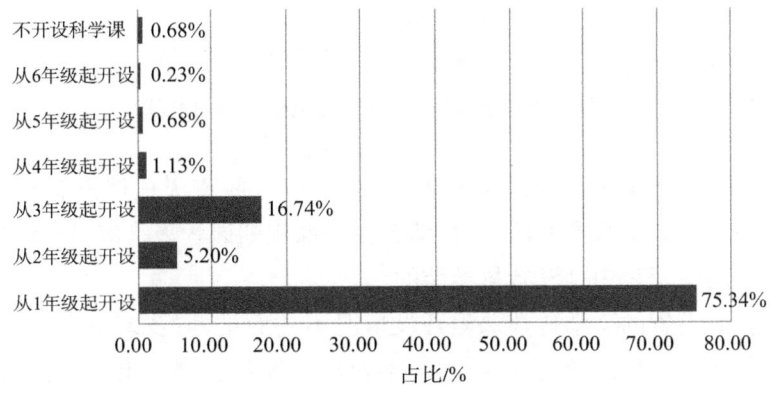

图 4.9　科学课初开设情况(2022 年调研问卷第 7 题)

13.57%,具体结果如图 4.10 所示。参加此次调研的学校 9.73% 为市直属学校,12.44% 为城市一般学校,乡镇小学占 47.51%,农村小学占 30.32%,结果详见图 4.11。

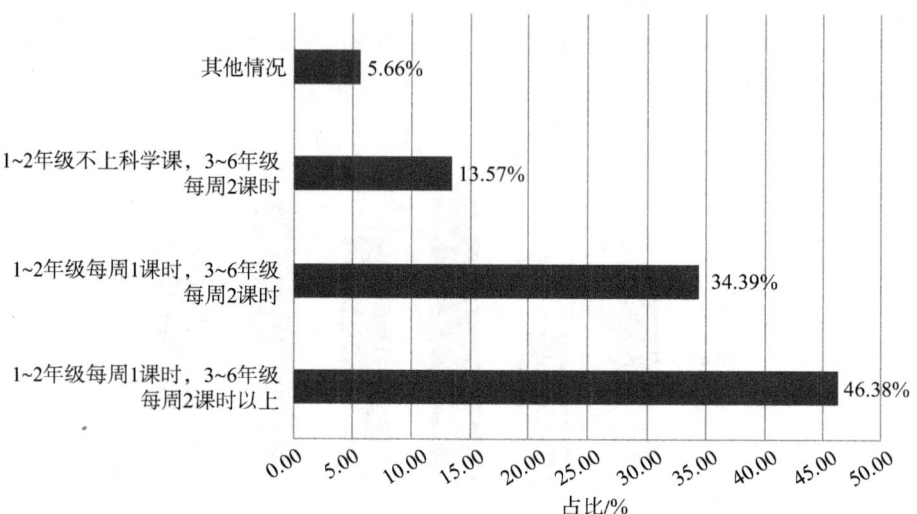

图 4.10 科学课周课时情况(2022 年调研问卷第 8 题)

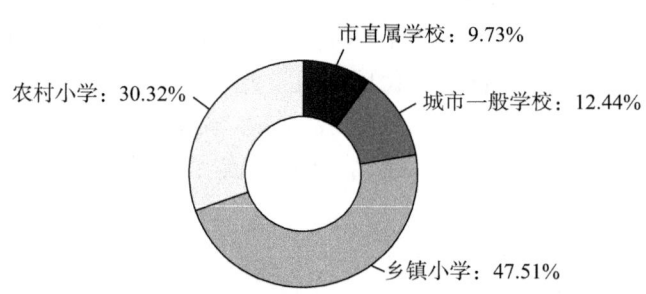

图 4.11 所在学校情况(2022 年调研问卷第 9 题)

事实上,在多次实地访谈中发现,有些学校有些班级依然没有开设科学课,甚至还存在 2 个版本的课程表,即有科学课程的课程表是应付各级领导检查的,真正的课程表中是没有科学课的。

总之,海南省的小学科学课程开设情况不一而足,城乡差距很大,即使是同一级别的学校,也因学校领导意识、学校历史等各种原因出现极大的差异,有些学校开课完善,开课时间长,积累了很多的教学经验,已形成良好的授课模式,例如一些市直属学校;而有些学校尽管刚刚起步,但是由于学校的大力支持,科学课程教师也积极摸索学习,时刻将发生质的变化,例如一些新办学校;但是还有很多学校依然处于萌芽阶段,需要条件,例如很多农村学校。

三、小学科学课程的地位逐步提升

自课标 2001 颁布以来,科学课就被定位为以培养学生科学素养为宗旨的科学启蒙课程,为小学基础课程。但是,在多次的访谈中发现,科学课程及科学教师的地位较低,科学课程教师一般都是由快要退休的教师担任,科学课程的课时也经常被其他科目教师以各种理由"借"走,科学课程真正成为"可有可无"的课程。

如图 4.12,在 2022 年的调研中,10.86%的科学课程教师认为自己所在的学校非常重视科学课程教师,19.46%的科学课程教师认为受到所在学校的重视,有 20.36%的科学课程教师认为所在学校不重视科学课程教师,仅有 6.11%的科学课程教师认为自己所在的学校非常不重视科学课程教师。

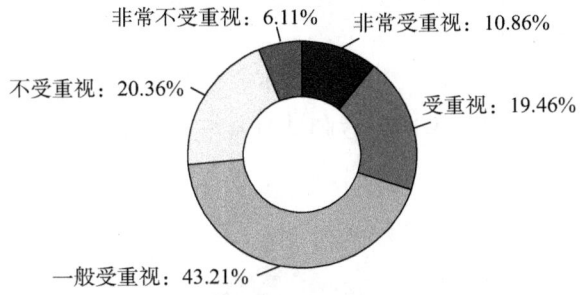

图 4.12　科学课程教师在学校的受重视程度(2022 年调研问卷第 10 题)

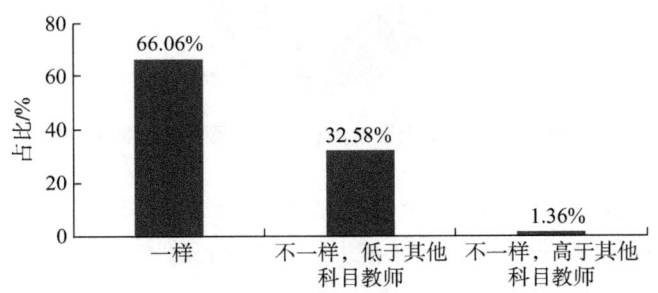

图 4.13　小学科学课程教师的课酬情况(2022 年调研问卷第 11 题)

对"您所在的学校,科学课程教师的课酬与语文、数学科目的教师一样吗?"进行问卷调研发现,66.06%的科学课程教师的课酬与语文、数学科目教师的课酬相同,32.58%的科学课程教师课酬低于语文、数学科目教师的课酬,仅有1.36%的科学课程教师课酬高于其他科目教师课酬。

不难发现,自课标2017颁布以来,小学科学课程与小学科学课程教师的地位在逐步提升,尽管还有很多方面需要提高,但是这种变化在近几年还是非常明显的。

四、教学硬件设施差异大

课标2017明确规定小学科学是一门基础性、实践性与综合性的学科。小学科学课程的实践性体现在科学探究活动中,这是小学生学习科学的重要方式,强调通过小学生亲身经历动手动脑等实践活动体验世界和积累认知世界的经验。

开展观察、实验活动,是小学生学习科学的主要学习方式,实验室是学生科学课程学习最重要的资源,也是主要的学习场所,它对学生科学素养的形成具有不可替代的作用。[①]

在2022年的调研中发现,一般情况下,78.51%的科学课程教师选择在教室上科学课,20.59%的科学课程教师选择在实验室授课,其他上课地点有校园、农场等。

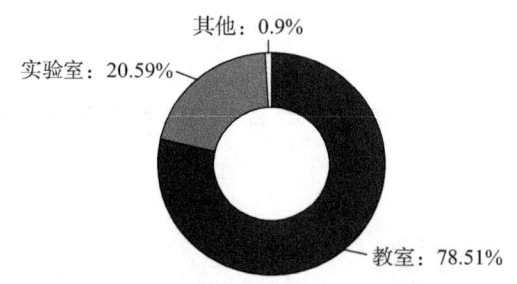

图4.14 科学课的上课地点(2022年调研问卷第12题)

图4.15显示所在学校每个年级的平行班个数,3个及以下班级的占56.33%,38.46%的学校每一年级有4~6个平行班。

---

① 中华人民共和国教育部. 义务教育科学课程标准[M]. 北京:北京师范大学出版社,2017:75.

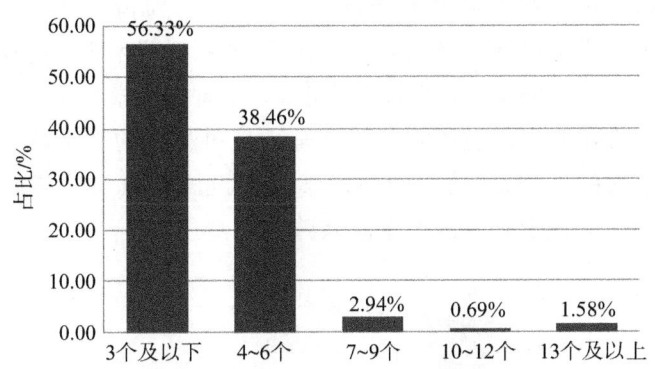

图 4.15　平行班级个数(2022 年调研问卷第 13 题)

图 4.16 显示,海南省的小学每班人数为 46~55 人的占 36.65%,每班人数为 36~45 人的占 29.86%,每班人数为 25 人及以下的仅占 22.17%。

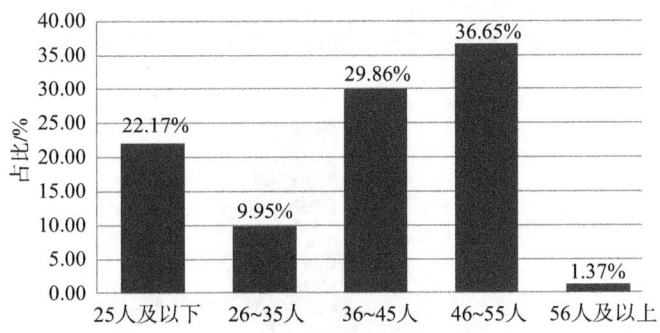

图 4.16　每班人数(2022 年调研问卷第 14 题)

多次实地调查发现,海南省很多小学只有 1 间科学实验室。在 2022 年的调研中发现,96.15% 的学校有 2 间及以下科学实验室,有 2 间以上科学实验室的占 3.85%(如图 4.17 所示)。显然建设科学实验室需要较大的投入,学校科学实验室的数目也反映了当前对科学课程的重视程度。14.71% 的科学课程教师认为学校实验室能够满足(基本满足)教学需求,46.38% 的科学课程教师认为学校实验室不能满足教学需求。

以上调研结果显示,海南省的小学每班人数过多,一般情况下,78.51% 科学课程教师选择在教室上课,科学实验室满足教学需求的仅有 14.71%。实际上,如果科学课在实验室教学,就目前每个年级的平行班数与实验室数量相比而言,不满足教学需求的情况就会凸显。对"如果小学生做实验,您所在的学校可以提供实验所需要的条件吗?"进行问卷调研发现,51.36%的科学课程教师表示学校可提供条件,而48.64%的科学课程教师表示学校不能提供条件,如图4.19所示。这些结果表明,海南省的小学科学教学在实验室、教学仪器等硬件设施方面虽然还不能完全满足科学课的教学需求,但是近几年已经有了很大的进步,学校之间的教学硬件设施也具有明显的差异,重视科学课程的学校的教学硬件设施相对完善。

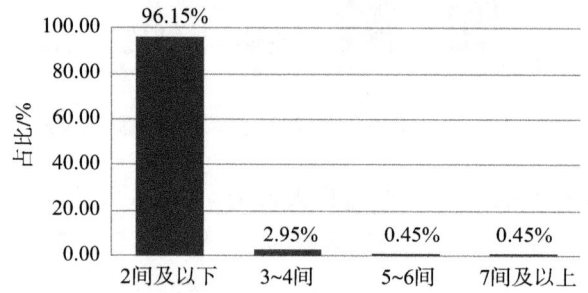

图4.17 学校科学实验室的数量(2022年调研问卷第15题)

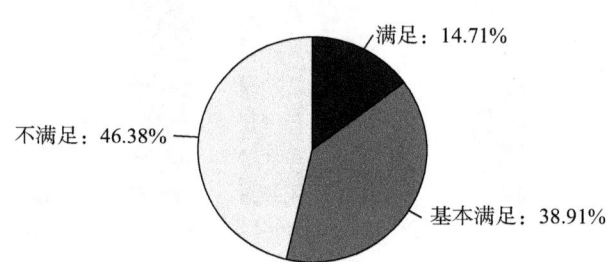

**图4.18 学校实验室是否满足教学需求情况
(2022年调研问卷第16题)**

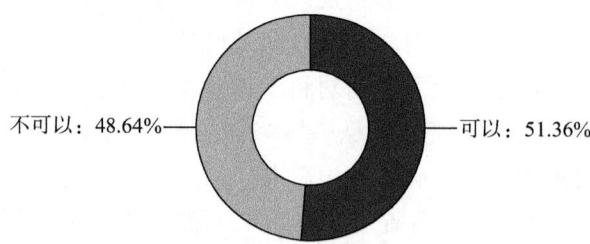

**图4.19 学校是否可以提供实验所需条件的情况
(2022年调研问卷第17题)**

五、开发本地教学资源成为可能

教学资源是指在学校教育中,围绕教学活动的开展,为实现教学目标,优化教学活动,提升教学质量而参与其中且能被优化的所有教学要素的总和,是支撑教学活动的基本要素和条件。教学资源是教学的构成性资源与影响性资源的协同共生,是教学中预设性资源与生成性资源的和谐统一,是单一型资源与混合型资源的叠加交叉,是教学活动中人本资源与"物性"资源的有效结合,是学段性资源与学科性资源的相互统一。①

校园环境和学校的一些活动场所、设施等都是实施科学课程的有效资源。学校和教师应当充分利用校园环境中与科学有关的资源,让校园成为科学学习的大课堂。同时,可合理规划、利用各类资源,建立校园科学学习中心,如校园气象站、校园种植园、校园养殖场、校园科普宣传区、校园科学活动区、校园探索实验区等,让这些资源为学生理解科学概念、进行科学探究和运用知识解决实际问题服务。②

海南特殊的地理环境使其具有独特的教学资源。"学校周围的资源很多,您平时想过利用这些资源吗?"对于这个问题,35.29%的科学课程教师表示经常利用这些资源进行授课,57.47%的科学课程教师表示想过利用这些资源,但是不知道如何开发利用,7.24%的科学课程教师表示从未想过利用这些资源(见图4.20)。另外,84.39%的科学课程教师表示学校领导支持科学课程教师开发校本课程资源,只有15.61%的科学课程教师表示学校领导

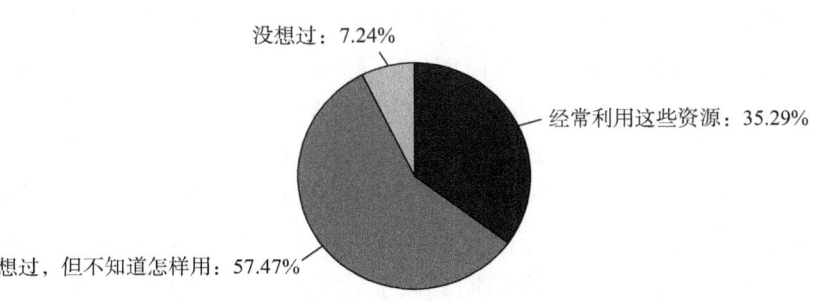

图 4.20 是否想过利用学校周围资源的情况(2022 年调研问卷第 18 题)

---

① 杨晓奇.教学资源及其优化问题研究[D].南京:南京师范大学,2014.
② 中华人民共和国教育部.义务教育小学科学课程标准[M].北京:北京师范大学出版社,2017:76.

不支持其开发校本课程资源(如图 4.21 所示)。"如果没有教材,按照现在的课程标准授课,您觉得自己能胜任吗?"对于这个问题,178 位科学教师表示自己可以胜任教学,占 40.27%,觉得自己不能胜任教学的占 59.73%(如图 4.22 所示)。

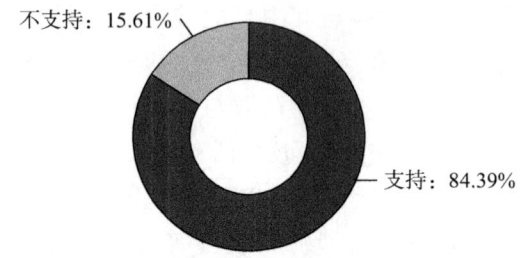

图 4.21　学校领导是否支持科学课程教师开发校本课程资源的情况
(2022 年调研问卷第 19 题)

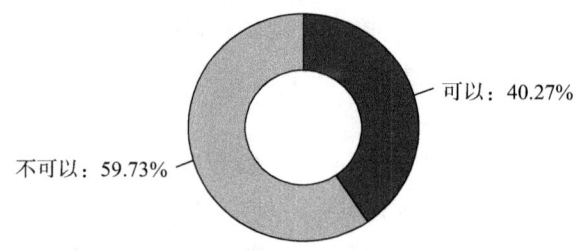

图 4.22　可否胜任没有教材的授课(2022 年调研问卷第 20 题)

40.27%的科学课程教师表示可以在没有教材的情况下按照课程标准授课,这表明科学课程教师的能力已得到大幅度提升。84.39%的科学课程教师表示学校领导支持其开发校本课程,这暗示着本地教学资源开发已经在很多学校开展。随着课标 2017 在海南省的逐步落实,本地资源的开发利用也将逐步实现。当然也不难看出,这将任重而道远,59.73%的教师认为没有教材,按照课标 2017 的要求,自己是无法胜任教学的。

科学课程的社会资源十分丰富,应当积极开发、利用社会教育资源。各地有专业的科技工作者,应充分发挥科技工作者对科学教育的重要作用。要发挥各类科普场馆的作用,因地制宜设立定点、定时、定人的科学教育基地,便于学生在课程实施过程中进行参观和学习。还要利用学校周围的自然资源和社会资源,如公园、田野、山林、自然水域、矿山等,以补充校内资源的不足。①

---

　　① 中华人民共和国教育部. 义务教育小学科学课程标准[M]. 北京:北京师范大学出版社,2017:76-77.

六、STEM 教育理念淡薄

课标 2017 倡导 STEM 教育理念,科学(science)、技术(technology)、工程(engineering)与数学(mathematics),即 STEM。[①] STEM 是一种以项目学习、问题解决为导向的课程组织方式,将科学、技术、工程与数学有机地融合在一起,可有效引导学生建构跨学科知识整合的能力,有利于学生创新能力的培养。

STEM 教育的目的在于引导学生建构跨学科知识整合的能力,提升学生参与 STEM 学习的兴趣,进而使其形成 STEM 领域的就业能力,并养成 21 世纪公民应有的 STEM 素养。[②] 当前国际科学教育改革中大力倡导的 STEM 教育理念在《义务教育小学科学课程标准》中的体现,是我国新时代小学科学教育与发达的国际科学教育改革的进一步接轨,也是培养 21 世纪世界公民应具有的 STEM 素养的重要方式。尽管 2017 年 2 月就已经颁布了新版小学科学课程标准,并于 2017 年秋季执行,但是小学科学课程教师对于 STEM 教育理念及将其应用于教学实践还存在较大差异,多数科学课程教师的 STEM 教育理念淡薄,不能将其应用于教学实践。

在 2022 年的调研中发现,442 位参与调研的科学课程教师中有 291 位不了解 STEM 教育理念,占 65.84%,33.26% 的科学课程教师了解一点儿,只有 0.9% 的科学课程教师非常了解并正在进行 STEM 教学,结果如图 4.23 所

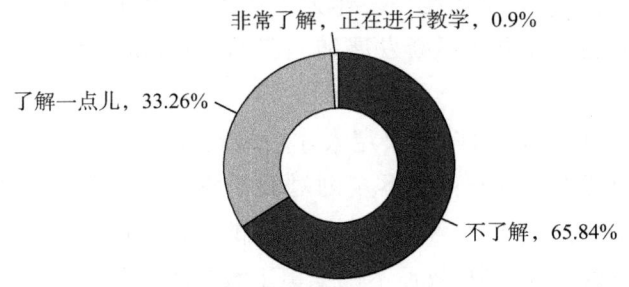

■不了解 □了解一点儿 □非常了解,正在进行教学

图 4.23 对 STEM 教学的了解情况(2022 年调研问卷第 21 题)

[①] 余胜泉,胡翔. STEM 教育理念与跨学科整合模式[J]. 开放教育研究,2015,21(4):13-22.

[②] 林长春,彭蜀晋. 小学科学课程与教学[M]. 重庆:西南师范大学出版社,2019:29.

示。在对"您在STEM教学中遇到的最大困难是什么?"的调研中,257位科学课程教师选择的是"学科知识储备少",占58.14%,24.44%的科学课程教师选择"小学生不习惯,学习遇到困难",14.03%的科学课程教师选择"教学设计过于复杂",3.39%的科学课程教师选择"其他","其他"中标注的是"完全不了解"或者是"兼职教师",结果如图4.24所示。

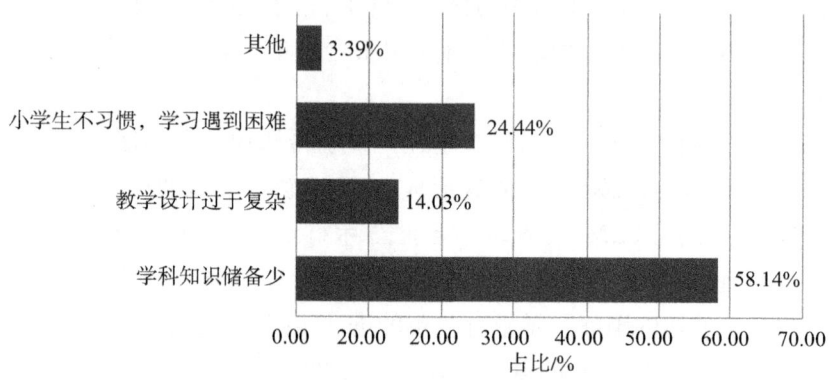

图4.24　STEM教学中遇到的最大困难(2022年调研问卷第22题)

七、教师专业发展规划不明确

《小学教师专业标准(试行)》指出,小学教师专业标准的三个维度是专业理念与师德、专业知识、专业能力。作为专业人员,教师在专业理念与师德、专业知识、专业能力等方面不断发展和完善的过程,也是教师从教书匠到教学专家转变的过程。[①]

教师是教育行为的主体,是决定人才培养质量最关键的因素。教学过程中,教师的专业能力及其职业生涯规划对教学质量的影响是非常明显的,对教师专业能力的衡量不仅要看其对专业知识的掌握程度,还要考察其教学管理能力,因为在教学过程中,教师不仅承担了教育教学任务,还承担着教育沟通、教育管理、教育科研等任务。教师专业生涯规划是否明确、是否对教师行业有很好的黏性和持久性、是否适应教育行业的发展,直接决定了教师教书

---

① 令狐克华,令狐世维.学校视域下的教师专业发展[J].中国教师,2017(15):44-46.

育人工作质量的高低。①

2022年,在对"如果可以选择,您最希望进行哪方面的培训?"的调研中发现,219位科学课程教师选择"学科知识"培训,占49.56%,28.73%的科学课程教师选择"实验操作技能"培训,11.76%的科学课程教师选择"教学技能"培训,选择"资源开发"培训和"新课标解读"培训的比例均为4.75%,结果如图4.25所示。在对"如果可以选择,您最喜欢的培训地点是什么?"的调研中发现,263位科学课程教师选择的是在中小学进行培训,占59.5%,24.66%的科学课程教师选择在高校进行培训,14.03%的科学课程教师选择在酒店进行培训,"其他"中标注的是"培训机构"或"专业学校"等,结果如图4.26所示。

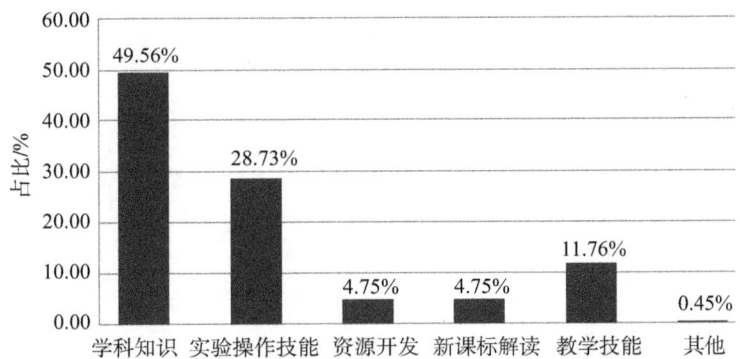

图4.25 最需要的培训内容(2022年调研问卷第23题)

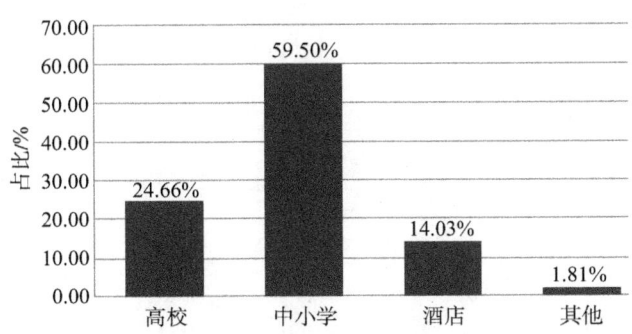

图4.26 最喜欢的培训地点(2022年调研问卷第24题)

---

① 徐伟.教师专业发展的模式与职业生涯规划:评《教师职业道德与专业发展》[J].教育发展研究,2021,41(18):2.

从上述结果可以看出,小学科学课程教师期望进行学科知识与实验技能操作方面的培训,而这些科学课程教师的专业能力在高校提升最快;59.5%的科学课程教师选择中小学作为培训地点,暗示着他们更期望在中小学将自己的业务熟悉一遍,准确地说,只是简单地应付目前的教学,而对自身的业务能力成长没有更多的要求。可以明显看出海南省小学科学课程教师的职业认知比较模糊,职业发展规划中的目标设定也不是很明确。因此,小学科学课程教师对自身专业发展规划不明确很可能成为未来制约其成长的关键因素。

第五章　落实《义务教育小学科学课程标准》的挑战

　　2020 年,本书采用问卷调查法,针对海南省小学科学课程标准的相关问题随机抽取 212 名小学科学课程教师进行问卷调查。在此期间,课题组利用教育实习等机会与当地科学课程教师进行访谈。结合 2022 年对海南省 442 名小学科学课程教师做的问卷调查,归纳得出落实课标 2017 过程中遇到的挑战。

一、对课程标准的研究不严谨

　　科学课程标准是实施科学教学的依据,是评估教学质量是否达标的重要指标。本次调查发现,39.15% 的科学课程教师不太熟悉科学课程标准,4.25% 的科学课程教师对科学课程标准一无所知,仅 3.3% 的科学课程教师非常熟悉科学课程标准,具体结果如图 5.1 所示。

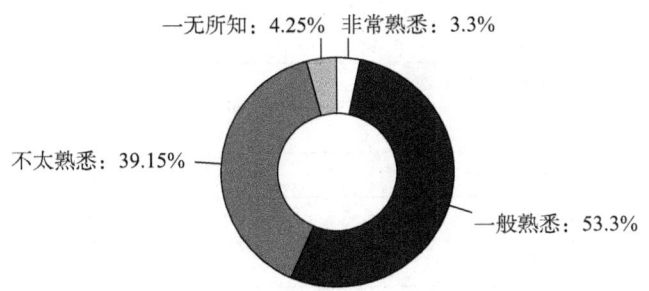

图 5.1　对课程标准的了解程度(2020 年调研问卷第 7 题)

　　在研究科学标准遇到挑战时,科学课程教师可以想到的解决方式如图

5.2所示。这是一个多项选择,91.51%的科学课程教师选择"百度查询",50.47%的科学课程教师选择"询问有经验的教师",21.70%的科学课程教师选择"中国知网查询"。其他方式中有科组讨论、查找有关科学的书籍等,具体结果见表5.1。可以看出,科学课程教师在解决自己遇到的困难和问题时,选择的方式多样,但信息的来源集中在"百度查询","中国知网查询"出现的频率较低。

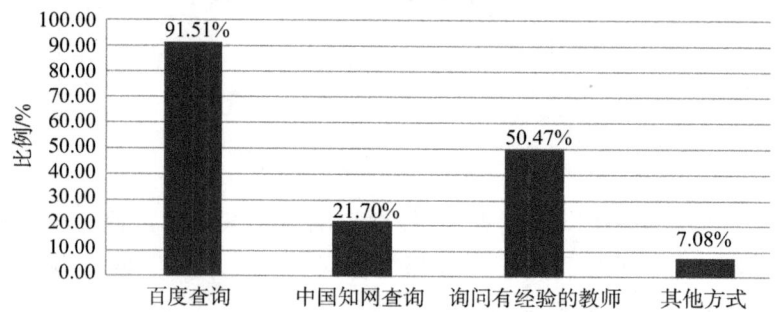

图 5.2　解决问题的方式(2020 年调研问卷第 8 题)

表 5.1　其他方式(2020 年调研问卷第 8 题中的其他方式)

序号	其他方式
28	自己摸索
37	科组讨论
40	查资料
57	有关科学的书籍
71	科组讨论
77	查看教参
78	请教他人
89	参考教参
99	讨论
100	科组讨论
137	查看教参
144	查资料
145	查找相关教案
168	交流
195	查教案

二、难以适应科学课程的综合性教学

小学科学课程是一门综合型课程,涉及物质科学、生命科学、地球与宇宙科学以及技术与工程四大领域的 18 个科学概念。2020 年的调研中发现,科学课程教师最不熟悉的领域是技术与工程,其次是地球与宇宙科学,再次是生命科学,物质科学则相对熟悉,结果见图 5.3。技术与工程领域是课标 2017 新增设的内容,本次调查中发现 42.92% 的科学课程教师不熟悉这一领域,有些乡村教师认为随着科学技术的发展,新的事物不断更新,自己完全跟不上时代的步伐。

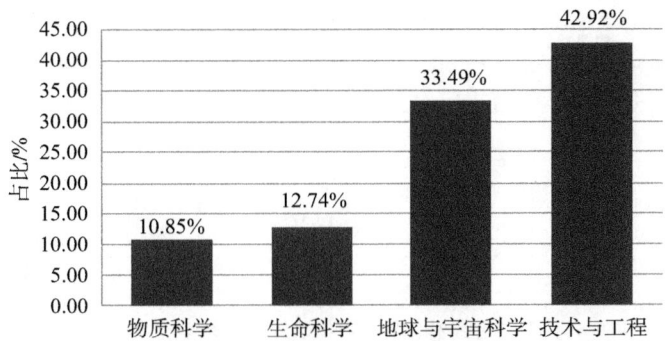

图 5.3 最不熟悉的领域(2020 年调研问卷第 9 题)

2022 年的调研中,"从您自己的角度出发,列出课标 2017 中四大领域的难易程度,从难到易排列"的答案如图 5.4 所示,结果显示,44.57% 的科学课

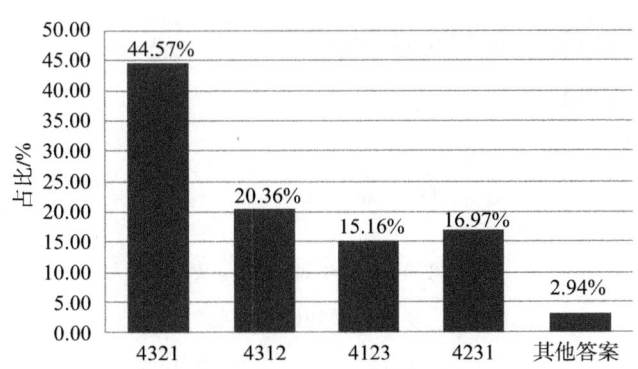

1 代表物质科学领域,2 代表生命科学领域,3 代表地球与宇宙科学领域,4 代表技术与工程领域

图 5.4 从难到易排列四大领域(2022 年调研 25 题)

程教师认为技术与工程领域最难,地球与宇宙科学领域次之,生命科学领域再次之,对物质科学领域则较为熟悉。这与2020年的调研结果相差不大,也说明科学课程教师在四大领域的学习方面没有出现明显提升,从侧面反映提升科学课程教师对教学内容的认知水平需要花费更多的努力。

在2020年的调查中发现,科学课程教师在物质科学领域遇到的最大挑战主要体现在专业知识不足、教学经验欠缺、教学设备不全、实验设计问题以及实验操作问题等,具体结果如图5.5(a)所示。物质科学领域专业知识最欠缺的选择中,37.27%的教师选择"物质构成",13.21%的教师选择"力",12.26%的教师选择"运动",11.32%的教师选择"能量",25.94%的教师选择"以上都欠缺",结果如图5.6所示。这一结果与教师的学历背景有一定的相关性。

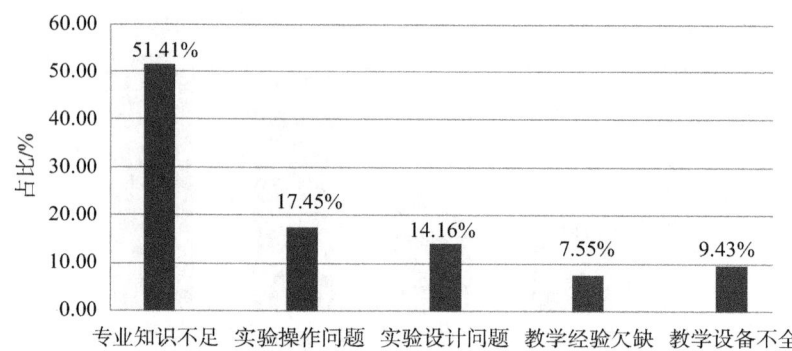

(a) 2020年(2020年调研问卷第10题)

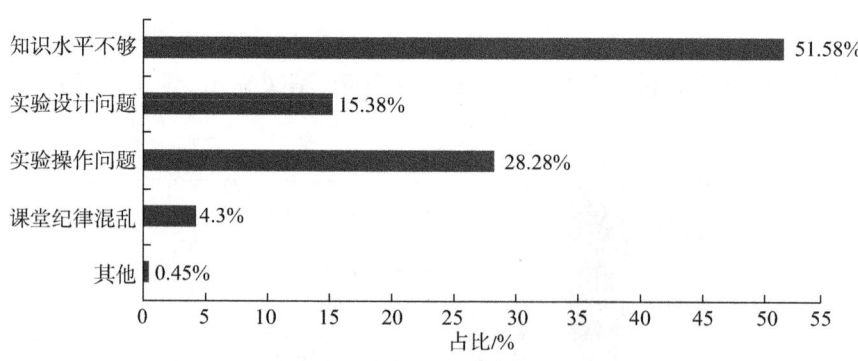

(b) 2022年(2022年调研问卷第26题)

图5.5 物质科学领域所面临的挑战

人们生活在物质世界中,每时每刻都在接触各种各样的物质,感受自然界和人类生活中所发生的丰富多彩的物质的运动和变化。物质世界中的各种现象和变化过程,都有着内在的规律性。物质科学就是研究物质及其运动和变化规律的基础自然学科。本领域内容涉及物质构成、能量、运动和力等几个核心概念。学习有助于增强学生探究物质世界奥秘的好奇心,使学生形成"物质是世界的,物质是运动的"的观点,感受到物质科学对于促进社会进化、提高人类生活质量的重要作用,帮助学生初步养成乐于观察、注重事实、勇于探索的科学品质。①

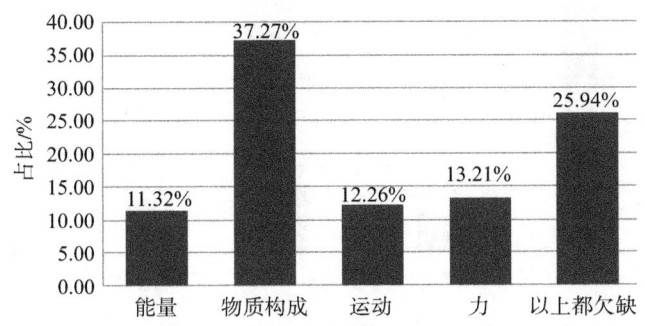

图 5.6　物质科学领域专业知识最欠缺的部分(2020 年调研问卷第 11 题)

2022 年的调研中,对"你认为自己在物质科学领域的教学中遇到的最大难题是什么?"的调查结果如图 5.5(b)所示,51.58％的科学课程教师认为是自身"知识水平不够",28.28％的科学课程教师选择"实验操作问题",15.38％的科学课程教师选择"实验设计问题",这与 2020 年的调研结果相差不大。这说明科学课程教师在物质科学领域专业知识的获得方面没有明显的进步。

这些结果显示,物质科学领域的教学难题主要集中在教师自身知识水平不够、实验操作问题、实验设计问题以及课堂纪律混乱。物质科学领域的科学探究实验较多,新科学课程教师具备一定的学科知识,但是由于其教学经验不足,课堂纪律混乱容易影响其教学效果。2022 年的调研数据显示,87.33％的科学课程教师的学科背景为"其他",即非科学教育、非物理科学、非化学科学、非地理科学、非生物科学背景,这些科学课程教师在基础知识、实验操作方面面临的挑战比较突出。

在 2020 年的调查中发现,科学课程教师在生命科学领域遇到的最大挑战主要体现在自身认知水平的局限、实验条件受限不能开展相关实验以及教学

---

① 中华人民共和国教育部. 义务教育小学科学课程标准[M]. 北京:北京师范大学出版社,2017:16.

经验不足等方面,具体结果如图 5.7(a)所示。生命科学领域专业知识最欠缺的选择中,42.92%的科学课程教师选择"多种多样的生物",18.40%的科学课程教师选择"生命的延续",24.53%的科学课程教师选择"生物与环境的关系",14.15%的科学课程教师选择"以上都欠缺",结果如图 5.8 所示。这一结果与教师的学历背景有一定的相关性。

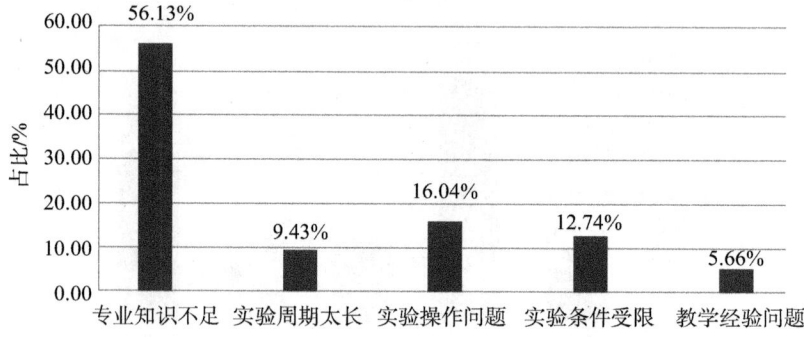

(a) 2020 年(2020 年调研问卷第 12 题)

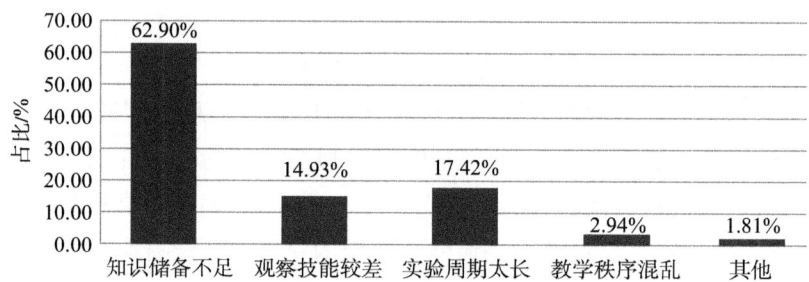

(b) 2022 年(2022 年调研问卷第 27 题)

图 5.7　生命科学领域所面临的挑战

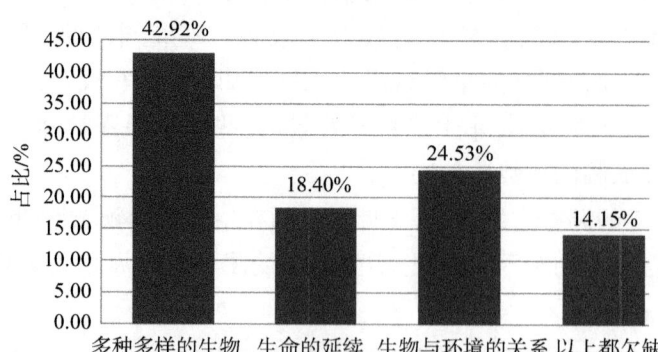

图 5.8　生命科学领域专业知识最欠缺的部分(2020 年调研问卷第 13 题)

生命世界包含动物和植物等多种生物类群,生物的生存都需要一定的条件,如营养物质、适宜的温度、水和空气等,在此基础上,生物个体能够生长、发育和繁殖后代,从而使这些生物类群得以延续。植物能够制造营养物质,可供自身利用;而动物则不能制造营养物质,只能利用植物等生物制造的营养物质。生物之间,以及生物与环境之间相互依赖和相互影响,它们组成一个有机的整体。本领域内容的学习,有助于激发学生了解和认识自然界的兴趣,帮助学生初步形成生物体的结构与功能、局部与整体、多样性与共同性相统一的观点,形成热爱大自然、爱护生物的情感。①

2022年,对"您认为自己在生命科学领域的教学中遇到的难题主要是什么?"的调研结果显示,62.90%的科学课程教师选择"知识储备不足",17.42%的科学课程教师选择生命科学领域"实验周期太长",14.93%的科学课程教师选择"观察技能较差",具体结果如图5.7(b)所示。在两次调研中专业知识不足都是最大的挑战。生命科学领域的教学内容涉及植物学、动物学、人体生理学、营养学、遗传学、生物分类学以及细胞生物学等。该学科属于发展非常迅猛的学科,知识更新非常快,没有生命科学教育背景的科学课程教师教学难度较大,参加调研的442位科学课程教师中有5名具有生命科学教育背景,仅占1.13%。

在2020年的调查中发现,科学课程教师在地球与宇宙科学领域遇到的最大挑战主要体现在缺乏专业知识、教学经验不足以及实验开展问题方面,结果如图5.9(a)所示。地球与宇宙科学领域专业知识最欠缺的选择中,63.68%的教师选择"太阳系中,地球等周期性的自转和公转",16.04%的教师选择

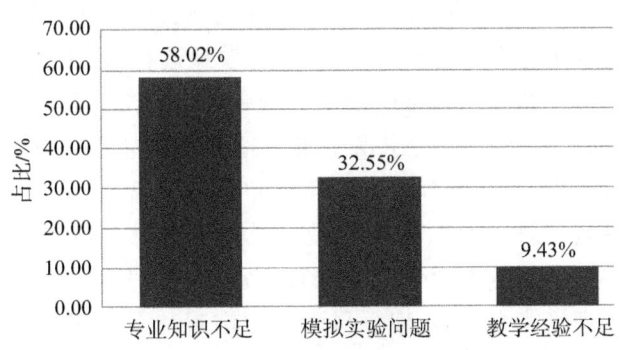

(a) 2020年(2020年调研问卷第14题)

---

① 中华人民共和国教育部. 义务教育小学科学课程标准[M]. 北京:北京师范大学出版社,2017:33.

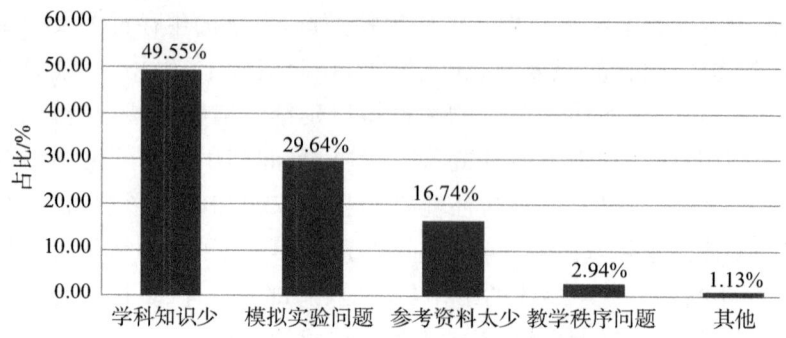

(b) 2022年(2022年调研问卷第28题)

图5.9 地球与宇宙科学领域所面临的挑战

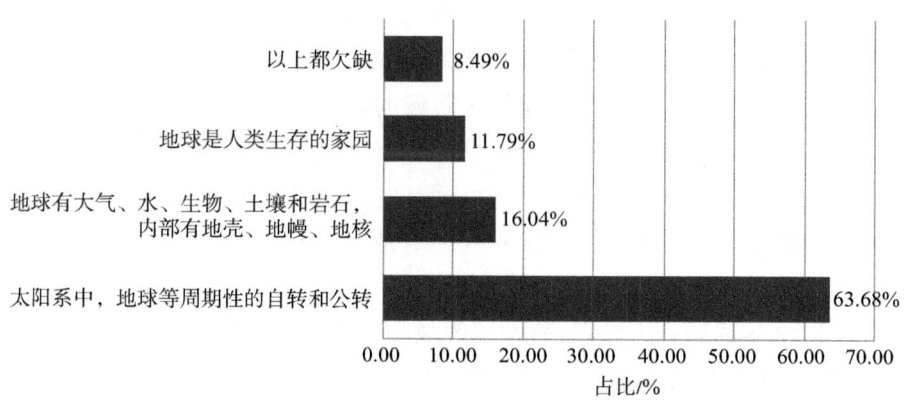

图5.10 地球与宇宙科学领域专业知识最欠缺的部分(2020年调研问卷第15题)

"地球有大气、水、生物、土壤和岩石,内部有地壳、地幔、地核",11.79%的教师选择"地球是人类生存的家园",8.49%的教师选择"以上都欠缺",结果如图5.10所示。这一结果与教师的学历背景有一定的相关性。

地球是目前人们认识到的宇宙中唯一适合人类生存的星球。地球与宇宙中的有关现象、事物和规律,具有时间和空间的复杂性,需要对它们运用实地观察、长期观测、建构模型、模拟实验、逻辑推理等方法进行研究。本领域内容的学习,将有助于激发学生对地球和宇宙的探究热情,发展空间想象、模型思维、逻辑推理等能力,初步建立科学的宇宙观和自然观,以及人地协调的可持续发展观。①

---

① 中华人民共和国教育部. 义务教育小学科学课程标准[M]. 北京:北京师范大学出版社,2017:44.

2022年对"您认为自己在地球与宇宙科学领域的教学中遇到的最大难题是什么?"的调研结果如图5.9(b)所示,49.55%的科学课程教师归因于自身学科知识少,29.64%的科学课程教师认为模拟实验问题是遇到的最大难题,16.74%的科学课程教师认为参考资料太少是自己所面临的最大挑战。学科知识少、模拟实验问题在两次调研中占比都很高。

在2020年的调查中发现,科学课程教师在技术与工程领域遇到的最大挑战主要体现在缺乏专业知识、缺乏相关的专业资料、没有相关的实验器材、教学经验不足等,53.77%的科学课程教师选择"专业知识不足",具体结果如图5.11(a)所示。技术与工程领域专业知识最欠缺的选择中,11.79%的科学课程教师选择"人们为了使生产和生活更加便利、快捷、舒适,创造了丰富多彩的人工世界",14.15%的科学课程教师选择"技术的发明是核心,是人们对自然的利用和改造",16.51%的科学课程教师选择"工程的关键是设计,工程是运用科学和技术进行设计,并解决实际问题和制造产品的活动",57.55%的

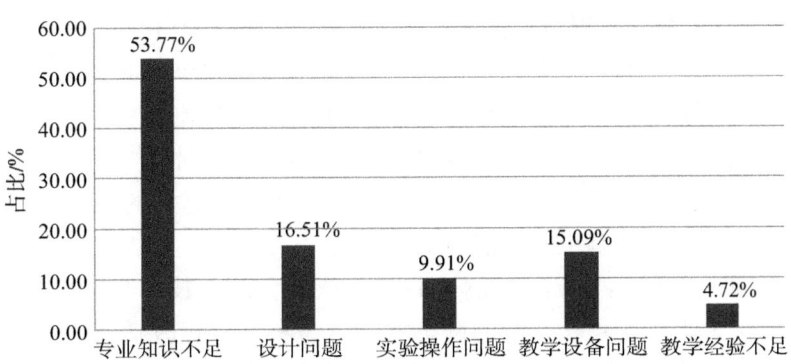

(a) 2020年(2020年调研问卷第16题)

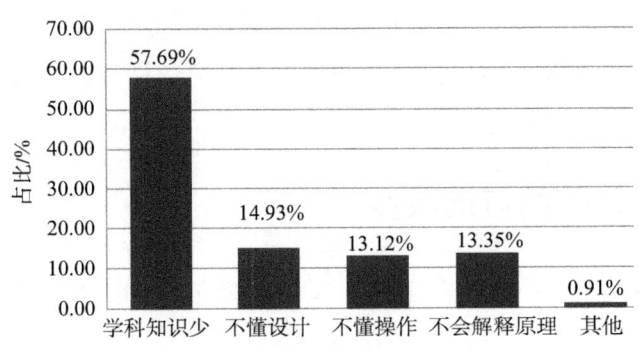

(b) 2022年(2022年调研问卷第29题)

图5.11 技术与工程领域所面临的挑战

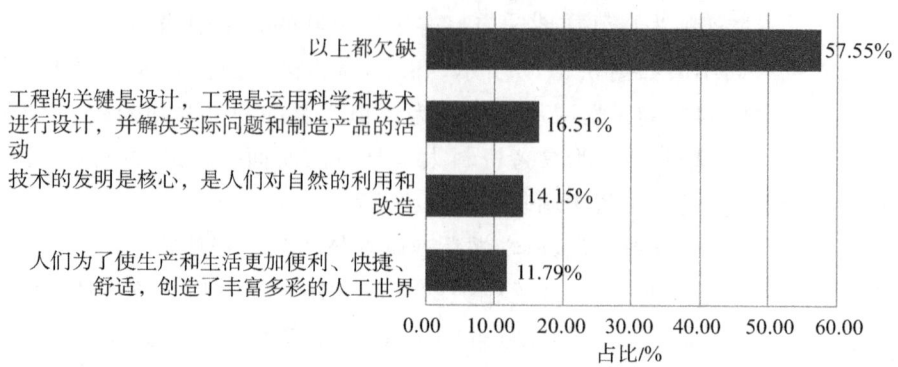

图 5.12　技术与工程领域专业知识最欠缺的部分（2020 年调研问卷第 17 题）

科学课程教师选择"以上都欠缺"，结果如图 5.12 所示。这一结果与教师的学历背景有一定的相关性。

人类因观察自然、研究各种现象产生和变化的原因而产生科学，科学的核心是发现；对科学加以巧妙运用以适应环境、改善生活而产生技术，技术的核心是发明；人类为实现自己的需要，对已有的物质材料和生活环境加以系统性的开发、生产、加工、建造等，这便是工程，工程的核心是建造。运用科学、技术和工程，人类创造了丰富多彩的人工世界。技术与工程领域的学习可以使学生有机会综合所学的各方面知识，体验科学技术对个人生活和社会发展的影响。技术与工程实践活动可以使学生体会到"做"的成功和乐趣，并养成通过"动手做"来解决问题的习惯。①

2022 年，在 442 名科学课程教师对"您认为自己在技术与工程领域的教学中遇到的最大难题是什么？"的调研中，255 位科学课程教师选择的是"学科知识少"，66 位科学课程教师选择的是"不懂设计"，58 位科学课程教师选择的是"不懂操作"，59 位科学课程教师选择的是"不会解释原理"，有 4 位科学课程教师选择"其他"，5 种选择分别占 57.69%、14.93%、13.12%、13.35% 和 0.91%。学科专业知识不足在两次调研中都是科学课程教师面临的最大挑战，如图 5.11(b) 所示。

三、可获得的帮助较少

科学课程标准作为指导科学教学的重要依据，在 2020 年的调查中，

---

①　中华人民共和国教育部. 义务教育小学科学课程标准[M]. 北京：北京师范大学出版社，2017：53.

63.68%的科学课程教师认为非常需要将小学科学课程标准制定得更具体一些,只有1.89%的科学课程教师认为不需要细化课程标准,具体结果如图5.13所示。

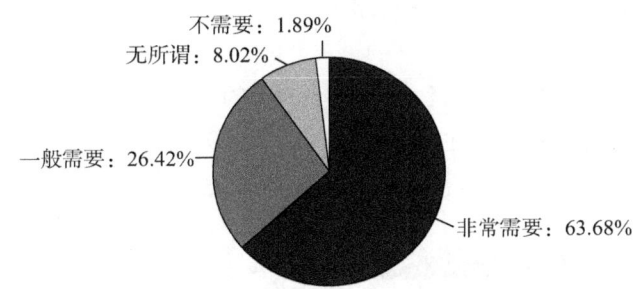

图 5.13　课标 2017 是否需要更具体(2020 年调研问卷第 18 题)

在科学课程教师希望得到的帮助方式多项选择中发现,74.53%的科学课程教师希望有相应的教师教学用书辅助教学,58.96%的科学课程教师希望可以由课程标准研究专家提供帮助,在其他方式中,教师们希望建立专门的网站等相关交流平台、配 PPT 给科学课程任课教师参考、进行定期培训等,结果如图 5.14 所示。

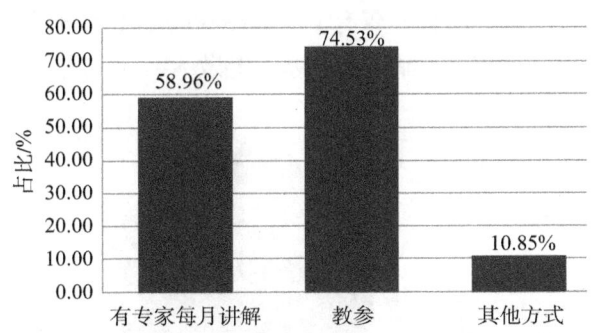

图 5.14　科学课程教师希望得到的帮助方式(2020 年调研问卷第 19 题)

课标 2017 对科学课程教师的素质提出了较高要求,教师们期望获得帮助从而来落实课标 2017。上述的调查结果反映了当前科学课程教师在研读课程标准过程中获得的帮助较少,他们希望科学课程标准能够细化,最好是对应每次的科学课程授课,提供教参是教师们最想获得的帮助,这与建立专门网站及时为教师提供帮助其实是同样的诉求。

事实上,互联网已经深入日常生活的各个方面,网络资源以其信息的丰富性、生动性和便捷性很好地弥补了现实教学中的一些不足。利用和开发能促进小学生科学学习的网络资源,成为当前科学教师的重要技能。①

四、贯彻教学理念不彻底

课标 2017 的基本教学理念是面向全体学生,倡导探究式学习,保护学生的好奇心和求知欲,突出学生的主体地位。2020 年对课标 2017 的教学理念的调研结果如图 5.15 所示,科学课程教师并未完全掌握这四个教学理念。

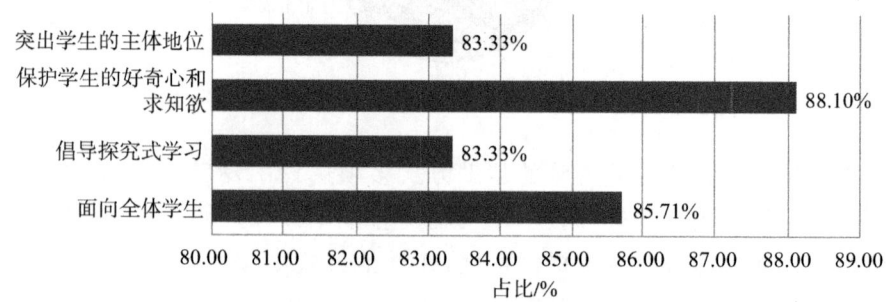

图 5.15　对课标 2017 的教学理念的了解(2020 年调研问卷第 20 题)

对于课标 2017 的教学理念,仅有 19.05% 的科学课程教师可以完全将这些理念贯穿于教学中,7.14% 的科学课程教师基本上做不到,具体结果如图 5.16 所示。

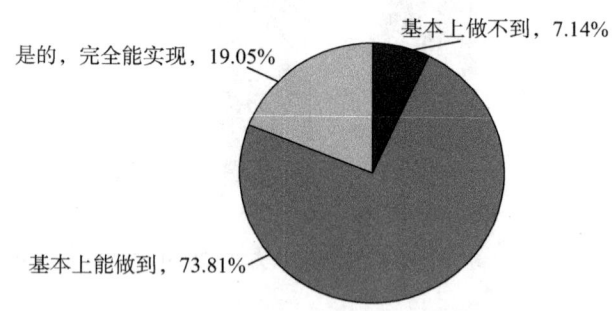

图 5.16　是否将课标 2017 的教学理念贯穿于教学中(2020 年调研问卷第 21 题)

在 2020 年的调研中发现,在教学理念扎根教学的过程中,科学课程教师面临的挑战集中体现在专业知识不足、教学技能与教学经验欠缺、实验教学

---

① 中华人民共和国教育部.义务教育小学科学课程标准[M].北京:北京师范大学出版社,2017:77.

问题以及科学课程的课程地位问题等方面,具体结果如图 5.17 所示。科学课程教师认为教学技能成为影响教学理念贯彻的重要因素,课堂教学实施、探究教学模式、课堂调控、突出学生主体地位等成为教学技能方面需要解决的问题,具体结果如图 5.18 所示。这与海南省科学课程教师队伍中专职教师少、兼职教师多有极大的关系。另外,很多科学课程教师尽管教龄长,但是从事科学课程教学的时间较短,对科学课程教学的课堂实施和课堂调控等把控不到位,尤其是无法实现真正的探究式教学,这对于落实课标 2017 的教学理念是很大的挑战。

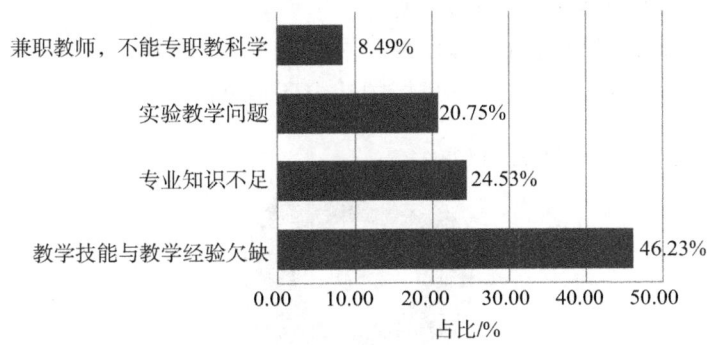

图 5.17　课标 2017 的教学理念扎根教学的过程中面临的挑战(2020 年调研问卷第 22 题)

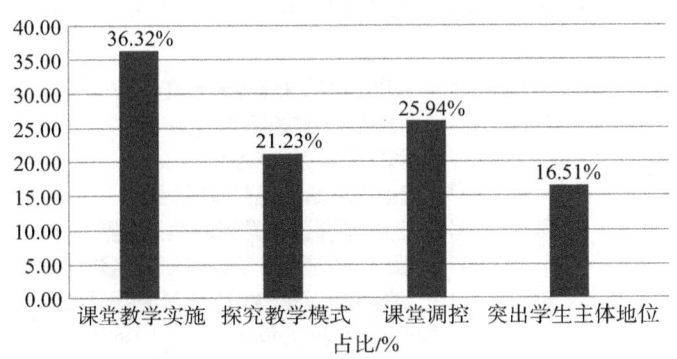

图 5.18　影响教学理念贯彻的教学技能(2020 年调研问卷第 23 题)

五、达成教学目标有困难

课标 2017 的教学目标是四维目标,包括科学知识目标、科学探究目标、科学态度目标,以及科学、技术、社会与环境目标(STSE 目标)。在 2020 年的调研中发现,14.29%的科学课程教师不知道目前科学教学采用的是四维目标,具体结果如图 5.19 所示。而对于课标 2017 的四维目标的名称,科学课程教师的认知结果如图 5.20 所示。90.48%的教师能明确知道科学知识目标和科学探究目标,78.57%的教师选出科学态度目标,73.81%的教师可以选出 STSE 目标。还有部分教师停留在三维目标上,不能剥离传统的知识目标、能力目标和情感态度与价值观目标,还有 47.62%的教师选择科学精神目标。课标 2001 的课程目标分为科学知识目标、科学探究目标和情感态度与价值观目标。科学知识目标和科学探究目标都出现在课标 2011 和课标 2017 中,所以这两个目标的认知准确率都达到 90.48%,说明科学探究教学在十几年的实践中已有成效,科学课程教师已经认可并内化这些目标。从中不难发现科学课程教师对课标 2017 的教学目标的认识还不全面。

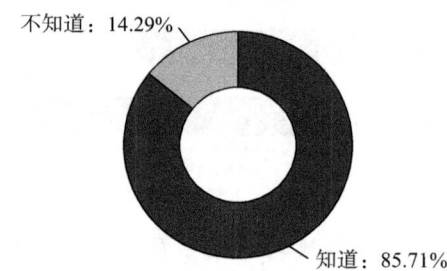

图 5.19　是否知道四维教学目标(2020 年调研问卷第 24 题)

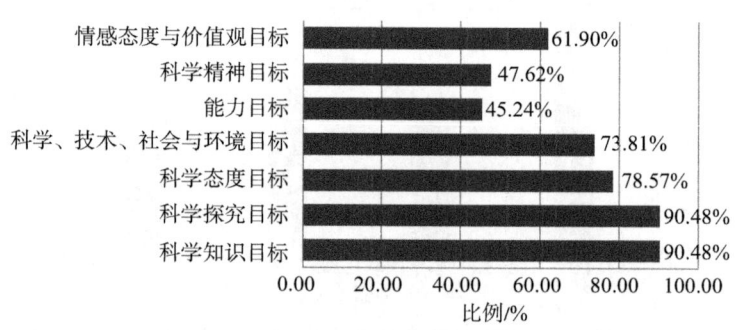

图 5.20　课标 2017 设定的教学目标(2020 年调研问卷第 25 题)

在 2020 年的调研中发现,当前科学课程教师在设定教学目标时,主要是根据课标 2017,并结合学校与学生的实情、教学参考书、网络教案等,具体结果见表 5.2。可以看出,依靠科学课程教师自身对课标 2017 的摸索设定教学目标,还是具有一定难度的。当前信息技术非常发达,互联网深入千家万户,科学课程教师更应该利用这些资源深入学习，立足学情，研究课标，从而确定最终的教学目标。

表5.2 设定教学目标的方式（2020年调研问卷第26题）

设定教学目标的方式	出现频次
根据课标	28
结合学校与学生的实际	10
根据教材重难点	7
根据学情、生情	17
课标、教材、学情	11
根据三维目标设定教学目标	7
进行前测	10
根据授课内容	9
根据学生的实际情况来设定	10
根据课标和我校学生实际情况	8
以课标和教材内容为核心，结合学生实际和教学环境	12
根据学生实际、学生已有知识，从知识、能力、情感等方面设定教学目标	12
以学生的认知范围为准则	11
参考教材、教参书	18
先熟悉教材，再根据学生实际来设定目标	9
网上有教案	12
依据课标、立足学情	11
根据本班学生的情况和本地特色	10

2020年的调研中，7.14%的科学课程教师认为自己完全实现了教学目标，76.19%的科学课程教师认为自己基本实现了教学目标，16.67%的科学课程教师认为自己尚未实现教学目标，具体结果如图5.21所示。

在具体落实课标2017的教学目标的过程中，教师们面临着诸多挑战。在调研问卷的多项选择中，没有教学仪器占71.43%，自身知识储备不足占66.67%，学生数量太多占50%，学校相关部门不支持占40.48%，具体结果如图5.22所示。在"您认为该如何解决这一问题"的单项选择中，33.49%的科学课程教师选择"培养专职科学课程教师"，26.89%的科学课程教师选择"加强自身学习，增加知识储备"，20.28%的科学课程教师选择"学校相关部门加大支持力度,重视科学课程",9.91%的科学课程教师选择"配备相关仪器设备",9.43%的科学课程教师选择"小班化教学,积极钻研科学教学法",具体结果如图5.23所示。这些结果显示,小学科学教学目标的落实关键在科学课程教师,专职的科学课程教师可以积极钻研小学科学课程标准,研究教材教法,真正将教学目标落实在每一节课中。

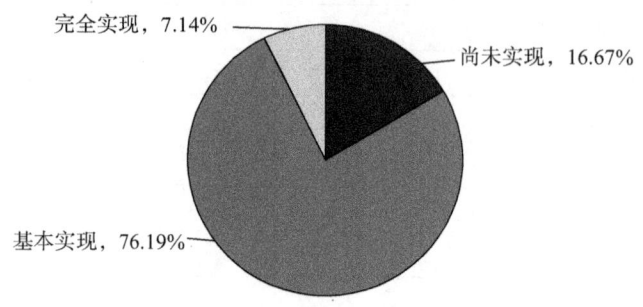

图 5.21 教学目标实现情况(2020 年调研问卷第 27 题)

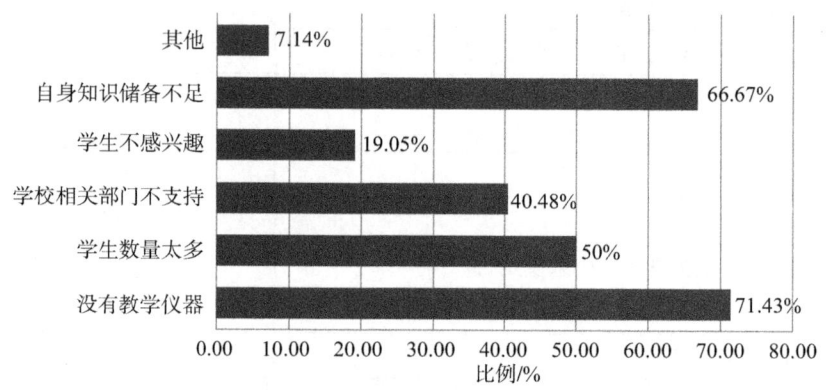

图 5.22 落实教学目标过程中的最大挑战(2020 年调研问卷第 28 题)

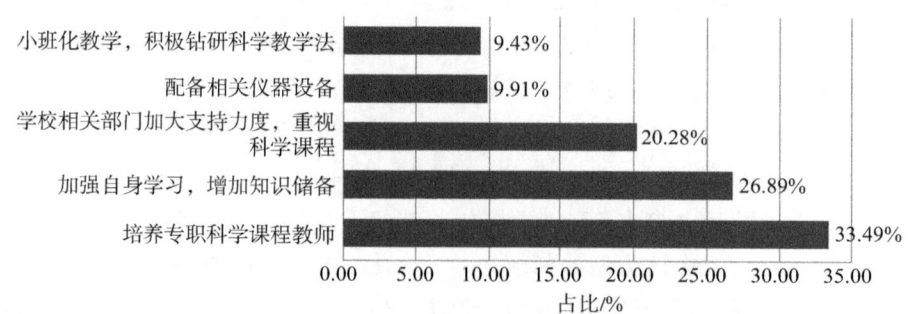

图 5.23 解决问题的对策(2020 年调研问卷第 29 题)

培养学生的科学素养是科学课程的宗旨。小学阶段的科学教学是为培养学生科学素养打基础的,科学课程教师应将科学素养的培养作为教学设计与实施的最高准则,在确定教学目标时既要关注科学知识,也要关注科学素养的其他部分,注重各方面目标的整合与平衡。科学素养的形成是长期的,只有通过连贯、进阶的科学学习与躬行实践才能达成。科学课程教师应整体把握课程标准、教材的设计思路,了解课程标准、教材在科学素养培养中的纵向、横向脉络,以及与其他学科的横向关联,知道每堂课的教学目标与学段目标、课程目标的关系,正确定位每节课的教学目标。[①]

[①] 中华人民共和国教育部. 义务教育小学科学课程标准[M]. 北京:北京师范大学出版社,2017:59.

第六章 限制因素分析

海南省的小学科学课程教师是一支以青年教师为主力的队伍,专职科学课程教师比例从2020年的28.3%增长为2022年的33.26%,专职科学课程教师比例增加了4.96个百分点。根据2022年的调研数据,海南省小学科学课程教师总体数量偏少,学历层次参差不齐,研究生、本科生、大专及中专学历分别占0.45%、41.63%、54.52%、3.39%;学科背景复杂,科学教育专业、物理科学专业、化学科学专业、生物科学专业、地理科学专业的教师分别占7.92%、1.58%、1.36%、1.13%、0.68%,而其他学科占87.33%,其他学科中以小学教育、信息技术、音乐教育、美术教育专业出现的频次较高。

尽管小学科学课程的开课情况不一而足,但是随着现代科学技术的发展,尤其是信息技术对人类社会产生广泛影响,海南省的小学科学教育已经受到家长、学校以及社会的重视,海南省小学科学课程与小学科学课程教师的地位在逐步提升。小学科学课程教师的薪酬待遇及学校领导的大力支持正成为促进小学科学课程快速发展的动力。多年的学校建设和发展使得海南省城乡小学之间的差距逐步拉大,尤其是教学硬件设施,成为制约小学科学课程教学实施的重要因素。

随着海南省小学科学课程教师的逐步成长,对教学资源的开发利用已成为可能,35.29%的科学课程教师能够经常利用学校周围的资源进行授课,84.39%的科学课程教师表示学校领导支持科学课程教师开发校本课程资源。课标2017倡导STEM教育理念,但是海南省小学科学教学的STEM教育理念较为淡薄,291位科学课程教师表示不了解STEM,占65.84%,了解一点的有147位,占33.26%,仅有4位教师表示非常了解,并正运用于教学。另外,海南省小学科学课程教师的专业成长亟待提高,自身学科知识的欠缺时刻影响着其教学质量,对专业成长的模糊界定使其成长变得较为艰难。

在落实课标2017的过程中不难发现,海南省小学科学课程教师对课标2017的研读不够严谨,在研究课程标准遇到挑战时,91.51%的教师选择"百度查询",50.47%的教师选择"询问有经验的教师",21.70%的科学课程教师选择"中国知网查询",这也从侧面反映出科学课程教师获得信息的资源相对较少。63.68%的科学课程教师认为非常需要将小学科学课程标准制定得更具体一些,只有1.89%的教师认为不需要细化课程标准。2020年和2022年两次的调研结果都显示出海南省小学科学课程教师难以适应科学课程综合性、实践性的课程性质,在四大领域的教学中面临学科知识较少、实验技能欠缺以及实验设计困难等问题。另外,如果对课标2017中课程理念的贯彻不到位,就很难达成新课标的教学目标。

在这些问题的背后是长期影响海南省小学科学教育发展的制约因素,它们直接或间接导致了今天课程标准落实的困境。

一、中国传统的科学教育忽视科学精神的滋养

中国的科学教育从胚胎期开始就被错误地归结为"博闻广记",更造成了当代科学教育中的顽症,即用记忆取代理解,用知识结论的灌输取代自主的探究,忽视了对科学精神的滋养。因此,长期以来,填鸭式的科学知识灌输成为常态,传授科学知识成为小学科学教师的教育目标。尤其是近百年来,中国科学教育界缺少独立性,损害了科学作为一种文化系统的独立性,销蚀了科学自主创新的灵气。[①]

科学精神是一个内涵极其丰富的概念,内涵丰富的科学精神从不同视角或层面去理解会有不同结论。科学精神来源于长期的科学探索活动,是在科学发展历程中提炼出来的精神品质,是科学的实质、核心和灵魂。在中国传统的科学教育中,"为真理而真理""为知识而知识"的科学精神特质是极其缺乏的。[②]

北京大学的刘华杰教授认为,科学精神就是实事求是、勇于探索真理和捍卫真理,包括求实精神、创新精神、怀疑精神、宽容精神等几个方面,其中最

---

① 杨怀中.中国科学文化的缺陷及当代建构[J].自然辩证法研究,2005(2):92-96.
② 杨建朝,常红萍.科学精神与教育研究[J].宁波大学学报(教育科学版),2010,32(1):6-9.

主要的是求实与创新。①

曲铁华、李娟认为,科学精神是科学教育的统领,形成科学精神是科学教育的核心要求,也只有在科学精神的统领下,科学教育才有实效性,对科学的全面认识是形成科学教育中科学精神的基础。中国近代科学教育的突出问题是在教育过程中缺少科学精神,主要体现在对科学教育的认识失之偏颇,在教育过程中主要停留在传授科学知识层面,缺少科学方法的训练等。②

二、海南省封闭的地理环境导致其文化发展落后

海南岛是一个历史悠久、美丽富饶的热带海岛,像一颗璀璨的明珠镶嵌在中国的南海。其地形为中间高,四周低,呈穹隆状,山地和丘陵是海南岛地貌的主要特征,约占全岛总面积的38.7%。山地主要分布在岛的中部偏南地区,山地中散布着丘陵和盆地。丘陵主要分布在岛的内陆和西北、西南部等地区。环岛多为滨海平原,约占全岛总面积的11.2%。封闭的环境是海南文化发展滞后的重要原因。海南岛由于在地理位置上"孤悬海外",又有海洋作为天然屏障,几千年来几乎使海南省一直处于与世隔绝的状态。正是由于这样的历史和地理方面的因素,海南不能跟外界进行很好的交流和互相促进,造成了海南文化发展整体长期处于落后的局面,也就造成了海南经济、社会等各个方面都不能得到很好的发展。③

在漫长的历史长河中,被称为象郡之外徼的海南在隋唐以前蛮荒无文,至隋唐教化初辟,宋元人文日新,明清则称"海滨邹鲁"。④ 海南在宋代以前,文化教育相对比较落后,文人学士对此多有记载。而教化之开,与书院的出现是分不开的。换言之,海南文教事业的兴起与书院的创办有十分密切的关系。自宋以后,海南的文化教育逐渐发展起来,缩小了与内陆地区的差距。明清时海南文化发展呈现较为繁荣的局面,这一局面的维持与书院制度的存在有相当密切的关系。其中一个值得注意的现象是,海南书院的发展和繁荣

---

① 刘华杰."科学精神"语义分析[J].民主与科学,2001(2):17-20.
② 曲铁华,李娟.中国近代科学教育中科学精神的缺失及启示[J].东北师大学报.2005(6):123-129.
③ 陈思莲,范士陈.现代海南岛社会变迁及其特征分析[J].海南大学学报(人文社会科学版),2010,28(6):1-7.
④ 周泉根,陈曦.海南首位贬官考议[J].海南师范大学学报(社会科学版),2013,26(3):95-98.

时期,也正是海南文化教育事业的发展和繁荣时期。①

据历史考证,海南岛是一个移民岛,自古以来一直接受着来自祖国大陆的移民,从而创造了今天的海南文化。但是,海南岛的主体居民是从大陆迁徙过来的戍边的兵丁、战乱逃亡的移民和流动的商贾。这些人的文化素质相对来说不是很高,再加上海南封闭的地理位置,他们给海南带来的大都只是表层文化,属于社会意识范畴的深层文化则很少。海南岛的封建文化是在长期接受中原地区封建文化的基础上,经过一段漫长的时间后在海岛生根、发芽最后得以形成并在岛上占据主导地位。而封建文化的长期存在也是海南文化发展长期滞后的主要原因。②

新中国成立前,海南岛因其特殊的地理位置和国家政策的原因与外界的接触和交流甚少,加上受西方列强的侵略和压迫,海南人民长期处在水深火热之中,即使有学堂和学校,也因他们贫穷而无法进入学校接受教育。由于缺少良好的文化教育,绝大多数人口的文化素质较低,从而使海南社会长期处于落后的状态,甚至人们戏称"海南是文化沙漠"。新中国成立后,党和国家加大了对海南教育的投入,建设了各类学校,不断地选派一批批优秀教师支援海南的教育事业,使海南的教育有了较快的发展。③

1952年,海南全岛在校学生达17万人,平均每万人口在校学生比为10.75%。据统计,海南普通高等学校在校学生从1952年的219人增加到2008年的12.64万人;普通中等专业技术学校在校学生从760人增加到8.23万人;普通中学在校学生从1.22万人增加到61.86万人;小学在校学生从16.35万人增加到90.64万人;2008年适龄儿童入学率达99.88%。④ 改革开放以后,海南人口出现了稳步增长的好势头,1990年全国人口普查,海南总人口数为6 512 300人⑤,2008年全岛户籍人口总数已达8 647 252人。⑥

海南省基础教育在全国一直处于中等水平。⑦ 2001年秋季,海南省海口

---

① 胡素萍.古代书院对海南社会的影响[J].新东方,2009(Z1):63-68.
② 罗学书,林弋筌.浅析海南农村文化长期滞后之原因[J].学理论,2010(17):19-20.
③ 陈思莲,范士陈.现代海南岛社会变迁及其特征分析[J].海南大学学报(人文社会科学版),2010,28(6):1-7.
④ 海南省统计局,国家统计局海南调查总队.海南统计年鉴2009[M].北京:中国统计出版社,2009:457.
⑤ 同④5.
⑥ 同④52.
⑦ 冯爱茹.海南省基础教育现状、问题及对策研究[J].山西青年,2019(4):101-102.

市作为首批义务教育课程改革国家级试验区之一,引入义务教育新课程,至2004年,全省义务教育阶段起始年级全部引入新课程。① 2002年12月,海南成为全国第12个通过国家教育督导团"两基"评估验收的省份。2004年6月,海南省委、省政府出台《关于优先发展教育的决定》和《海南省农村教育十年发展规划》。2005年春季,海南在全国率先对义务教育阶段学生免除杂费。2005年12月,海南统一全省城乡教师工资发放标准。2007年2月,海南省教育厅与上海市教委签订"海南省选派骨干教师赴上海市跟班学习实施方案"和"上海对口支援海南基础教育计划实施方案"。2007年秋季,海南省政府投入1.14亿元,在全国率先对全省义务教育阶段公办学生免费提供教科书,比全国提前了一年。2007年11月,海南实现农村中小学现代远程教育覆盖率达100%。②

然而,海南省的小学科学教育却处于海南省基础教育的最低水平,这是海南省封闭的地理位置与文化发展滞后带来的必然影响。

三、海南省经济基础相对薄弱导致高层次人才缺乏

从社会发展的历史进程来看,教育与社会经济发展是息息相关的。一方面,教育的发展有赖于社会经济的发展,而社会经济发展水平也影响着教育的发展规模和速度,影响着教育的内容、观念以及结构的变化。另一方面,教育通过人和科技来助推社会经济发展。同时,教育的发展与经济的发展也存在着不同步性,这都要求我们正确看待教育和社会经济发展的关系。历史唯物主义认为,经济基础决定上层建筑。而教育作为上层建筑的重要组成部分,在任何时候其发展都离不开人力、物力以及财力等的支撑。③

海南省是1988年4月建省办经济特区的年轻省份,第七次人口普查结果显示,海南省常住人口1 008.12万人。尽管建省只有30多年,但是海南省却先后经历了"经济特区""国际旅游岛""自由贸易港"的建设,经济收入得以增长,国民经济总量也相应得到快速增长。但是,相对于我国其他地区还比较落后,尤其跟发达地区相比差距较大。海南省经济基础比较薄弱,2020年海

---

① 黄国泰,石秀慧,陈夫义,等.抓住课程改革实验契机 促进海南基础教育发展[J].新课程(综合版),2007(1):17-19.

② 刘见.激情跨越二十年 琼州教育谱新篇:海南建省办经济特区20年教育改革发展纪实[N].中国教育报.2008-04-27(2).

③ 王玉香.论教育与社会经济发展的关系[J].决策探索(下),2021(5):80-81.

南省 GDP(国内生产总值)总量达 5 532.39 亿元,处于 31 个省(自治区、直辖市)的第 28 位,与排名第一位的广东省 2020 年 110 760.94 亿元的 GDP 总量相比相差甚远。海南省国内生产总值 2008 年只有 1 459.23 亿元,而到 2019 年已达到 5 308.94 亿元,海南省固定资产投资总额 2019 年达到 3 536.3 亿元,海南省社会消费品零售总额 2019 年达到 1 808.31 亿元。2019 年,海南省城乡居民人均可支配收入 26 679 元,2020 年达到 27 904 元。数据显示,海南省城镇居民与乡村居民在可支配收入方面的差异显著,2020 年海南省 GDP 增速为 3.5%,海南省城乡居民收入低与物价高的不均衡导致内生动力不足。海南本地 20 多所高校的毕业生中,毕业后留在海南工作的本科生不到五成,硕士毕业生和博士毕业生本地就业的不到四成,由此造成高层次人力资源短缺。海南经济收入低,房价和物价增长过快,导致本地居民收入与消费差异性大,高层次人才引入难。高层次人才的缺乏使得科学教育的发展受到很大的制约。①

高层次人才,是指具备一定专业知识和技能,能够创造较大经济价值或社会效益的稀缺人才,是一个国家或地区经济发展的决定性智力因素。高层次人才在选择就业去向时首先会评判该地人才引入政策环境,他们除对基本政策、经济状况、文化风俗、法治环境和发展趋势等因素进行评判外,还会对医疗教育、生活舒适度、自然环境、人才氛围等方面进行考核。②

四、根深蒂固的教育评价方式

教育评价是教育领域的重要问题,关系到如何评估教育效果、衡量教育质量。教育评价是多主体参与的、在多个场域开展的、关涉人的成长的评价活动,具有多主体性、多场域性、复杂性等特性。教育评价事关教育发展方向,有什么样的评价指标,就有什么样的办学导向。好的教育评价是能充分体现教育评价本质并实现其功能的评价,能够较准确地反映教育效果,有助于教育改进。也就是说,教育评价活动只是实现教育目的的手段,它永远不可能上升为教育目的本身,更不能超越教育目的。③

---

① 熊坚,朱罗娜.双循环新发展格局下海南自贸港建设的机遇、困境与路径[J].商业经济研究,2021(19):162-165.
② 张婵.海南省高层次人才引进政策研究[D].海口:海南大学,2020.
③ 万永奇.好的教育评价及其实现[J].湖南师范大学教育科学学报,2021,20(6):109-115.

但是，我国高考恢复 40 多年以来，高考已经成为全中国人眼中的"评价指标"。1977 年，国务院在转批教育部的文件中指出，"高等学校的招生工作，直接关系大学培养高级专门人才的质量，影响中小学教育，涉及各行各业和千家万户，是一件大事"。我国高考素有"指挥棒"之称，也即高考影响中小学教学，出现"考什么则教什么""不考则不教"的怪相。① 虽然高考一直在持续不断地改革，但高考的"指挥棒"效应依然不见缓解。因为有高考"指挥棒"，基础教育陷入了"片面应试""唯分数论"的怪圈，成为影响改革成败、关系教育质量提升的关键所在。②

"一切为了高考，一切为了升学"已成为基础教育的奋斗目标，教师、家长、学生，无不奋斗在分数的提高上面，"0.5 分就可以提升几十个名次，就可以上'985'，就可以上'211'，就可以改变你的人生轨迹"，这样的教育评价根植在国人的心中。尤其是没有受过高等教育的父母，完全把"上大学"的人生愿望寄托在儿女身上，这种"分数改变命运"的教育评价机制，完全忽视学生本身的求知欲望和好奇心，在基础教育阶段就扼杀了学生的兴趣爱好。长期以来，教师的教学要围绕"提高分数"，以学生成绩作为评价教学质量的唯一标准，学生必须以"高分"作为评优的基本标准。家长也以"孩子的高分数"作为炫耀的资本。

其实，高考一直处于改革之中，作为小学课程体系的科学课程，社会各界普遍认为其与高考各科目之间的承接关系和知识链接关系不大。因此，小学科学课程被"指挥棒"排除在外，不涵盖在教育评价的范围之内。

五、小学科学课程地位较低

基础教育是整个教育的根本，是全民终身教育的起始阶段，在中国特色社会主义教育建设中具有重要的战略地位。科学课程的教学承担着培养学生基本科学素养的重要使命，其地位本该得到足够重视。但在现实的许多学校里，却充满了科学课程的"辅科"气息，使其发展陷入"困境"。回顾中国科学教育的发展历程，不难看出小学科学课程在整个基础教育课程体系中的尴尬地位。很多教师和家长对于小学科学课程的认识还停留在这样的认知水

---

① 马健生,邹维. 高考改革 40 年的经验和教训：历史与比较分析[J]. 西南大学学报（社会科学版）,2018,44(5):57-66,190.

② 张祯祯,周序. 如何看待新高考的"指挥棒"效应[J]. 中国教师,2018(5):127-128.

平,即小学科学课程是物理、化学、生物、地理、天文等自然学科的拼盘,从小学科学课程中学到的知识在初中后的分科课程中就可以学到了,学习小学科学课程是一种浪费时间的行为。基于这些认识,小学科学课程不可能得到应有的重视,社会不配合、家长不支持、学校不重视、教师不主动,科学课程的地位极为尴尬。①

---

① 刘芸,唐智松,汪先平,等.科学课程实施的困境与破解[J].西南师范大学学报(自然科学版),2013,38(3):171-174.

第七章　海南自由贸易港建设大背景下的课标落实策略

自2018年海南自由贸易港（中国特色自由贸易港）建设以来，国家和各级政府高度重视政策的落实，制订了一系列实施计划。海南承担了全岛建设自由贸易试验区和最终建成中国特色自由贸易港的重大责任使命。2019年初，国家印发了《中国教育现代化2035》和《加快推进教育现代化实施方案（2018—2022年）》，绘制了新时代加快推进教育现代化，建设教育强国的宏伟蓝图，并将海南省列为试验区，积极推进教育现代化区域创新试验。自贸港是目前全球开放水平最高的特殊经济功能区，按照中央要求，海南自贸港制度将于2025年初步建立。肩负重任的海南如何完成使命，这是中央交给海南的题目，作为答卷者，如何一步步完成考验着海南的智慧。①

海南的未来发展可期，然而，海南省的人才短缺也确实是一大难题，海南必须培养适应自贸港建设的人才，教育是发展的捷径。从相关的数据可以看到，海南省的小学科学教育已经有了很大的进步。那么，在海南自由贸易港建设的大背景下，海南省的小学科学教育应怎样快速发展，下面是笔者的几点思考。

一、建立科学合理的教育评价机制，提高课程地位

《深化新时代教育评价改革总体方案》是新时代教育评价改革近谋5～10年、远眺15年的纲领性文件。"系统推进教育评价改革"是其指导思想所明确

---

① 马陆亭，张伟.海南教育跨越式发展的战略思考与政策探讨[J].现代教育管理，2019(10)：1-6.

的大战略、大思路、大举措。"扭转不科学的教育评价导向"是新时代教育评价改革的灵魂所在。科学导向首先要体现在评价标准上,要建立全面客观科学的评价标准,"坚决克服唯分数、唯升学、唯文凭、唯论文、唯帽子的顽瘴痼疾"。那么,实施新的教育评价需要建立新的运行机制。这个机制至少由制度、监管和文化三个方面构成,文化是隐性"航道",制度是显性"护栏",监管则是具体"护手"。实际上,从知识为本的评价,发展到关注过程、注重学生发展的评价,历经十余年的发展,我国中小学的教育评价水平得到显著提升,为数甚多的小学教师立足学校教育教学,开展口试、面试、活动性评价、综合素质评价等实践,形成诸多有价值的探索,在轻松愉悦的个性化的自主活动中,实现学生综合素养评价、学科素养评价。[①]

当然,教学和评价是课程实施的两个重要环节,评价对教学的效果进行监测,也与教学过程相互交融,从而促进与保证学生的发展。评价的涵盖面比较广,而《义务教育小学科学课程标准》所涉及的评价只限于对学生在课程学习过程中的学习情况和质量水平的评价,也就是学习评价。小学科学课程的学习评价必须以国家素质教育方针为指导,以《义务教育小学科学课程标准》为基本依据来进行。《义务教育小学科学课程标准》中有过程性和终结性学习评价。[②]

应正确认识小学科学课程的课程地位,即小学科学课程是由物理、化学、生物、地理等学科有机整合而成的独立课程,不是分科课程的简单拼盘,任何分科课程都无法取代。由于我国"考选制"文化影响下的升学考试,历来对学科地位的导向作用都是很大的,所以要让社会、家庭、学校、教师对科学课程给予高度重视,在一定时期内还离不开升学考试这个重要的指挥棒,各级教育主管部门必须旗帜鲜明地将科学列入升学考试科目,乃至高考。[③]

应正确认识小学科学课程的基本性质,即小学科学是一门基础性、综合性和实践性的学科。首先,小学科学课程的实践性要求必须给学生提供足够的教学材料和教学设备。这需要教育行政部门和学校方面强有力的资金保障。为了保证小学科学课程的正常开设,各个小学可设立小学科学课程教学专项资金,由科学课教学科组每学期编制预算,并根据实际开课情况进行结

---

① 刘云生.论新时代系统推进教育评价改革[J].国家教育行政学院学报,2022(2):13-24.

② 中华人民共和国教育部.义务教育小学科学课程标准[M]北京师范大学出版社,2017:66-69.

③ 刘芸,唐智松,汪先平,等.科学课程实施的困境与破解[J].西南师范大学学报(自然科学版),2013,38(3):171-174.

算。同时，学校成立相应的监管组对资金的使用予以监督。另外，海南省应根据学校的实际学生数量决定科学实验室的建设，应保证每个年级至少有一间科学实验室，彻底改变"上千人的学校只有一间实验室""实验室数量只是各级检查的指标"的局面。事实上，"实验室只是摆设"的局面也是长期科学课程教师的不专业造成的。因此，小学科学课程地位的提升意味着应该配置相应的专业教师。只有硬件设施和软件资源完美协调才能真正促进海南省小学科学教育的健康发展。

二、重视科学教育专业，培养专业科学课程教师

学校是开展小学科学教育的重要场所，小学科学课程教师是落实小学科学课程标准的主要执行者。合格的科学课程教师必须具备一定的学科素养、一定的科学学科技能以及终身学习的理念。2021年7月24日，中共中央办公厅、国务院办公厅印发《关于进一步减轻义务教育阶段学生作业负担和校外培训负担的意见》，明确了进一步减轻义务教育阶段学生作业负担和校外培训负担（简称"'双减'政策"）的主要任务和重大措施。[①]

"双减"政策的落实促使学校更加关注学生的全面发展和综合素养的提升，只有具备一定科学素养的科学课程教师才能抓住这一时机，将科学课程真正实施起来，使小学生的科学素养得到全面提高。因此，提高科学课程教师的入职门槛，尤其重视教师的学科背景，选拔合格的师资将成为首要任务。

"师者，传道授业解惑也。"21世纪是信息时代，电脑、手机等已经成为生活中的日常物品，小学生可以利用这些工具获取信息。小学生精力充沛，对未知事物充满好奇心和求知欲，科学课程教师只有不断学习，形成终身学习的理念，才能适应当前的教学现状。在当前师资匮乏时期，具有持续学习精神的兼职科学课程教师，也可以被逐步培养成为合格的科学课程教师。但是，大力扶持发展科学教育专业，培养专业的科学课程教师才是未来科学教育的主要出路。

（一）明确办学定位，提高科学教育专业地位

1. 琼台师范学院科学教育专业获批国家级一流本科专业建设点

科学课程自身的特点对于执教的教师素质要求较高，根据我们国家的人

[①] 教育部. 关于进一步减轻义务教育阶段学生作业负担和校外培训负担的意见[EB/OL]. (2021-07-24)[2022-3-20]. http://www.gov.cn/zhengce/2021—07/24/content_5627132.htm.

才培养方案要求,科学教育专业是专门培养小学科学课程教师的本科师范专业。2001年是我国当代"科学教育"本科专业发展的一个重要转折点。当时,被称为"新课改"的第八次基础教育课程改革明确规定,在小学中高年级阶段和初中阶段开设崭新的科学课程。当时在重庆师范学院化学系任教学副主任的林长春和同事们看到了科学教育这一专业的未来需求,向学校提议正式向教育部申请设置"科学教育"本科专业,这引起了评审专家对专门培养科学课程教师的高度认同,全国第一个科学教育本科专业花落重庆师范学院,自2002年起招生。2002年,陕西师范大学、西南师范大学、西北师范大学等8所高等师范院校获批设置科学教育本科专业,2003年扩大至24所,到2012年才又批准了1所,此后以每年1~3所的速度缓慢增加。截至2020年,教育部陆续批准了70余所高等院校设置这一专业,但目前招生的高校数量却只有40所左右。①

相较于其他学科教师培养,对科学课程教师进行专门培养仍然乏力。"小学科学课程教师培养被长期忽视,其根据地仍然在普通师范院校,大多数全国师范院校的'领头羊'尚未承担起这一重任。"首都师范大学科学教育研究中心主任丁邦平表示。

2006年,国务院印发《全民科学素质行动计划纲要(2006—2010—2020年)》,"鼓励师范院校设置科学教育专业,培养具有较高专业水平和职业力的科学教育教师"。② 2021年,国务院印发《全民科学素质行动规划纲要(2021—2035年)》,明确要求"推动高等师范院校和综合性大学开设科学教育本科专业,扩大招生规模"。③

2019年底,北京师范大学成立的科学教育研究院,以北京师范大学的学科优势教育资源为依托,在整合国家创新体系和国民教育体系中有所作为,将会推动我国科学教育迈上新的台阶。

为深入贯彻习近平总书记关于教育的重要论述,落实《新时代基础教育强师计划》和"能力提升建设年"的活动要求,推进师范教育协同提质计划落实落地,培养更多高素质专业化创新型基础教育师资队伍,助力海南自由贸易港建设,琼台师范学院于2022年6月25日至26日组织召开2022版本科专业人才培养方案"大评审"暨能力提升建设年专家交流研讨会。来自北京

---

① 甘晓.科学教育专业靠什么破局[N].中国科学报,2021-07-20(6).
② 国务院.全民科学素质行动计划纲要(2006—2010—2020年)[Z].2006-02-06.
③ 国务院.全民科学素质行动规划纲要(2021—2035年)[Z].2021-06-03.

师范大学、华中师范大学、陕西师范大学、天津师范大学、四川师范大学、哈尔滨师范大学、海南师范大学以及咸阳师范学院等8所师范高校的24位相关领导及专家到校,为学校本科人才培养方案优化提质进行"大评审"。

本次研讨会是学校升格本科以来举办的首次大规模人才培养方案"大评审"活动,是对学校25个本科专业办学内涵的一次"全面体检"。学校结合习近平总书记考察海南时的重要讲话精神和海南省第八次党代会对教育工作作出的部署要求,进一步推动教师队伍建设提质增效,切实将"能力提升建设年"和深化拓展"查堵点、破难题、促发展"活动,作为推动学校制度集成创新"破局""立规"的有效抓手,通过开展更多形式丰富、贴近实际、扎实有效的"能力提升建设年"活动,为办好人民满意和自贸港建设需要的教育注入琼台师范学院的力量。

科学教育专业是学校第一批本科专业,同时也是海南省唯一的科学教育本科专业(如图7.1所示),自专业建立之时就被列入了学校教育类学科的重点专业。科学教育专业以能力培养为核心,以学以广用为原则,以校校、校企、校社合作为路径,以专业核心课程改革以及特色课程建设为突破口,以专业素养提升为标准,聚焦需求导向、目标导向以及能力导向,逐步实现专业建设与教育行业能力需求对接,课程内容建设与教师职业标准、教学岗位需求对接,不断提高学生的创新能力、实践能力和就业创业能力。作为海南省唯一的科学教育人才培养基地,科学教育专业培养出了适合海南自贸港建设需求的高素质专业人才。

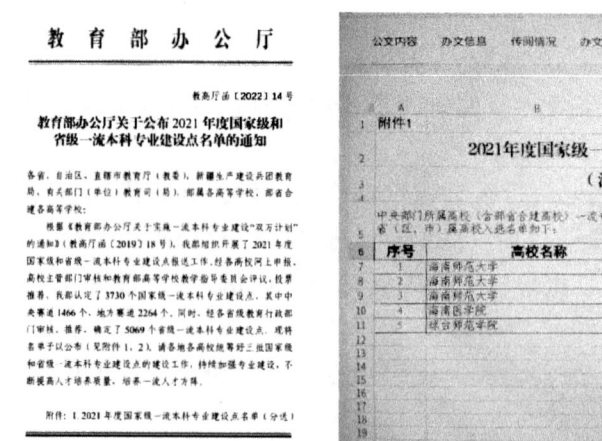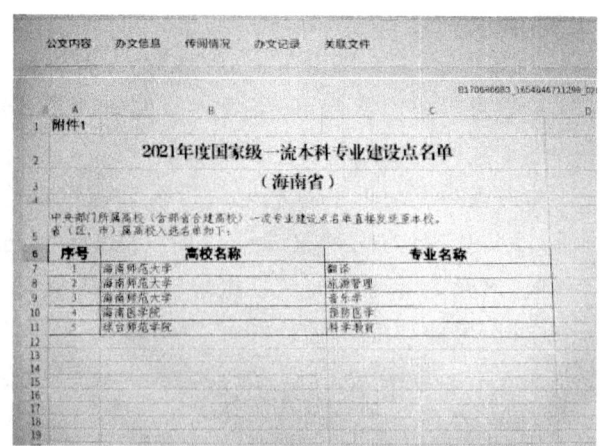

图7.1 2021年度国家级一流本科专业建设名单(海南省)

学校高度重视本科专业建设,不断加大专业建设投入,深化教育教学改革,强化专业内涵建设。科学教育作为学校的优势特色专业,学校提前谋划,主动对接国家级一流本科专业建设相关要求,一直以来在专业建设经费投入、人才引进、实验室建设、教学资源配置及招生就业等方面对科学教育专业给予大力支持,以提升科学教育专业的建设水平和竞争实力。学校领导也高度重视科学教育专业建设工作,并多次到理学院现场指导相关工作。科学教育专业入选国家级一流专业建设点是对我校专业建设和人才培养成效的充分肯定,学校将以此为契机,持续深入聚焦课程体系、课程质量、教材建设、实践实验教学等专业建设关键环节,提升专业内涵和建设水平,充分发挥国家级一流本科专业建设点的示范引领作用,全面提高人才培养质量,更好地服务海南自贸港建设。

琼台师范学院科学教育专业的培养目标就是面向海南自贸港,服务全国,以服务新时期科学教育及科技创新教育人才为导向,培养具有高尚真挚的教育情怀,先进的科学教学理念,掌握科学学科基本理论和基础知识,整合科学素养和教师专业核心素养,能在小学和基础教育机构从事小学科学教学与研究工作以及指导青少年科技活动的可持续发展的小学科学课程教师。

在海南省的高等院校中,只有琼台师范学院在2016年获批设置科学教育本科专业,目前有2020届和2021届共81位毕业生(如图7.2所示),其中2016级有1位同学因病休学,在2021年毕业,所以,2016级为45人,2017级为36人。其中2021届有4名同学考上研究生,根据2022年的一项毕业生调查,毕业后留在海南省就业的有48位同学,占总人数的59.26%(如图7.3所示)。81位毕业生中有43位同学从事小学科学教学工作,占总数的53.09%(如图7.4所示)。显而易见,琼台师范学院科学教育专业为海南省培养并输送了专职的小学科学课程教师。

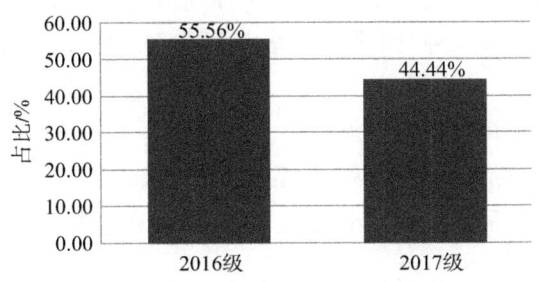

图 7.2 毕业生级别(附录 3 调研问卷第 1 题)

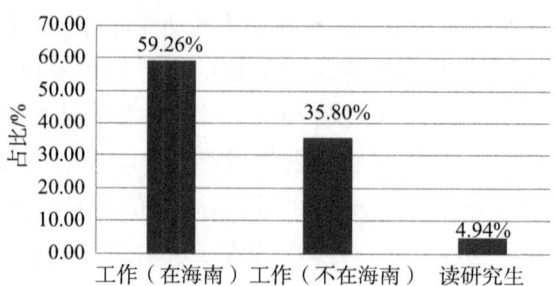

图 7.3　毕业生目前的状态(附录 3 调研问卷第 2 题)

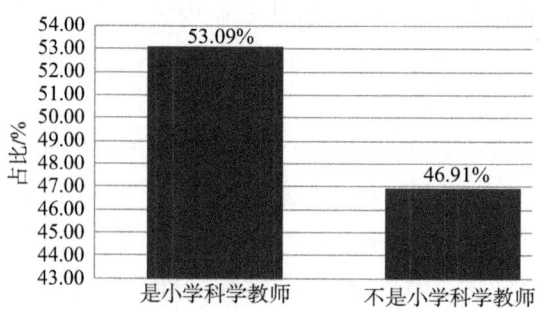

图 7.4　毕业生是否任科学课程教师(附录 3 调研问卷第 3 题)

琼台师范学院科学教育专业每年只招收 40 名学生,面向全国招生,2020 届和 2021 届毕业生留在海南就业的占 59.26%(如图 7.3 所示)。但是,海南省未来几年对小学科学课程教师的需求可能会增加,尤其是对专职科学课程教师的需求会增加。所以,海南社会各界务必给予科学教育专业必要的重视。在人才培养目标的构建上,科学教育本科专业应坚持"贯穿科技创新主线,夯实科学知识基础,强化科普实践能力,打造科技教学特长",以培养"创新型卓越小学科学课程教师"作为专业人才培养总目标,构建融合"科学知识的传授者、科技创新的指导者、科学文化的传播者、科技强国的建设者"的"四维人才培养目标"。[①] 这种"四维人才培养目标"非常符合当前海南省小学科学课程教学的需要。

2. 打造科学教育专业特色课程

科学教育专业的基础课程为"高等数学""基础化学""基础化学实验""基础物理学""基础物理学实验""普通生物学""普通生物学实验""地球概论"

---

① 郑敏,李必鑫,胡春光.论科学教育本科专业"四维"人才培养模式[J].教育评论,2021(1):137-141.

"地球概论实验""环境科学""科学通史""小学科学实验与教具制作"及"学术论文写作"等。专业拓展课程为"国际科学教育""海南地理""地理学与生活""STEM项目设计与实践""小学生课外科技活动""科学教学测量与评价""科学实验教学""海南小学特色校本课程开发"等。这些课程立足国际科学教育发展现状,向国内的科学教育先进地区看齐,引领海南省内科学教育的发展。

目前,"小学科学实验与教具制作"已获批海南省高校精品在线课程,这一课程将在2022年秋季学期起在海南省高校课程共享联盟平台面向全省高校开放选课。课题组教师都参与了此次精品课程的录制,部分学生作品如图7.5所示。

小学科学实验与教具制作			
自制教具名称	自制电场线	使用学科	小学科学
制作人	符春英	制作日期	2022.6.5
使用的主要材料	塑料丝、塑料管、三角底座、毛皮、塑料袋等		
教具简介(包括原理、特点、使用说明、图片、盘片等,可另附页)	一、作品名称 自制电场线小实验 二、原理 同种电荷相互排斥,异种电荷相互吸引。 三、设计图 四、使用方法 将制作好的自制电场线装置用毛皮摩擦塑料丝,然后把它们固定在三角底座上,即可看见塑料丝同种电荷相互排斥现象。 五、注意事项 1. 塑料丝在撕成细条时,要注意,不能太粗也不能太细,太粗塑料丝会起 不来,太细摩擦时会容易断。 2. 自制塑料丝时,塑料丝不能太多,不然塑料丝会起不来。 3. 摩擦时,要快速,手不能碰到已摩擦的塑料丝,否则电荷会消失或减弱。		
教具的创新点或在原有教具上的改进点说明(可另附页)	1. 首先准备塑料丝、塑料管、三角底座、毛皮等材料。 2. 将准备好的材料裁成合适的尺寸。塑料管2条80厘米,塑料丝长60厘米。 3. 将裁好的塑料丝用120厘米的塑料绳绑住塑料丝一端,然后穿过塑料管,将穿过塑料管的塑料丝一头抓好,然后散开平放在桌子上用毛皮快速摩擦。 4. 摩擦后把塑料管固定在三角底座上,让它们相互靠近即可看见塑料丝相 互排斥的现象。		
实践中使用效果说明	塑料丝被摩擦后带同种电相斥而张开,形状像点电荷的电场线,带同 种电与异种电荷的塑料丝相斥相吸情形很像相关电场情况。外观会给人一 种很神奇的感觉。		

小学科学实验与教具制作			
自制教具名称	电晕电机	使用学科	小学科学
制作人	陈侃	制作日期	2022.6.12
使用的主要材料	地球仪、易拉罐、硬质泡沫板、漆包铜线、竹签、锡纸、双面胶、热熔胶枪、剪刀、小刀、透明胶、导线、电源		
教具简介（包括原理、特点、使用说明、图片、盘片等，可另附页）	一、作品名称 小型电晕电机 二、原理 利用高频率高电压在被处理的塑料表面电晕放电，而产生低温等离子体，使塑料表面产生游离基反应而使聚合物发生交联，促使小球转动。  三、设计图 四、使用方法 导线连接铜线后给装置通电，小球即可转动。 五、注意事项 1. 漆包铜线的首端和末端应用小刀刮掉表面的漆。 2. 铜线的一段应触碰到球上的锡纸。 3. 铝薄片与小球的距离不应太远。		
教具的创新点或在原有教具上的改进点说明（可另附页）	制作过程 1. 将易拉罐剪出长方形，用其二分之一剪成两半。 2. 将锡纸剪出三份大小一致的长方形，间隔均匀地贴在小球上。 3. 用竹签穿过小球，固定在泡沫板中间，再将两支竹签固定在两边。 4. 剪出长短适宜的铜线，首尾两端刮掉表面的漆，用透明胶固定在两端的竹签上，再将铝薄片固定在铜线上，铜线上面一端弯出弧形直至一端接触到小球上的锡纸。 5. 接上导线小球便可旋转。		
实践中使用效果说明	1. 该制作符合绿色环保理念。 2. 该制作简单，具有创新性，且观赏性高。		

图 7.5　"小学科学实验与教具制作"课程学生作品示例

　　教具是教学活动中供教师演示和学生操作所用的材料。科学探究离不开物质材料的支持。精心设计的教具可以帮助学生更好地理解抽象、难懂的科学知识，体验科学探究过程，并能激发学生的学习兴趣，启迪思维，培养动手能力。学生身边易获取、成本低的材料是科学探究的首选学具。鼓励教师收集和自制学具，为学生的探究活动提供物质条件。[①]

---

　　① 中华人民共和国教育部. 义务教育小学科学课程标准[M]. 北京：北京师范大学出版社，2017：73.

同时,课题组利用睿课课件制作软件制作相关的教学视频,通过学习通、云班课等网络教学资源积极开展网络授课,用先进的信息科学技术支持现代化教学,满足不同学生的需要,并深入思考,结合当前教育教学研究理论,完成相关的教学论文(如图 7.6 所示)。

图 7.6 相关教学论文示例

课题组将以此为契机,继续打造更多具有琼台特色的科学教育课程,为海南省自由贸易港的建设贡献自己的力量。

3. 出版科学教育专业相关书籍

教师教学用书的作用是帮助教师理解教科书和课程标准的联系,引导教师用好教科书,理解教科书的编写理念、框架和结构,各部分之间的联系,以及教科书内容、活动的设计意图。①

生物学是一门发展迅速的实验学科,在 21 世纪的今天,生物学已经成为与我们的生活息息相关的学科,因此,培养 21 世纪具有较高生物科学素养的公民是基础生物教育的重要任务。课题组以此为契机,编写了一本海南省小

---

① 中华人民共和国教育部. 义务教育小学科学课程标准[M]. 北京:北京师范大学出版社,2017:74.

学科学课程教师学习生命科学领域内容的参考书,该书于 2021 年 7 月份出版(如图 7.7 所示)。

图 7.7　相关书籍示例

4. 本科毕业论文指导

本科毕业论文是实现本科生培养目标的重要教学环节之一,同时也是衡量高等学校教学质量的重要评价指标之一。教育部将本科毕业论文作为本科教学工作水平评估的重要内容之一,足以说明本科毕业论文在本科教育中的重要地位。[①]

撰写毕业论文是促进个体发展的一种有效手段。发展是一个具有相对意义的、内涵丰富的概念。对当代大学生而言,发展应是相对于培养目标和职业要求的全面发展与和谐发展,是一个从不同方向向同一标尺逐步逼近的趋势或过程。通过毕业论文的写作,学生可以校正学习习惯和思维方式,强化科学研究基本训练,熟悉论文的一般格式规范,提高资料查阅、调查实验、归纳与分析、知识综合与应用等方面的诸多能力。[②]

课题组将本研究的若干方向的题目分别发给不同届的毕业生,通过选题、开题、问卷调研、文献查询、文献阅读、论文书写、答辩等过程培养学生的诸多能力,同时与《义务教育小学科学课程标准》相联系,指导学生进一步熟悉课标,为其后续的就业等提供帮助。相关毕业论文如图 7.8 所示。

---

① 乔军,孟庆玲. 提高本科毕业论文质量的几点思考[J]. 教育探索,2011(9):46-47.
② 蒋亦华. 我国本科毕业论文制度的阐释与建构[J]. 现代大学教育,2009(2):101-106.

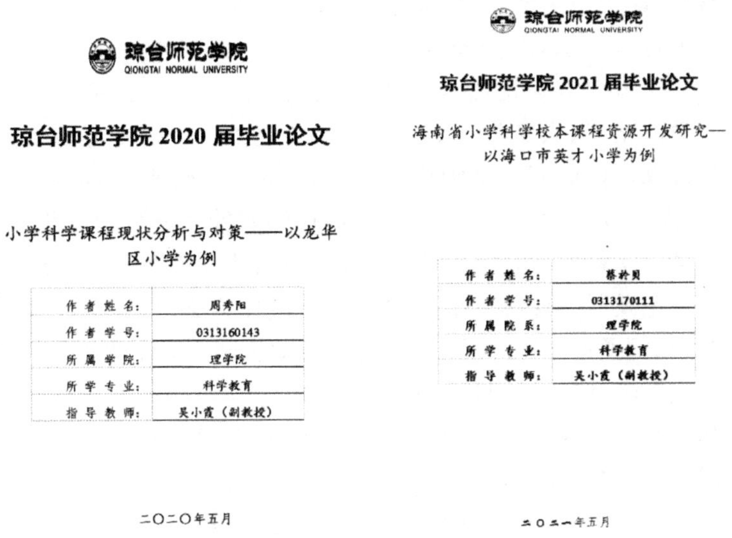

图 7.8　毕业生相关论文示例

（二）优化课程体系，构建 STEM 特色课程

课程体系建设，一直是科学教育专业面临的主要问题，以学科为依托的办学模式形成了课程体系上的惯例。海南省小学科学课程教师在完成科学知识传授的同时，一般还要肩负课内外青少年科技创新活动指导、青少年科普活动开展与科学文化传播的任务。因此，海南省科学教育专业的人才培养方案必须考虑这一实情。

STEM 教育成为美国、英国、德国、芬兰等一些在全球竞争中创新指数排在前列国家的首选，培养具有 STEM 素养的人才成为提升全球竞争力的关键。STEM 教育的核心是跨学科，本质是发现学科知识间的内在联系。因此，在小学科学教育中，教师需要进行跨学科教学，培养学生的科学素质、创新思维与探究能力，以适应未来社会对创新型人才的需要。所谓跨学科科学课程教师，并非全科教师。跨学科教学就是指以小学科学这一教学科目为中心，在科学学科中选择一个综合性问题，围绕这个问题进行教学加工和教学设计，促使两门及两门以上有内在联系的学科产生互动，引导学生在问题情境中综合运用知识解决问题的一种教学方式。小学科学课程结合学生身边较为常见和易懂的自然现象或生活现象，从物质科学、生命科学、地球与宇宙科学以及技术与工程四个领域入手，深入挖掘其中所蕴含的科学知识和科学方法，并在课标 2017 中倡导跨学科学习方式，提倡科学课程教师开展 STEM

教学,强调科学课程与语文、数学、综合实践活动等课程进行互动。①

基于以上这些要求,海南省科学教育专业的课程体系应突出STEM特色。海南省科学教育专业课程设置可围绕核心素养构建。通识类课程重点培养学生的政治素养、人文素养、艺术素养、信息素养等,专业课程多以数学类课程为基础课,基础物理、基础化学、普通生物学、地球、空间与宇宙一般为核心课程,重点培养学生的学科知识,其各自的实验部分可单独设为一门课,培养学生的基本学科操作技能。作为师范专业,小学教育学、小学心理学、科学课程与教学论及科学课程标准与教材分析应作为必修课程,尤其是在科学教学的实践中,可通过STEM教育的具体活动来体现其教学的独特价值,比如运用项目式教学开展跨学科学习。②

在科学教育专业课程体系中最能体现STEM特色的可能是专业必修的科技发明、教具制作类课程,这种课程的典型特点是实践性和综合性,例如制作生态瓶,既需要考虑生态系统的组成,也需要考虑各种工具及生物的出现顺序,学生必须明确这样操作的原理并加以阐述,同时还要考虑这样制作是否能带来美的享受等,这既需要生物知识、物理知识,还需要一点艺术素养。同时,这一类课程也是小学生非常喜欢的课外拓展活动,是海南省小学科学课程教师的工作内容之一,可大大增强科学教育专业学生的就业竞争力。当然,STEM课程也可以主题方式来建构具有一定深度的综合课程,促使生物、化学、物理、地理、技术、工程等学科相交叉,培养学生的综合能力。总之,科学教育专业需要整合课程资源开发优质课程内容,促进科学教育专业课程与信息技术、工程、艺术、数学等的深度融合,推动教与学的方式的变革。③ 实际上,小学科学实验与教具制作就是一门具有STEM特色的课程。

(三)建设综合实验室,增加实践教学活动

科学教育专业是一个实验性很强的专业,不仅需要基础物理学、基础化学、基础生物学和基础地理学等实验室,还应有一些综合探究性实验室。实验室是大学的核心竞争力,是培养人才的摇篮,是一个学校办学水平和办学

---

① 孙荣.小学科学教师跨学科教学素养的构成与培养研究[D].重庆:西南大学,2020.

② 吴畏,陈勇,赵敏.STEM视域下科学教育专业的困境与出路[J].现代基础教育研究,2018,32(4):43-50.

③ 闫宝荣.高校科学教育专业STEAM教育理念的应用与探索[J].陕西学前师范学院学报,2019,35(7):52-55.

特色的重要标志。①

科学教育专业的实验是在各个不同的学科实验室中进行的。在这里，学生们所体会的是各个分科实验所解决的各学科的科学内容和实验操作过程，师生在学科实验室里首要考虑的问题是学科内容与方法，而科学教育专业的综合实验室应该强调的是对整个科学性质和科学方法的把握，它强调让学生体验各个学科中的科学经历，这样的综合实验的经历是无法在分科实验室中获得的。

综合型实验室是指那些具有较强专业性的实验室，主要是用来进行实验教学、综合性实验、课程设计、毕业设计以及各类竞赛、科研等。综合型实验室旨在提供科学研究平台，形成适应专业特点的实验体系；培养学生的创新思维、实验技能以及综合分析、发现和解决问题的能力，全面提高学生素质。这里所提的综合实验室与综合型实验室具有相同的意义。②

科学教育专业的实验实践类课程非常多，因此如何整合形成可在综合实验室完成的设计相当重要。当然，这样的实验设计对专业教师的要求很高，因此必须结合科学教育专业学科的内容，研究开发具备综合性、设计性的实验，通过科学教学设计、课程标准与教材分析、科学实验教学研究以及科学教学测量与评价研究等课程，加强教育理论和心理学规律在科学教学中的实践应用。建设虚拟或仿真综合实验室也是一个思路。科学教育专业的有些实验特别是一些不可能在实验室实施的实验，如火山爆发等可通过多媒体在计算机上进行虚拟操作，这样既可提高学生的实践能力，又可节省实验经费、克服实验条件不足的缺陷，还能不限时循环开放、多人同时使用。③

在对琼台师范学院 2020 届和 2021 届 81 位毕业生的调研中发现，17.28%的同学认为目前工作中最欠缺的是"实验设计"，32.10%的同学认为目前最欠缺的是"教学经验"，23.46%的同学认为自己最欠缺的是"课堂调控"（见图 7.9）。这一结果显示师范生的教育教学技能仍然需要加强，这些应该在专门的科学教学实验室内完成，而毕业生的另一个问题的答案也印证了这一结果。

---

① 徐忠东.科学教育专业实验室建设的几点思考[J].安徽教育学院学报,2005,23(6):101-102.
② 徐颖,何益宏.综合型实验室建设与教学探索[J].计算机教育,2010(8):137-139.
③ 同①.

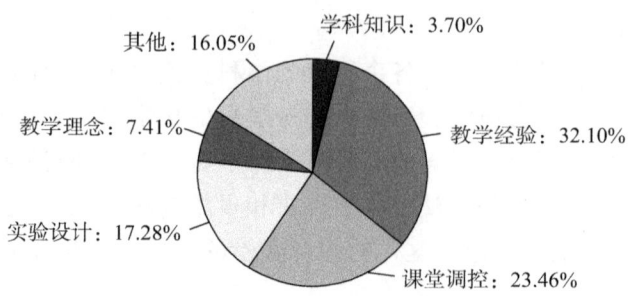

图 7.9　毕业生目前最欠缺的部分（附录 3 调研问卷第 4 题）

作为科学教育专业的核心课程，科学课程与教学论对师范生极为重要，这类课程不仅仅涉及理论，还涉及非常重要的技能训练（包括实验设计、实验操作、教学技能等），所以毕业生在"您觉得哪门课目前对您最为有用"的答案选择中，40.74%选择教师教育类课程中的"科学课程教学论"，如图 7.10 所示。"新手教师"的普遍问题就是课堂调控和教学设计，这需要教师成长经验的积累，因此，在对于"现在的你最希望在本科阶段学到的课程内容是什么"的答案选择中，33.33%的毕业生选择"教学设计"，25.93%的毕业生选择"课堂调控"，具体结果如图 7.11 所示。因此，建立师范生使用的综合实验室既可

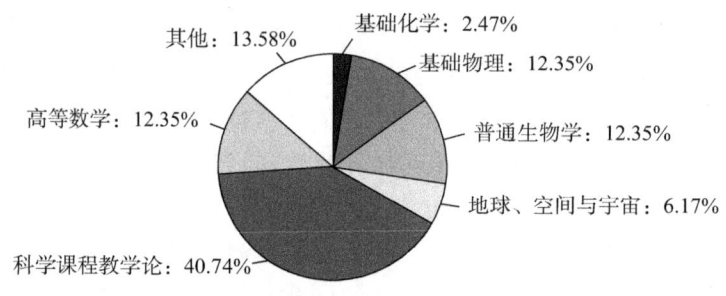

图 7.10　目前最有用的课程（附录 3 调研问卷第 5 题）

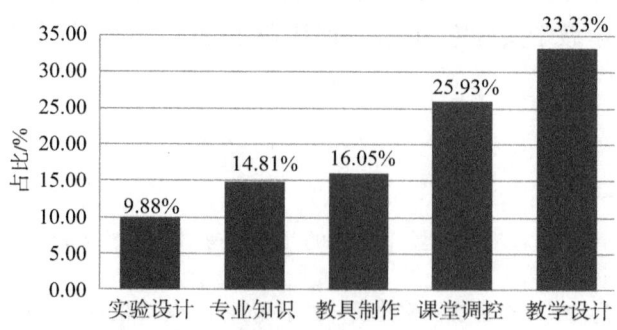

图 7.11　最希望在本科阶段学到的课程内容（附录 3 调研问卷第 6 题）

以提供教学场地,实验室也可以成为学生进行各种竞赛、开展科技创新兴趣小组的平台。学生会以小组形式在实验室探究、设计、思考所选择的项目,充分发挥自己的智慧,而他们在做项目遭遇"困难"时就迫切需要老师的指点和帮助了。

琼台师范学院科学教育专业目前有一间科学教学实训室,配有多媒体教学设备和实验桌椅,科学教育专业的学生可以在这里进行试讲等活动。后续会根据教科版教材的要求,配备1～6年级教学所需的所有设备,按照年级和学期进行分类,并提供给科学教育专业学生,同时制定开放和管理制度,真正对学生的教学技能进行训练。

(四)融入小学科学课程标准内涵,加强教育理念教育

关于教育理念的界定主要存在于教育研究文献中,但由于研究者们的思维风格、研究视角等不同导致其对教育理念的界定差异也很大。很多研究者认为教育观念等同于教育理念。教学理念是人们为了某种教学的利益,在一定的教学理论认识基础上形成的关于理想教学的基本观念。[1] 刘庆昌教授认为,"教学理念属于教学观念,它是一种特殊的观念,其特殊性主要在于其坚实的理性基础"。也有学者认为"教育模式""教育策略""教育方法"等是教育理念的外显表达形式。[2]

有研究者认为,教育观念对教学起着统领和指导的作用,一切先进的教学改革都是从新的教育观念中生发出来的,一切教学改革的困难都来自旧的教育观念的束缚,一切教学改革的尝试都是新旧教育观念斗争的结果。因此确立新的教育观念,是教学改革的首要任务。教育观念不转变,教学改革无从谈起。[3]

课标2017明确规定小学科学是培养小学生科学素养的启蒙课程,具有基础性、实践性和综合性的特点。小学科学课程应呵护儿童的好奇心和探索欲,在教师的引导下使得小学生能够在早期阶段形成一定的科学素养。小学科学课不仅教授相应的科学知识,还在于培养小学生早期对科学常识的理解、思考和运用,尤其是结合小学生本身的好奇心、求知欲,进一步挖掘学生

---

[1] 刘庆昌.论教学理念的操作转换[J].当代教育与文化,2009,21(1):91-96.
[2] 韩敏.教育理念的价值及其实现[D].太原:山西大学,2010.
[3] 魏峰.突破传统教学理念,实施科学教育方法[J].新课程(教育学术版),2009(3):19.

的探索精神和培养学生对科学知识的兴趣爱好。①

教师是课程理念的直接实践者,也是学生学习科学知识的引导者。任何教育都不可能离开教育理念,因为它是实实在在的,并顽强地、无孔不入地渗透在我们的教育行为中。② 作为科学课程教师职前培养的科学教育专业应如何增强未来科学课程教师的教育理念,更好地适应未来的小学科学教学实践,本研究认为科学教育专业应融合科学课程标准与教师职业标准的内涵,重点培养学生的以下教育理念。

1."四有"好老师理念

2014 年 9 月 9 日,在第 30 个教师节即将到来之际,习近平总书记来到北京师范大学看望师生,并以"做党和人民满意的好老师"为主题发表了重要讲话。习近平总书记强调,"教育是一门'仁而爱人'的事业,爱是教育的灵魂,没有爱就没有教育",要求全国广大教师做"有理想信念、有道德情操、有扎实学识、有仁爱之心"的"四有"好老师,为发展具有中国特色、世界水平的现代教育,培养社会主义事业建设者和接班人作出更大贡献。"四有",是教师成长与发展的明确导向。做"四有"好老师,既是教育发展、民族振兴的现实呼唤,也是教师超越自我、实现价值的内在诉求。③

理想信念是一种价值观念,在各种价值观念中居于支配、统摄地位,对人们的一言一行起着决定性作用。从本质上说,它是一种内在的精神力量,是实现人全面发展的精神动力,是主宰人们灵魂的精神支柱。新时代"四有"好老师理应树立起"为人民服务、为中国特色社会主义服务、为改革开放和社会主义现代化建设服务"这一崇高而又远大的理想信念,积极投入党和人民的教育事业中,积极培育和践行社会主义核心价值观。作为小学科学课程教师,就必须有为国家和人民服务的理想信念,有为国家培养具有较高科学素养的未来公民的信念支撑。④

教师职业的特殊性决定了教师道德情操的高尚性,一个合格的人民教师,首先必须是一个有道德情操的人。教师作为引导和帮助青少年扣好人生"第一粒扣子"的引路人,要有高尚的道德情操,以德立身、以德立学、以德施

---

① 高德秋.简析小学科学教育理念及方法[J].新课程(上),2018(7):20.
② 赵伍,李玉峰,陈香.当代教师教育理念阐释[J].教学与管理,2008(6):10-11.
③ 林萍."四有"好老师的时代意蕴及其养成[J].知识文库,2022(3):172-174.
④ 吴婷.新时代"四有"好老师"一体两翼"格局构建探析[J].黑龙江教师发展学院学报,2022,41(3):15-17.

教,从而达到"身正为范"的教育境界。作为小学科学课程教师,必须以身作则,具有热爱祖国、热爱中国共产党、热爱教育事业的道德情操。[1]

"师者,传道授业解惑也。"作为教书育人的人民教师,理应站在知识发展的最前沿,掌握最新的科学知识。拥有扎实知识功底是成为好老师的根本,是教师之所以为师的立身之本。作为小学科学课程教师,必须具备一定的物质科学、生命科学、地球空间与宇宙科学及技术与工程领域的学科知识,这些都是知识更新速度比较快的前沿学科,所以小学科学课程教师要养成阅读科学文献资料的习惯。作为小学科学课程教师,还必须具备相应的教育教学知识,紧追时代的脚步,了解最新的教育教学方法和手段。同时教学技能也是科学教师亟待提升的方面,小学科学课程教学与其他科目的教学差异很大,对教学技能进行研究尤其是真正做到科学探究的科学教师不多,所以,"有扎实的学识"是科学教师职前培养中的关键。

仁爱是儒家思想文化的精髓,是中国传统文化的道德倡导,是一种不计外在功利,发自内心的无私的爱。苏联教育家苏霍姆林斯基指出,没有爱的教育不是真正的教育。尤其是在小学阶段,6～12岁的孩子正是天真活泼的时期,也是人一生中的心理发展的转折时期。作为小学科学课程教师,必须了解、掌握小学生的心理特点,并据此进行教学和实验设计,既要满足孩子们的好奇心,又要达到一定的教学目标,还必须达到"育人"的目标。小学生对教师的"评价"非常在意,教师无形中的言语和动作可能会对其产生重要的影响。"热爱学生"应成为小学科学课程教师的理念支撑。[2]

作为未来科学课程教师的科学教育专业学生,可通过"内外兼修"来培养自身的"四有"好老师理念,例如常常进行反思。人们常常把教师比喻成"蜡烛",是希望教师能够像燃烧的蜡烛一样,点燃学生热爱学习的激情;把教师比喻成"塑造人类灵魂的工程师",是希望教师应反思自己的思想和行为是否具有这样的情怀,希望教师认真学习,增强自身的知识修养和文化品位。

2. 核心素养理念

《中国学生发展核心素养》在某种程度上是国家教育方针的具体化。基于核心素养的学业质量标准,本质上是中国基础教育各学段课程教学的评价标准,至少是衡量中国基础教育各学段学生完成课程教学之后应该达成目标

---

[1] 吴婷. 新时代"四有"好老师"一体两翼"格局构建探析[J]. 黑龙江教师发展学院学报,2022,41(3):15-17.

[2] 林萍."四有"好老师的时代意蕴及其养成[J]. 知识文库,2022(3):172-174.

的基本标准。核心素养在教育实践中的落实主要依靠"课程改革""教学实践"和"教育评价"。教师是课程教学的具体实施者,提升学生的核心素养,更有效的策略在于提升小学教师对于核心素养的认识,只有这样,才能有效完成提升学生发展核心素养的任务,并将其融入小学日常教学之中。①

有研究者将小学科学核心素养分为科学观念与应用、科学思维与创新、科学探究与交流、科学责任与态度,其中,科学责任与态度是最为重要的素养,是科学学科教学的终极目标。科学观念与应用是科学学科的基础素养,科学观念的形成与应用需要科学概念、大概念、核心概念、科学技能等的深度学习。科学思维与创新是21世纪必备技能中的关键能力。科学思维,尤其是批判性思维在工作和学习中十分重要,在问题解决过程中也是必不可少的能力,且"在需要作出决策的社会环境中也很重要"。科学探究与交流在科学学科素养中起到链接作用,科学概念的学习与应用、科学思维的养成、科学责任与态度的培养都离不开科学探究与交流的过程。②

总之,学生核心素养的发展离不开教师的创造性工作,而教学设计则是其中最关键的部分。核心素养从理念走向现实,必然要融入教学系统各要素之中。只有从方法论层面明确通达学生核心素养发展的教学设计之进路,才能为核心素养的落地提供健康土壤。

作为培养小学教师的科学教育专业,有学者结合该专业科学学科的教学内容与学生核心素养的发展需求,构建了科学教育专业学生的科学学科核心素养,如表7.1所示。③

表7.1 科学教育专业的科学核心素养框架

科学学科	学科核心素养
物理学科	物理观念、科学思维、科学探究、科学态度与责任
化学学科	宏观辨识与微观辨识、变化观念与平衡思想、证据推理与模型认知、实验探究与创新意识、科学精神与社会责任
生物学科	生命观念、理性思维、科学探究、社会责任
地理学课	人地协调观、综合思维、区域认知、地理实践力

---

① 孔凡哲.中国学生发展核心素养评价难题的破解对策[J].中小学教师培训,2017(1):1-6.

② 王碧梅.科学学科核心素养结构及指标体系建构:基于15个国家课程标准和38位教师深度访谈内容的编码分析[J].外国教育研究,2021,48(9):43-56.

③ 李娟,何君辉,陈典.面向科学教育专业的科学学科核心素养养成策略分析:基于STEM教育的视域[J].中国教育信息化,2019(22):72-74.

3. STSE 教育理念

STSE 教育是由 STS(Science,Technology,and Society,科学、技术与社会)教育发展而来的。STS 教育起源于二十世纪六七十年代西方发达国家。在 20 世纪 60 年代末 70 年代初,美国科技教育发生危机,而 20 世纪以来随着科技的迅猛变化而产生的环境、社会问题等负面影响巨大,STS 教育是一门旨在研究科学、技术、社会三者相互关系的学术研究领域。①

1962 年,蕾切尔·卡森发表的《寂静的春天》开启了 STS 的研究。1968 年,STS 教育最先始于美国大学教育,许多著名大学先后成立了专门研究 STS 教育的组织,并提出了专门的"科学—技术—社会研究计划"。20 世纪 70 年代末美国大学成立了"STS 研究中心",开设了 70 门 STS 课程。到了 20 世纪 80 年代 STS 教育迅猛发展,经过几十年的实践与发展,美国 STS 教育的对象由大学生发展到中小学生。20 世纪 80 年代末,世界各国逐渐开始把 STS 课程作为一种课程发展的方向。②

STS 教育以问题为中心、以学生为中心进行知识探索,培养个体的科学意识、科学态度及科学精神,它强调教育以人为本,关注情境体验,注重对话交流,是建构主义教学理论在科学教育中的全面映射。有学者认为 STS 教育是科学教育领域中实施的以改进整个社会科学文化为目的的一种文化战略,它将整个人类社会文化环境作为进行科学和技术教与学的背景。③ 2007 年,加拿大安大略省修订的科学课程标准《安大略省 1～8 年级课程科学与技术》强调学生具备科学素养、技术素养和环境素养的重要性,明确提出科学与技术、社会、环境相联系,从而真正实现 STSE 教育。④

STSE 教育提倡从实际问题出发引导学生进行科学探索活动,从而发展多方面能力,增强多方面意识,是一种综合性、实用性较强的科学发展理论。STSE 教育高度重视学生对科学、技术与社会、环境的相互关系的了解,要求学生重视科学、技术在社会生产、生活实际和社会发展中的作用,理解科学与技术的本质,认识科学与技术的功能与价值,突出科学课程学习的综合性,加

---

① 黄晓. 论 STS 教育的特点[J]. 比较教育研究,2002,24(9):30-35.
② 李洪艳. STSE 理念下小学科学教学活动设计与实施研究[D]. 沈阳:沈阳师范大学,2020.
③ 蔡铁权. STS 教育和科学教育改革[J]. 浙江师范大学学报(自然科学版),2002,25(2):109-114.
④ 吴娅妮,李远蓉. STSE 教育视野下中加小学科学课程标准比较及启示[J]. 现代中小学教育,2019,35(3):89-95.

深学生对 STSE 议题的感知与认识,培养学生参与社会公共事务并做出决策的能力和技能。可以说,STSE 教育是当今国际科学教育的重要理念和科学课程的重要目标以及内容组织的重要方式。

STSE 教育的出现使得科学教育摆脱了科学概念和原理的单纯说教,增加了科学技术的应用和对科技的社会理解。与此同时,它从强调学习者的个人经验和文化背景出发,在广阔的社会历史图景中去理解科学技术的存在、发展及其对人类社会以及整个生态环境的影响。STSE 教育理念倡导在真实的情境中展开教学,通过为学生提供具体的社会生活、环境实力,让学生置身于熟悉的社会情境中,在潜移默化中学习并掌握科学知识,激励学生积极参与社会活动,引导学生科学理性地看待问题。同时,在融入基于 STSE 教育理念的教学设计时,注重发展学生的科学判断能力、科学探究能力,开拓学生的创新思维,引导学生关注社会可持续发展,帮助学生形成科学价值观。①

因此,科学教育专业学生作为未来的科学课程教师,应重点培养他们的教学策略,以课堂教学为主渠道,以研究性学习为主要方法,以课外活动为辅,注重理论知识和社会生活,特别关注与人类生存、社会发展密切相关的重大问题,培养学生的科学素养和实践能力,并使学生逐步形成对国家建设和全人类生存发展的使命感和责任感。②

4. STEM 教育理念

STEM 是科学(science)、技术(technology)、工程(engineering)以及数学(mathematics)的缩写合称。随着社会各行各业对人才整体质量要求的不断提高,STEM 教育已经成为全球各地教育专家和学者们关注的热点话题。《2015 年地平线报告》(基础教育版)指出,未来 1～2 年内 STEAM 教育将成为驱动学校教育技术应用的关键因素,并在全球范围兴起与推广。其中的 STEAM 教育即在 STEM 教育中加入"A(art,艺术)"元素,本质上与 STEM 教育相同。作为培养具有全面科学素养和创新探究能力人才的教育新形态,STEM 教育将会是 21 世纪教育事业成功的关键。③

中国目前的 STEM 教育面临着诸多问题和挑战,例如,目前 STEM 教育课程与产品缺少标准和认证,学校不知道该如何选择。因此在标准和评估机

---

① 王琳.STSE 教育理念融入小学科学课的教学模式研究与实践[D].兰州:西北师范大学,2020.

② 谢淑海.试论加拿大的 STSE 教育及其启示[J].世界教育信息,2009,22(2):67-69.

③ 秦瑾若,傅钢善.STEM 教育:基于真实问题情景的跨学科式教育[J].中国电化教育,2017(4):67-74.

制方面,中国的大学没有专门培养STEM教师的专业。教师是按照分学科模式培养的,但是STEM教育更加强调综合性和跨学科性,我们缺少能够把学科整合并进行综合教学的师资。①

STEM教育注重学生学习与实际生活之间的联系,教育要立足生活,从真实生活中的问题出发,强调"做中学""学中做"的教学理念,开展基于真实问题情景下的探索式学习。STEM教育认为知识蕴含在真实的问题情境中,教师为学生创设情景,学生利用多门学科知识积极探索,培养发现、分析和解决问题的能力。真实问题成为贯穿整个学习过程的主线,把核心问题转化为一系列的学习任务,学生通过高投入的实践探索,达到对知识的意义建构和深层次理解。②

小学科学课程具有综合性,强调与并行开设的语文、数学等课程相互渗透,促进学生全面发展。早在1975年美国学者赫德就指出,学科间的交叉渗透及融合使得传统学科概念除作为学校课程分类依据外已不再有意义。STEM整合类型众多,可指向同时包含两个或两个以上STEM学科内容的教学活动,较为常见的有"科数"整合、"科技"整合、"科工"整合,以及以项目为"珠"串起数学、技术、科学与工程设计理念的珠线整合模式。STEM整合教育至少在启动阶段会加重教师工作负担,如无明确需求和期望,难获积极响应。因此,全盘跟进STEM整合不必要,也无可能,必须将各类整合教育代入当前小学科学教育现状,找出最能满足其发展需求的类型。③

在小学阶段,科学与数学的结合比较常见,例如,大象版《科学》四年级下册《蜡烛会熄灭吗》一课,在研究蜡烛燃烧的时间与垫棋子个数的关系时,有些同学通过表格研究二者的关系,有些同学却很会使用列出蜡烛燃烧时间与垫棋子个数的柱状图,直观且形象。实际上,很多小学科学课程都可以与其他学科融合开展跨学科教学,这或许是新背景下提高小学教学质量的一种尝试。

STEM不单是学科层面的问题,而是全新的教育战略。在STEM教育模式中,教师的学习同样重要,不能机械地把不同学科放在一起。要消除STEM教育自身的功利性,引入STEM教育一定要将重点放在对于学科本质

---

① 王素.《2017年中国STEM教育白皮书》解读[J].现代教育,2017(7):4-7.

② 秦瑾若,傅钢善.STEM教育:基于真实问题情景的跨学科式教育[J].中国电化教育,2017(4):67-74.

③ 唐小为,王唯真.整合STEM发展我国基础科学教育的有效路径分析[J].教育研究,2014,35(9):61-68.

的关注中来,让我国的科学教育成为以培养学生能力为目标的教育。①

基于STEM教育跨学科、整合性的显著特征,要求教师继承已有的教学成果和经验,如探究式教学、项目式学习、5E教学模式、多元智能理论等,在此基础上完成创新式的整合,从而开展有效的STEM课堂教学,培养学生的科学素养、数学知识、工程思维和技术能力。这种课程整合不局限于科学、数学、工程和技术,还可包含艺术、历史、人文等不同领域的思维。②

因此,作为小学科学课程教师职前培养的科学教育专业的学生应在学习期间兼修人文、自然以及艺术类课程,并经常反思如何将其应用于小学科学教学实践。这就要求学校必须配备相应的实践教学场地,给予学生STEM实践学习的机会。

5. HPS教育理念

HPS教育理念是将科学史、科学哲学和科学社会学(history, philosophy, and sociology of science)融入科学课程的新型教育理念,其目的在于提高学生对科学本质的认识以及提升其科学思维能力和科学探究能力,最终促进学生学科核心素养的形成。③

HPS教育最早出现在1895年,马赫提到"科学史和科学哲学"这一概念,指出在科学教育中应该对科学历史学和科学哲学加以关注,并探索在理科教学中渗透科学史和科学哲学的方式。《义务教育小学科学课程标准》强调"做中学"和"学中思",这与HPS理念中跨越知识本身,深入探索知识中所蕴含的社会底蕴相契合。④ 二十世纪八九十年代,一些国家科学课程与教学改革里都体现了对HPS教育的关注。

HPS教育理念中的科学教育是将科学看作一种文化,放在历史、哲学、社会学语境中,强调对科学本质的理解。HPS教育理念根植于自然科学,同时又联结哲学、文学、心理学、史学、社会学,甚至是商学等诸多人文学科。以HPS教育理念为导向的科学教育更强调科学对社会、文化以及人类自身的意

---

① 梁芳,罗蕾莉. STEM对我国科学教育专业人才培养的启示[J].大学教育,2016,5(11):50-51.

② 祝智庭,雷云鹤. STEM教育的国策分析与实践模式[J].电化教育研究,2018,39(1):75-85.

③ 冯泽慧. HPS教育理念下高中生物学教学中培养学生科学思维的研究:以人教版《分子与细胞》为例[D].曲阜:曲阜师范大学,2021.

④ 张涵.基于HPS教育理念的小学科学教学案例设计与实施:以"时间测量"为例[D].济南:山东师范大学,2021.

义,具有明显的人文主义倾向,有利于沟通英国学者斯诺提出的"两种文化"。同时,HPS教育的训练不仅使公众掌握了科学知识,同时还培养了公众的科学观念、科学精神、科学价值判断能力甚至是科学的审美能力等等。只有具备了这样的科学素养的公众才有能力参与科学,对有关于社会利益的科学及技术问题作出正确判断。[1]

HPS教育是培养小学生科学素养的重要途径,也是经试验证明的有效途径。在科学课程中融入HPS的相关内容是提高学生科学素养的有效方法。小学科学教育阶段的科学史教育目标主要是使孩子们了解科学研究的艰巨性、积累性,学习科学家勤奋、严谨、追求真理的高尚品质。科学史资料的选择应注意简单、生动、有趣,教学形式可以采取讲故事的形式。科学哲学的意义在于认识科学真理是科学家不断探究的产物,科学应尊重事实等。教学过程中可以将科学哲学寓于科学探究过程之中。科学社会学起源于美国学者卡森于1962年出版的《寂静的春天》一书,科学家们对科学社会学进行了广泛讨论,目的在于呼吁人们高度重视环境保护问题,倡导在教学过程中渗透爱护环境、保护地球的思想意识。总之,HPS以科学史、科学哲学和科学社会学的内容为依托,强调各个学科之间的相互联系和相互渗透。它以建构主义理论为理论基础,以科学探究为方法,通过科学课程中历史案例的学习,重现科学家的研究过程,帮助学生实现概念转变。[2]

6. 探究式教学理念

《义务教育小学科学课程标准》强调探究式教学。探究式学习是在教师的指导、组织和支持下,让学生主动参与、动手动脑、积极体验,经历科学探究的过程,以获取科学知识、领悟科学思想、学习科学方法为目的的学习方式。[3]

探究式教学的目标是通过"探究—创新"式教学,培养创新型人才,主要解决学生创新力的培养问题。[4] 探究式教学具有三大特征,即问题性、过程性和开放性。问题性是探究式教学的关键,能否使学生产生问题意识,提出对学生具有挑战性和吸引力的问题是探究式教学成功与否的关键所在。恰当的问题会激起学生强烈的学习愿望和思考的冲动,能活跃学生的思维,引发

---

[1] 张毅. 中国HPS教育的路径研究[D]. 西安:长安大学,2012.

[2] 邱淑丽. 中美小学科学课程标准中HPS内容的比较研究[D]. 武汉:华中科技大学,2021.

[3] 中华人民共和国教育部. 义务教育小学科学课程标准[M]. 北京:北京师范大学出版社,2017:3.

[4] 唐智松. 探究式教学的基本原则[J]. 中国教育学刊,2001(5):13-16.

学生的求异思维和创造性思维。过程性是探究式教学的重点,探究式教学过程要突出学生主动、生动地学习,突出学生亲自感悟,注意培养学生的多向思维。开放性是探究式教学的难点,探究式教学应综合运用交流合作学习、发现学习、自主学习等学习方式的长处来培养学生良好的学习态度和学习方法,提倡和发展多样化的学习方式,使学习方式的指导从单一转向复杂、综合,这是探究式教学的难点之一。①

这要求小学科学课程教师积极拓展科学学习的内容,为小学生创设科学探究的情景,激发学生探究式学习的热情。良好的探究式教学设计可以起到意想不到的教学效果。知识的学习在信息爆炸时代不是最重要的,而体验学习过程、学习科学的方法成为培养"创新性人才"的重要手段,随之而来的是教育评价的全面改革。"双减"政策之下,探究式学习将是21世纪儿童学习的重要方式。

小学科学教学的课程特点使其更适用于探究式学习。因此,小学科学课程教师应积极开发探究式教学资源,开展探究式教学研究,为真正实现探究式教学做好完善的教学准备。班级人数应控制在25~30人,可以将其分为6~8个组,这样才能使得教师能够关注每一位学生,使得课程真正面向全体学生;3~4人小组分组探究,既可以使学生保持独立思考,又兼顾合作与分享;小班授课更便于开展科学活动,师生之间的互动交流更加频繁,更利于激发学生的好奇心和求知欲。在科学课的实施过程中,教师应作为"引领者",让学生利用教师提供的材料探究科学的奥秘,即学生主动要求解决发现的科学问题,体现学生的主体地位。

三、建立 UGS 联盟,建设网络平台

基础教育的质量取决于教师教育的质量,优质师资的培养始自良好的职前教育,其专业化发展水平直接决定教育质量。职前教育为师范生未来的教师专业发展在知识、情感、意志和能力等方面打下了坚实基础。教师专业发展已经成为教师教育改革的国际趋势。教育实践课程是使师范生将教育理论转化为教育实践智慧的重要途径,有利于教师专业发展。② 我国教师培养

---

① 胡广彤.探究式教学:创新的现代教学方式[J].物理教师,2004(5):1-4.
② 董雅琪. UGS 机制下职前教师教育实践课程的设置与实施[D].漳州:闽南师范大学,2016.

主体之间缺乏沟通与衔接,逐渐形成师资培养的结构性困境。高等院校(university)、地方政府(government)与中小学校(school)(简称"UGS")三方应发挥各自优势,进行深度合作,共同破解教师专业发展理论与实践相脱离的困局,服务于教师职前职后培养培训一体化融合发展,建设UGS三位一体的人才培养模式,实现教师教育的制度创新。①

UGS三位一体的教师教育模式秉持"资源共享、责任共担、各方获益"的发展理念,强调以教师专业发展需求为合作导向,重新分析师范高校、地方政府、中小学校各方的优势,进行整合式的目标定位。UGS的形成旨在促进师范生、中小学教师和高校教师专业发展的学习与发展共同体的形式。UGS模式要想更加深入地开展,有必要引入面向师范生就业的激励机制。高校与地方政府、中小学校之间既可以将UGS平台作为一种实习训练平台,也可以将其视作一种人才引进平台。可以尝试将每年实习表现优异的学生作为定向人才进行引进。高校、地方政府和中小学校组成UGS联盟,是近年来师范类教育实践的机制创新。UGS平台在提升师范类实践教育水平的同时,也可推进地方教育事业的发展。②

对于小学教师的培养,也可建立这样的UGS联盟,不仅仅是用于教育实习的合作,更应该是一种三方合作的长效机制。根据调研,小学科学课堂既需要专门的教学指导,也需要一定的实验操作帮扶,更需要为其提供一些教学仪器,尤其是小学的课外科技活动以及科普活动。这些可以由研究小学科学教育的高校提供相应的资源。而政府可以促进二者建立联系并达成长期有效的合作。这是对三方都极为有利的合作机制。政府可以出面搭建一个合作平台,鉴于目前快速发展的信息化水平,可以先建立一个网络联系平台,将三方的资源进行有效绑定,高校可以输出"人"为小学科学教育提供专门的服务,例如课外科技指导、机器人、航模等活动,帮助小学建立实验室,为小学提供有效教学的教学研究。高校也可以通过小学实现自己的价值,显而易见的"社会服务"可以提高学校知名度,打造学校"明信片"。教研平台的建立为高校的教师提供了研究小学科学教学的平台,彰显了其"引领"作用。另外,小学也为高校师范生提供了教育实习的基地,可以使师范生提前进入"教师"

---

① 郭静."UGS"模式下中小学教师研修发展模式探索[J].教育评论,2020(11):131-135.

② 刘伟,李高林,卞玉洁.UGS背景下师范生教育实践管理研究[J].黑龙江教育(高教研究与评估),2020(3):56-58.

状态,为其就职后的快速成长打下坚实的基础。政府作为推动双方合作的第三方力量,既推动了本地高校的科研进步,又促进了当地科学教育的发展,完成了科普和教育的任务。UGS联盟的形成,是历史发展下的必然选择,是人类智慧的突出体现。教师教育在我国现阶段的诸多问题急需解决,而根据人类的普遍智慧组成的利益共同体,符合历史的发展趋势,兼顾了教师教育培养中各个方面的利益和有利条件,虽然存在一些瑕疵,但是,这可能是解决现今教师教育存在问题的一条途径。[1]

鉴于海南省城乡差距大、兼职科学教师较多的现实情况,给科学教师提供一个可以随时进行学习和查询相关资料的网络平台是提高小学科学教学质量的重要途径。一线科学教师的工作任务比较繁重,在当前信息技术如此发达的时代,UGS联盟可在网络上建立相关平台,由大学教师在线提供一些教育教学的基本资料、科普资料,建立关键词之间的资源链接,为一线科学教师的教学及时提供帮助。从另一方面来说,这也是三者共赢,高校可以从中进行社会服务,谋求自己的社会影响力,同时获得教育教学基地,为师范生的教育实习和教育见习提供基地;小学可以获得需要的资源和相应的指导,并借助高校进行诊断和解决教学一线中的突出问题;政府通过协调高校和小学之间的工作交流,完成自己的政府职能。

事实上,琼台师范学院科学教育专业学生每年都会通过教育实习和教育见习活动协助小学开展一些传播科学知识、科学方法、科学思想、科学精神的科技教育活动,如图7.12,培养学生的自主创新能力和实践能力,提高学生动手、动脑的能力,让学生真正做到学科学、讲科学、用科学。结合学生的实际,因地制宜,制订切实可行的活动计划,扎扎实实地开展多种形式的科技活动,注意引导学生关注生活中的科学、身边的科学,注意寓思想教育于活动之中。2016年,琼台师范学院与海口市琼山五小联合制订活动计划,从实际出发,多形式、多渠道地设计内容丰富多彩的活动,以培养学生科学兴趣和创新实践能力为重点工作和主要目标,向学生弘扬科学精神、普及科学知识、传播科学思想,形成爱科学、讲科学、用科学的浓厚氛围,全面提高学生的科技素养,培养学生的创新精神和实践能力,提高学生的科技制作能力与科技小论文写作能力,如图7.13。

---

[1] 杨德才.UGS模式下教师教育共同体的基础分析[J].现代交际,2019(4):144-145.

图 7.12　进入小学指导科技制作活动

图 7.13　教育实习中指导小学生活动

2021 年 10 月 28 日,海南自贸港首届特级教师大讲坛活动开幕,由省教育研究培训院、省特级教师工作委员会办公室主办,来自全国各地的数十名特级教师、教学名师齐聚椰城,利用这一省内外特级教师展示交流、引领辐射、共同发展的学术平台,共同开阔特级教师的专业视野、增强特级教师的专业魅力、提升特级教师的专业品质,为海南省基础教育优质均衡发展提供更多的专业支持,为全省广大教师提供更多足不出岛与全国名师零距离交流的机会,具体安排如表 7.2。

为了全面贯彻党的教育方针,进一步聚焦学科核心素养、落实学科立德树人根本任务,探索"双减"政策背景下小学科学课堂提质增效之路,充分发挥特级教师在学科建设和课堂教学改革中的引领和辐射作用,在海南省教育研究培训院、海南省特级教师工作委员会办公室的支持下，2021年10月29日海南自由贸易港首届特级教师大讲坛小学科学分论坛活动在海口市第二十六小学顺利开展。

表7.2　海南自由贸易港首届特级教师大讲坛小学科学分论坛活动安排表

时间		专题	专家	课题	主持人
10月29日上午	8:20—8:30	活动致辞	王迎春（三亚市第二小学校长，特级教师）		吴忠喜（海南省教育研究培训院课程部副主任、小学科学教研员）
	8:30—9:10	基于探究的小学科学课	徐杰（江苏省小学科学特级教师，全国知名专家）	3年级"做个平衡鸟"	
	9:20—12:00	科学阅读与素养导向	徐杰（江苏省小学科学特级教师，全国知名专家）		
10月29日下午	2:30—3:10	基于探究的小学科学课	林蓝（三亚市第九小学课程中心主任，海南省小学科学特级教师）	5年级"燃烧"	程睿菁（琼台师范学院小学科学教育专业主任）
	3:20—4:00		曹燕琴（江苏省小学科学特级教师，全国知名专家）	4年级"让瘪乒乓球鼓起来"	
	4:00—5:30	沙龙：区域（学校）推进小学科学课的策略与途径	专家：曹燕琴 林蓝 嘉宾：陈垂海（海口市秀英区教研室副主任，小学科学教研员） 叶华荣（海口市滨海第九小学美丽沙分校教研室主任，省级学科带头人）		
	5:30—6:00	活动小结	吴益平（海南省教育研究培训院学前教育与义务教育教研部主任，特级教师）		

海南省有突出贡献的优秀专家、海南省教育考试命题和评价中心主任、海南省特级教师工作站站长马向阳，海南省小学卓越校长蔡春菊工作室主持人、海口市第二十六小学蔡春菊校长，江苏省名师、科普作家、科学阅读推广人、苏教版小学科学教材组核心成员徐杰，江苏省特级教师、江苏省高层次人才培养对象、无锡市学科带头人曹燕琴，海南省教育研究培训院教育部主任、中学化学特级教师吴益平，三亚市第二小学校长、海南南片区特级教师工作站副站长王迎春，三亚市第九小学课程中心主任、海南省小学科学特级教师林蓝等七位领导和专家出席了这场活动。

10月29日上午,江苏省小学科学特级教师、全国知名专家徐杰展示了第一节示范课"做个平衡鸟"。徐老师的课堂轻松愉快,不仅利用"平衡鸟神奇的表现"激发了孩子学习的热情,还利用"制作小鸟步骤"提升了学生的科学阅读能力。徐老师的教学智慧让听课老师们眼前一亮,原来"科学阅读"方式在课堂中也是一种有效的教学策略和途径。接着,徐老师作了"科学阅读与素养导向"的专题讲座,并提出在科学教学中,阅读也扮演着十分重要的角色,科学老师要充分认识到科学阅读的教育功能,将有效的、系统的科学阅读纳入科学课的教学环节中;优化课堂教学结构,促进学生的科学学习,从而提高学生的科学素养。另外,徐杰老师向我们阐述了"求解性阅读""比较性阅读""质疑性阅读"三种科学阅读方法。最后讲解了在科学课堂中如何利用思维导图进行有效科学阅读。

　　下午海南省小学科学特级教师林蓝和江苏省小学科学特级教师曹燕琴分别以5年级"燃烧"和4年级"让瘪乒乓球鼓起来"做基于探究的小学科学课。林老师通过"观察蜡烛燃烧实验""石灰水浑浊实验"引导学生搜集相关证据,由此判断燃烧是否产生了新的物质。在这一教学过程中培养了学生处理科学信息的能力,建立起对事物的认识要以科学事实为依据的意识。曹老师在探究实验环节中提供给学生部分材料,由此启发学生设计一种或几种实验方案进行探究:空气受热、受冷时体积变化吗?这个活动充分体现了学生探究的自主性,在探究中提升了学生的科学思维素养水平。

四、培养种子教师,辐射科学教育整体

　　海南省科学课程教师多为兼职教师,目前急需一批年富力强的中青年骨干教师来带动整个海南小学科学教育的发展。很多地方以小学教师职称晋升为杠杆,发挥教师专业发展的主动性、自觉性,引导教师提高专业水平和教育教学能力;以学历、学位提升为载体,通过集中培训、在岗研修等方式积累学分,逐步提高教师的综合素质和学历学位水平;以教育科学研究立项为抓手,引导教师积极开展教育教学改革。①

　　在台湾省,教师职后教育主要由师范院校、普通大学的教师培训机构、教师研习中心和教师所在学校等单位共同承担。台湾省每个县市建有至少一所教师研习中心。在教师教育管理上,台湾与大陆不同的是除了教育行政部

---

① 曹长德.论"国培计划"的改进与完善[J].中国高教研究,2013(10):60-62,67.

门负责管理外，还成立了由教育行政部门、师资培育院校、教师等代表和社会公正人士组成的"师资培育委员会"，负责审议与教师教育有关的重要事项。开发名师资源，选拔培养和有效使用"种子教师"是台湾教师教育的一大特色。在台湾省，"种子教师"在县市中小学一线专业能力强和演讲水平高的优秀教师中推荐选拔产生，必须经县市教师研习中心进行教师继续教育技能和专业知识的培训，并接受教师研习中心的业务指导和持续的知识和能力培训。他们的主要任务是发挥校本组织者、指导者和培训者的作用。①

我国香港特区政府课程发展处在2002年推出了一项名为"种子计划"的措施，旨在落实新一轮的课程改革，其构思是邀请学校参与一项校本形式的课程发展工作，参与学校的部分教师脱产到课程发展处工作，参与到这个计划中，但每星期仍需抽一两天回校，将他们设计的课程和教材与校内同事分享，而在设计过程中，课程发展处的官员和来自大学的顾问专家不断地支援和提供意见。②

因此，小学科学课程教师的培训也可以考虑参考"种子教师"培育的思路。"种子教师"由各县市小学推荐一线专业能力强和表达水平高且具有一定科学课程教学经验的小学科学课程教师，政府可成立主管小学科学课程教师继续教育的相关部门，负责对"种子教师"进行专门的教育教学技能和科学专业知识的培训，并对这些小学科学课程教师进行长期的业务指导和持续的知识和能力培训。种子教师成长回到原来学校后，在主管部门和学校的帮助下对原来学校的其他小学科学课程教师进行培训，发挥其组织者、指导者和培训者的作用。

海南省可以参考这样的培养模式，在省内各县市选拔"科学课程种子教师"，签订"科学课程种子教师培养计划"，由当地教育行政部门进行培训和监管，根据当地的情况进行"每周两天指导，再由种子教师回到原学校进行指导培训"，教育部门的这种直接引导和培养也是在帮助一线科学课程教师进行职业生涯规划，会促使小学科学课程教师寻求专业能力和教育教学方面的提升，对小学科学教育质量的提升具有直接作用。

自2009年始，教育部、财政部开始组织实施"国培计划"，即中小学教师国家级培训计划，这是国家深化中小学教师教育的一项示范性举措。③"国培计划""省培计划"等项目培训也是在培育"种子教师"，期望他们回到工作岗位，

---

① 方斐卿. 台湾省中小学教师教育的现状及启示[J]. 基础教育参考, 2007(12): 35-36.
② 林智中. 香港"种子计划"与教师成长[J]. 全球教育展望, 2005, 34(7): 67-71, 80.
③ 况红. 有效实施"国培计划"的实践与思考[J]. 继续教育研究, 2011(11): 113-115.

回到原来的环境中后,能够积极主动地去影响其他人,从而发挥以点带面,辐射学科教育整体的作用。

为了提升海南省小学兼教科学课程教师队伍的水平,应建设一支数量充足、结构合理、素质优良、开拓创新的小学教师队伍,推动海南省农村小学教育整体水平的提高。应使教师在科学素养、科学态度、科学知识、教育理念等方面有较大幅度提高,进而提升小学科学课程教师的整体素质和专业水平,使之能更好地完成科学教学任务。琼台师范学院自2015年开始实施《海南省农村小学教师兼教学科脱产研修项目——小学科学教师培训方案》,2015年兼教科学教师培训项目风采如图7.14所示。培训方案最大的特色是"按需施训、注重实效"。"按需施训"就是根据学员最实际最直接的需求,定制菜单式培训内容,即学员需要什么培训,我们就培训什么;"注重实效"就是根据学员的薄弱之处,结合小学一线的教学案例,实行"理论+实践"的培训模式,力争每位学员学有所获。培训内容体现教学的实用性、前瞻性,注重针对性、实效性,以教育理念的更新、课堂组织能力的提升和教育教学过程中的疑难点、疑惑处的解决为切入点,聚焦课堂,引领教师提升教育教学的实施能力和课程教学的组织能力,提升专业素养,提高业务水平。

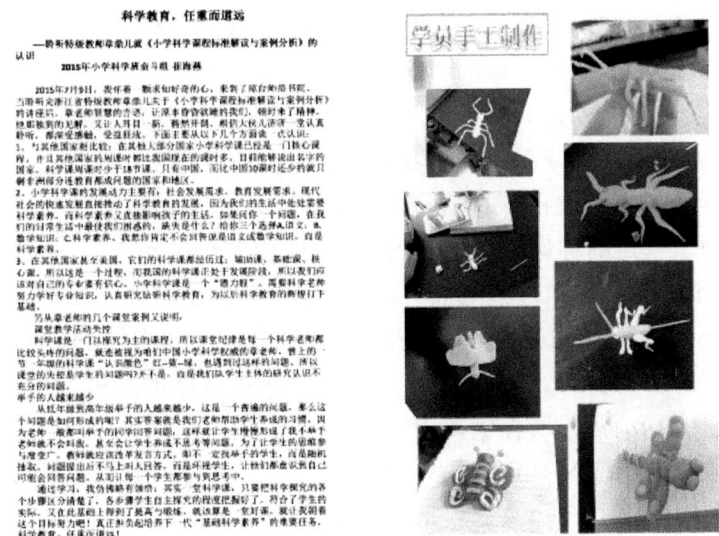

图 7.14　兼教科学教师培训示例

教师培训以"集中面授"为主,多渠道、多层次、多形式地交互进行。坚持理论(引领)和实践(提升)相结合、岗位培训与教学实践相结合、能力素质与服务教学相结合、集中与分组相结合、过程培训与个别指导相结合的原则,采取了专题报告、案例研讨、名师秀课、议课评课、备课研课、比课诊课、反思订正、教研活动观摩、探究、问题情境研究等培训方式。

第一,运用案例教学、专题讲座、参与式培训及项目式学习等多种方法,注重实践、注重参与、注重解决参训教师的实际问题和需求。坚持"问题即课题"的培训原则,以个人研修—问题解决—实践示范—推动提高为培训的基本策略。根据实际需要,采用"专题讲座—课题研究—观摩研讨—典型引路—案例分析—实践提升"等多种培训形式,灵活有效地开展培训。

第二,采用多样的学习方式。从学员的需要出发,开展特色活动:① "四课"活动(即:组内研究课、个人精品课、名师公开课、骨干教师示范课),② 同课异构比课活动,③ 主题沙龙活动等。利用训后网络研修跟踪服务平台,借以推动线上研修和线下研修相结合、虚拟学习与教学实践相结合的混合式学习。充分发挥学员学习的积极性,促进学员自我学习、自我发展、自我规划的主动性,并在合作与探究学习中共同提高、共同发展。

第三,坚持全过程贯穿参与式原则,强调专家和学员、学员与学员之间的对话交流,达到触及情感、引发思考、生成问题、达成共识的效果。

第四,建立相对稳定持久的交流平台,以促进学员的合作研究、成果展示、信息和情感交流及资源共享,达到提高认识、探讨问题、寻找方案、解决问题、共同发展的目的。

第五,参与式体验。参训学员跟随实践导师进行观摩体验,发现问题、学习经验、共同完成课题或者完成学习心得及论文的撰写。

参训学员认为此次授课内容既有理论知识,又有实践操作。通过培训,学员既掌握了一定的理论知识,又获得了具体的实践操作方法。授课内容丰富,讲解详细透彻,学员容易掌握。授课专家既有高校名师,又有海南省一线的名师和教研员。授课理念紧密契合国内小学教育动态,贴合小学教学实际,更新了学员的教育教学观念,促进了学员专业技能的发展。项目管理团队组织严密,服务周到,尽心尽责。

2015年的培训从2015年7月9日持续到8月3日,时间虽然较长,但是内容丰富,信息量大,充分保证了培训质量。兼教科学教师培训项目一直持续到2020年,但是后续的培训时间较短,培训内容的覆盖面较窄,然而参训学员可跟班上课,可以在现场跟着指导教师学习,这对参训学员的成长非常有利。

五、立足海南,开发校本课程资源

(一)校本课程资源开发

校本课程是指以学校教师为主体,在具体实施国家课程标准和地方课程标准的前提下,通过对本校学生的需求进行科学的评估,充分利用当地社区和学校的课程资源,根据学校的办学思想而开发的多样性的、可供学生选择的课程。① 小学科学教学可利用的资源非常广泛,其形式多样,内容丰富。因视角不同,分类的结果会有所不同。校园、家庭、社区、公园、田野、科技馆、博物馆、青少年科普教育实践基地……到处都有科学学习资源,到处都可以作为科学学习的场所。②

校本课程开发过程实质上是一种变革过程,因为课程可以帮助教师在课堂上重建他们的知识观及他们与学生之间的教育关系。课程开发则意味着教师对在课堂上与学生协作阐述知识的方式进行不断的重组,同时对自身的教学进行思考。这样课堂就不仅是课程的实施场所,而且也是进行教育教学实验的实验室。教师也就自然地成为这个实验的主要参与者或者说是主持者。教师参与校本课程开发不仅是为了开发一系列的课程文本,而是更加注重参与过程本身,在课程开发的过程中提升自己的课程与教学等方面的修养。于是在校本课程开发过程中,教师就必须形成这样一种理念,即教师既是课程的实施者,同时又是课程的研究者。③

(二)海南省丰富的小学科学课程资源

1. 热带雨林与课程资源开发

海南省位于热带北缘,拥有约 3.54 万 km^2 的陆地和约 200 万 km^2 的管辖海域,是我国唯一的热带岛屿省份,地处典型的热带海洋性气候地理区域,分布着以热带雨林生态系统为主体的复杂多样的生态系统,并具有独特的海岸带湿地生态系统和海洋生物生态系统。独特的地理位置和地质地貌,使其成为全国乃至全球生物多样性最丰富的地区之一,动植物区系以热带成分为其特点,具有较多的热带特有种类,同时具有国内外罕见的珍稀物种,保护价

---

① 黄英姿.校本课程资源的开发与管理[D].桂林:广西师范大学,2004.

② 中华人民共和国教育部.义务教育小学科学课程标准[M].北京:北京师范大学出版社,2017:62.

③ 傅建明.教师与校本课程开发[J].教育研究,2001,22(7):56-60.

值极高。①

海南热带雨林是一个基因宝库,因其物种的丰富性与大量的特有种,在生物多样性保护中具有极大价值。海南省拥有丰富的生物资源,但是资源受破坏程度也相当严重。在进行物种资源调查时发现,海南受保护动植物濒危状态较为严重,主要原因是森林破碎化,较多的动植物种类种群发育受影响,生存的环境遭到破坏。

热带雨林作为独特的生态系统,具有丰富的多样性物种。根据《义务教育小学科学课程标准》的要求,小学阶段要求说出周围常见植物的名称及其特征,说出生活中常见动物的名称及其特征等。我们可以将这些目标融合到这一生态系统,即在1~2年级认识常见的动物和植物,识别海南特有的生物资源;然后追问为什么这些生物会生活在热带雨林,引起学生对生物与环境关系的思考;接着追问这些生命如何实现生生不息、代代相传,从而激发学生对生命的延续的思考。现在的教材一般都是将每一部分内容零零散散地呈现,使得课程内容较为片面,很多学生不善于总结归纳,最后学生的知识结构依然是零散的。因此,理解儿童、呵护儿童的好奇心和求知欲望是真正贯彻小学科学课程的教育理念。

2. 红树林生态系统

湿地一直被称为"地球之肾",红树林生态系统是典型的湿地,可抵抗潮汐和洪水冲击,保护堤岸,提供木材、食物、药材及化工材料的原料,塑造旅游城市中的自然和人文特色景观等,具有很高的生态、经济、景观价值。中国红树林断续分布于东南沿海热带和亚热带海岸、港湾、河口湾等受掩护水域,红树林天然林分布的北界为福建省福鼎市,南界为海南岛南岸,最新数据显示,我国红树林的总面积约为 270 km²。红树林主要分布在海南北部的海口,东部的文昌,西部的临高、儋州及南部的三亚、陵水。其中,位于东部海岸的东寨港和清澜港红树林保护区是海南最大的红树林分布区。海南省红树林植物种类十分丰富,有红树植物 38 种,其中真红树植物 26 种,半红树植物 12 种,属典型的东方群系。②

红树林植物具有密集的支柱根、特殊的板根和呼吸根。这些根系形态各

---

① 黄金城,苏文学,莫燕妮,等. 海南生物多样性保护现状与对策[J]. 热带林业,2012,40(3):4-7.

② 辛欣,宋希强,雷金睿,等. 海南红树林植物资源现状及其保护策略[J]. 热带生物学报,2016,7(4):477-483.

异,纵横交错,互相绞合,承担着不同的责任。支柱根和板根利于抗风浪而屹立不倒,呼吸根利于通气和贮存空气。这些特殊的根系又能积聚泥沙,抬高滩涂,从而为后代子孙创造宜居的环境。

红树林是母性十足的母亲树,种子成熟后不会马上离开母树,而是在果实中发育、萌芽并长成胚轴,胚轴逐渐伸长悬挂于果实的下端,发育成熟后,才会脱离果实而坠入淤泥,一般12小时内胚轴就会生根,迅速固定并发育成长。而那些坠入海水中的胚轴,会先随海潮漂流,一旦退潮,胚轴就会自然栽插于淤泥中而成长。红树林植物叶片厚、革质化;叶背有短而紧贴的茸毛和储水组织,表面光亮;叶细胞有很高的渗透压和泌盐能力。①

红树植物的典型特征使其适应周期性被海水浸淹的特殊环境。红树林这一特殊的生态系统可以成为小学生的学习资源,借助这一在海南分布广泛的生态系统,描述动植物维系生命需要的空气、水、温度和食物等,找出水、空气、温度等的变化对生物生存的影响。

3. 矿石资源与课程开发

海南省矿产资源总体相对丰富、分布比较集中且矿种较为齐全,矿石共伴生矿种较少,易于开采。海南岛的开采矿种包括金属矿产、非金属矿产、能源矿产等。金属矿产包括有色金属和黑色金属、贵金属和稀有金属、稀土金属以及分散元素等,其中海南岛黑色金属矿种主要包括铁矿、钛矿、锰矿和铬矿。铁矿资源主要分布在昌江黎族自治县,约占海南岛总储量的97%;其次为三亚市。规模比较大的铁矿矿山有石碌铁矿、田独铁矿和红石铁矿。钛矿资源主要分布在万宁市,典型的矿床有万宁市保定钛铁矿砂矿床和万宁市长安钛铁矿床。海南岛的有色金属矿主要包括铝矿、钼矿、铅锌矿、钨矿、锡矿、铜矿、钴矿、镍矿和镁矿。非金属矿种中,建材类矿种主要有花岗岩矿、石灰岩矿、大理岩矿、黏土矿、石英砂矿、高岭土矿和石墨烯矿。化工材料有磷矿、硫矿、重晶石矿和含钾岩石矿。冶金辅助材料有白云岩矿、硅石矿、萤石矿和膨润土矿。特种非金属矿有水晶矿、宝石矿、云母矿。此外还包括沸石、硅藻土和火山灰等矿种。海南岛所有的非金属矿种中石英砂矿储量丰富,石英砂适合作为玻璃原料和建筑材料,目前已探明的石英砂矿为文昌市龙马石英砂矿特大型矿床。文昌市蓬莱镇的宝石矿属于残坡积及冲洪积矿床,也是海南岛重要的非金属矿产资源。除文昌市外,海南省目前并未在其余县市探明有

---

① 吴小霞.生命科学基础[M].南京:南京大学出版社,2021:184.

宝石矿。①

根据课标2017,小学生要知道岩石是由矿物组成的,观察花岗岩、大理岩的标本,认识常见岩石的表面特征,知道矿产是工农业生产的重要资源。在海南本地的矿物资源中,完全可以利用与当地的矿产部门联合建立科普基地的方式实施科普教育。

4. 文昌航天发射场

2016年6月25日,随着中国新一代运载火箭长征七号成功首飞,我国第四个卫星发射中心——文昌航天发射场首次精彩亮相。作为低纬度滨海发射基地,文昌航天发射场不仅可以满足中国航天发展的新需要,还能借助接近赤道的较大线速度及惯性带来的离心现象,使火箭消耗的燃料大大减少,在这里发射的火箭会比在我国其他三个发射中心发射的火箭多获得10%左右的推力。文昌航天发射场还通过海运解决了巨型火箭的运输难题,并提升了残骸坠落的安全性。②

我国航天航空事业处于国际领先的水平,"空间站""太空舱""火箭"等已成为小学生熟知的词汇,小学生通过一些直播也看到了我国航天事业的发展,知道一代代航天人的不懈追求,提升了民族自豪感。可是如何理解这背后蕴含的科学知识、科学原理,如何弄清太阳、地球、月球的相互关系,为什么宇航员能在月球上"飞起来",这些都是小学生希望解决的科学问题,而这些可以在文昌航天城得到解答。

5. 丰富的海洋资源

全球海洋面积约3.62亿km^2,约占地球表面积的71%。海洋具有极为重要的战略地位,20世纪60年代初美国就认识到宇宙开发和海洋开发的重要性,在阿波罗登月计划成功后,参与该计划的1 000多家企业就转向海洋开发。美国政府组织了上千名海洋学家对海洋科学技术的进展、资源的储量与需求情况进行了调查,提出了美国的海洋开发战略。日本20世纪70年代就把海洋科学技术、原子能技术和空间技术列为当代三大尖端技术。海洋之所以受到如此重视,是因为它含有丰富的资源。③

---

① 李鹏伟.海南省矿山开发状况及恢复治理遥感监测[D].北京:中国地质大学(北京),2020.
② 伟大的工程 文昌卫星发射中心[J].第二课堂(C),2020(7):2.
③ 黄巧珠,喻达辉,陈永青.南海海洋农牧化研究的现状与研究设想[J].湛江海洋大学学报,1999,19(2):76-80.

其中最重要的是生物资源。我国南海有大大小小4 000多个岛礁,分属于东沙群岛、中沙群岛、西沙群岛及南沙群岛。这些小岛如珍珠一般镶嵌在广袤的海面上,其上栖息着种类繁多、数量庞大的海鸟,丰富着南海的天空。鸟粪资源不仅可作为天然优质肥料,还可以提炼出具有医学价值的咖啡因。珊瑚礁堆积成的岛礁及其周边宽阔的礁盘,是众多海洋生物的家园。南海的鱼类不仅种类繁多,数量可观,且品质优良,盛产中国其他海区罕见的大洋性鱼类(如金枪鱼、鲨鱼等)。此外,南沙群岛是重点保护动物——海龟的"故乡",而且盛产海参,全世界约40种海参可供食用,而南沙群岛出产20种。[1]

由于人们的过度捕捞等问题,导致海洋的生物资源受到极大破坏。伏季休渔是经国家有关部门批准、由渔业行政主管部门组织实施的保护渔业资源的一种制度。它规定在每年的特定时间、特定水域不得从事捕捞作业。我国自1995年开始,在东海、黄海、渤海海域实行全面伏季休渔制度,1999年起,南海海域也开始实施伏季休渔制度。南海伏季休渔的主要目标是保护幼鱼群体。根据南海水产研究所的调查研究,南海北部全年都有鱼类产卵,产卵高峰期出现在春季(3—5月),7月中至8月初出现一个产卵小高峰期。这说明大多数种类幼鱼的出现和生长期与现行休渔期相吻合。[2]

由于得天独厚的地理位置和气候条件,南海诸岛的各种海洋资源十分丰富。其中备受瞩目的就是其海底的油气资源。南海被称为世界"四大海底储油区之一",南沙群岛大陆架区已发现近百个油气田及200多个含油气构造,油气储量大概在230亿至300亿吨之间,相当于全球储量的12%;我国南海海底有巨大的可燃冰带,能源总量估计相当于中国石油总量的一半。[3]

南海是西太平洋最大的边缘海,面积约350万km^2,蕴含着丰富的资源。南海海底固体矿产资源比较肯定的是海底砂矿资源,南海的砂矿资源极其丰富,尤其是南海南部。[4]

因此,丰富的海洋资源还可以为海南省的小学科学教育提供丰富的素材。尤其是作为南海边长大的海南省小学生应该知道自己的周边蕴含了什么样的资源,以增加小学生的科学知识;也可以从生活入手,让大家讨论如何更好地利用这些资源,同时利用这样的情境展开STSE教育,这又可以使孩子

---

[1] 王亚民,寒丽华.南海瑰宝多采撷[J].大学生,2012(24):22-23.
[2] 八年休渔效果显著[N].中国渔业报,2007-05-14(3).
[3] 同[1].
[4] 吴时国,张汉羽,矫东风,等.南海海底矿物资源开发前景[J].科学技术与工程,2020,20(31):12673-12682.

们产生巨大的使命感和责任感。

(三) 小学科学课程资源开发策略

1. 提高科学教师的课程意识

中共中央、国务院《关于深化教育改革　全面推进素质教育的决定》第二部分第十四条规定"调整和改革课程体系、结构、内容,建立新的基础教育课程体系,试行国家课程、地方课程和学校课程"。这意味着原来属于国家的课程开发的权力部分下放给学校和教师。教师拥有了部分的课程开发的权力,教师也成为课程开发的主体之一。在某种程度上,教师成为课程的生产者和主动的设计者。换言之,教师从单一的教授者,即只负责"怎么教",变成既要决定"怎么教",又要在一定的程度上决定"教什么"。①

因此,教师是小学科学课程资源开发的主要参与者,课程标准需要经过教师的教学实践才能实现。教师先进的课程意识和优秀的专业素质,可以使教育教学实践保持着积极的探索精神和创新色彩。教师的课程意识是指课程问题在教师思想中的一个精神存在,是指教师对国家课程政策和国家课程标准的理解,对学校的教育哲学和办学方向的认同,对课程开发的责任感,对教师职业成就的追求,是教师发现并清晰地认识课程实施中的问题的思想水平。②

教师的课程意识可以通过培训得到提高。通过有效的教师培训,科学课程教师可以提高对课程资源开发的意识,形成正确的课程资源观,认识到进行课程资源开发对科学校本课程实施的重要意义,全面提高自身的科学素养和校本课程资源开发能力。

以课题为支撑,鼓励教师做"科研",也是提高教师课程意识的重要途径。每一位教师在教学实践中都会遇到很多问题,这些问题都是具体而独特的,只有围绕这些问题开展研究,才能切实解决它们。因此,每一位科学课程教师要注意课题的选择应从实际出发、能解决实际问题,每学期还要写相关的论文与案例。在初步尝到成功的喜悦后,教师内心深处的热情被调动起来了,就会逐步形成开发课程与科研的氛围。科研意识的形成,也同样提升了课程开发的质量。③

总之,加强科学教师的职前培养和职后培训,提升教师的专业素养和理

---

① 傅建明.校本课程开发:教师的准备[J].高等师范教育研究,2001,13(5):35-39.
② 刘彩霞.校本课程开发的相关因素分析[J].课程·教材·教法,2006(12):8-12.
③ 牛桂林,朱郁.校本课程开发的策略及实施[J].教育科学研究,2003(6):57-59.

论水平,是课程资源开发和利用的首要任务。

2. 创设良好的课程开发环境

小学科学课程资源的开发与利用需要大量的人力、物力和财力的支持。其中,教育经费是财力支持的重要表现,小学科学课程资源短缺很大程度上是由经费投入不足造成的。学校经费不足是个普遍问题,因为学校的经费主要来源于政府的财政性支出。而学校经费主要是用于维持学校的正常运转,之后可以用来支持课程资源开发和利用的经费几乎所剩无几,这就造成了小学科学课程资源的短缺。没有支持小学科学课程的专项资金,会使小学科学课程资源的开发与利用处于不利的地位。另外,缺乏配套的支持机制也会使得对课程资源的开发与利用无法真正实行起来,如针对课程资源开发与利用的评价机制、激励机制、家校合作机制、学校与社区的合作机制等。因此,政府和各级教育主管部门对课程资源开发与利用的态度、出台的相关政策性文件等会直接影响学校和教师等对课程资源开发与利用的重视程度,即小学科学课程资源的开发与利用需要得到各方面的支持。因此,应完善现有的评价制度,增加对课程资源开发与利用的相关评价指标,要有针对性地对课程资源开发与利用进行评价。[①]

学校和相关部门应为小学科学课程资源开发创设良好的环境,提供教育经费和制度保证,使得科学教师积极主动去开发相关资源,保证《义务教育小学科学课程标准》真正落实。

六、汇聚各方力量,出版琼教版教材

小学科学课程教材包括教科书、学生活动手册、教学用具和教师教学用书等。小学科学课程教材的编写与开发应以《义务教务小学科学课程标准》为依据,全面落实课程标准所提出的课程理念和课程目标,使教材起到支持教师开展教学、促进学生学习的作用。教科书是课程内容的载体,是学生学习所必需的材料和工具,对学生的科学学习起着指引作用。教科书也是开展教学活动的基本依据,是师生在课堂上开展对话和互动的平台。因此,教科书的编写应以学生的学习为指向,从内容的选择和编排到呈现方式上,要力

---

① 赵艳丽. 小学科学课课程资源开发与利用中存在的问题及对策探究[D]. 长春:东北师范大学,2010.

求体现以学生为本,而不是单纯呈现课程内容。①

2017年由教育部中小学教材审定委员会审定通过了8套小学科学教材,它们分别是教育科学出版社《科学》(简称"教科版《科学》")、江苏教育出版社《科学》(简称"苏教版《科学》")、人民教育出版社和湖北教育出版社《科学》(简称"人教版及鄂教版《科学》")、河北人民出版社《科学》(简称"冀人版《科学》")、青岛出版社《科学》(简称"青岛版《科学》")、广东教育出版社和广东科技出版社《科学》(简称"粤教版《科学》")、湖南科学技术出版社《科学》(简称"湘科版《科学》")、大象出版社《科学》(简称"大象版《科学》")。②

按照《义务教务小学科学课程标准》要求,教科书内容的选择应该体现课程目标的要求,体现学生科学素养的培养,体现科学知识、科学探究和科学态度的统一。教科书应精选科学探究主题,引导学生通过科学探究活动学习科学知识。所选择的探究主题应对应标准中的主要概念,要紧密联系小学生的生活经验,让学生能在实际生活中加以应用。③ 海南省目前正处于小学科学教育的起步阶段,"用教材教"依然是目前大部分科学课程教师上课的重要依据,尤其是庞大的兼职教师队伍,因此可以依据海南省当地的资源开发一套适合海南省一线教学的科学课程教材或教学参考资料。

在中央的大力支持和省委的正确领导下,海南省人才工作强有力地推进,通过顶层设计,不断推进人才工作科学化发展。2018年,制定出台《百万人才进海南行动计划(2018—2025年)》(简称《行动计划》);2019年,积极争取、密切配合中组部等7个部门研究出台《关于支持海南开展人才发展体制机制创新的实施方案》(简称《实施方案》);2020年,深入贯彻落实《实施方案》和《行动计划》,聚焦建设需要,研究制定海南中长期人才发展规划;2021年,贯彻落实《实施方案》和《行动计划》的成熟做法和经验,并固化于制,在《海南自由贸易港法》之下,研究制定与其相配套的人才发展促进条例。④

这意味着海南省未来将会有大量的各行各业的高层次人才可用,这些高层次人才都是各行各业的精英。海南省主管科学教育的部门可以联合科学教育方面的高层次人才、一线的小学科学课程教师等组成琼教版教材开发

---

① 中华人民共和国教育部. 义务教育小学科学课程标准[M]. 北京:北京师范大学出版社,2017:70-71.

② 林长春,彭蜀晋. 小学科学课程与教学[M]. 重庆:西南师范大学出版社,2019:37.

③ 同①71.

④ 海南省委人才发展局. 奋力扛起海南自贸区(港)建设的人才事业担当[J]. 今日海南,2019(11):52-54.

组,研究小学科学课程标准在海南省的落地实情,依托海南独特的地理环境、自然资源和人文环境,编制一套适合海南省小学生使用的琼教版教材。这既是服务于海南省的基础科学教育,也是打造海南自由贸易港的"教育名片"。

海南自由贸易港的发展需要人才,没有相应的人才供给与科学使用就没有海南自贸港建设的进步与成功。发达国家与地区几乎无一例外注重教育,有了优质的教育资源,海南将不仅拥有引进更多其他产业人才的基础配套,更能够源源不断地自己生产人才、培养人才。①

因此,融合各方力量,开发琼教版科学教材可成为海南自由贸易港建设的教育成果。海南省小学生在自己熟悉的环境中学习科学知识、增强科学探究的能力,也可以增强作为"自贸港建设者"的使命感和责任感。海南自贸港建设是海南省小学科学教育发展的契机,"天时地利人和",只要抓住相应的"人",海南省的小学科学课程教育必将迎来飞跃式发展。

---

① 王毅武.海南自贸港建设与人才使用的几点思考[J].新东方,2020(1):1-5.

第八章 小学 STSE 主题教育课程案例

一、红树林生态系统系列主题教育

(一) 课程内容介绍

首先通过参观学校附近的红树林湿地公园,给学生创造一个问题情境,即红树林的植物是绿色的、为什么叫作红树林,引导学生去进一步探究红树林的奥秘。随后让学生按照每组 4~6 人进行分组,并分别根据自己的研究主题去开展调查研究。通过对这些课程的学习,学生可以学到许多科学知识,了解生物之间的相互关系,培养科学判断能力、科学探究能力,开拓创新思维,感受生命世界的神奇,形成科学价值观。课程具体内容如表 8.1 所示。

表 8.1 课程内容

系列主题名称	主题内容
认识红树林中常见的植物和动物	认识红树林,知道红树林名称的由来;认识红树林中常见的动植物种类;学会观察和记录
红树林植物的特征	知道"红树植物"的特征;通过观察和记录进行初步的概括
红树林的分布特点	知道我国红树林分布的特点;知道红树林生长的特殊环境要求;善于观察、分析、总结并归纳
红树林生态系统的组成	知道生态系统的复杂结构;了解红树林生态系统内部的相互关系;具有提出问题、分析问题的能力
红树林生态系统的价值及保护措施	知道红树林的价值;通过研究报告等形式对红树林生态系统的价值进行调研,并形成小论文,同时提出相应的保护措施

（二）课程目标

科学知识目标：知道"红树"的由来；认识海南省红树林中常见的植物；认识海南省红树林中常见的动物；知道"红树植物"的特征；知道生态系统的复杂结构；了解红树林生态系统内部的相互关系；知道红树林生长的特殊环境要求；知道红树林的价值；通过研究报告等形式对红树林生态系统的价值进行调研，并形成小论文，同时提出相应的保护措施。

科学探究目标：学会观察和记录；通过观察和记录进行初步的概括；具有提出问题、分析问题的能力；善于观察、分析、总结并归纳；学会书写调研报告，学会书写科技小论文。

科学态度目标：能够在活动中主动与他人合作，保持对自然的好奇心和求知欲；积极参与交流和讨论，实事求是，乐于分享。

科学、技术、社会与环境目标：感受"金山银山不如绿水青山"的生态环境，感受人与自然的和谐，感受大自然的神奇，热爱生命。

（三）课程组织设计

1. 系列课题：认识红树林中常见的植物和动物

适合学段：1～2年级

(1) 教师设计问题情境：我们海南省位于祖国的最南端，这里的风景与其他地方不同，今天我们大家一起来看看美丽的东寨港自然保护区（播放视频），感受这里与众不同的魅力。

设计意图：让学生处于一个真实的情境，并认真观察，发现这里与其他地方的不同之处，提高他们发现问题的能力。

(2) 学生发现问题：置身于东寨港红树林自然保护区这样的情境中很容易发现问题，学生经过分析讨论提出一些自己的发现，然后填写表8.2。

表8.2 我们发现的问题表

我们发现的问题	答案
红树林植物为什么是绿色而不是红色的呢？	
红树林植物泡在水中怎么活下来的呢？	
红树林植物长得不一样？	
红树林植物的根很粗壮，为什么？	
红树林中有什么动物？	
红树林有什么作用？	
我们要怎样保护红树林呢？	

此时要给予学生足够的思考时间,不要限制学生思考问题的角度和范围,让学生自己去观察、去发现红树林里存在的问题,弄清自己想要解决的问题。在学生讨论的时候,教师要引导学生明确解决在观看东寨港红树林自然保护区视频时需要解决的几个问题:红树林为什么不是红色的→红树林植物的特征是什么→红树林特殊的生长要求是什么→红树林生态系统的组成是什么→红树林的价值和保护措施有哪些。我们需要让学生理解这个系列课程每一次的任务主题,让学生根据对身边植物的观察与红树林植物的情境产生认知冲突,确定研究的主题为"认识红树林中常见的动物和植物"。

设计意图:让学生学会从不同角度看待和分解问题,学会思考问题。

(3) 再次观看视频,记录看到的植物和动物种类,并填写表8.3。这里主要是让学生学会观察和简单的记录。

表 8.3 我看到的动植物

我看到的动物有(　　)种	我看到的植物有(　　)种
斐豹蛱蝶 招潮蟹	红海榄 角果木

设计意图:通过视频让学生学会信息的收集和处理,学会观察和记录。

(4) 实地考察红树林方案的制定:红树林中的植物是绿色的,为什么却称其为红树林,教师帮助学生整理资料,如图8.1所示。红树林里有哪些常见的植物和动物呢?在教师的指导下设计探究方案。你想认识红树林中的动植物吗?我们在视频中见到的动植物与现实中看到的一样吗?如果大家来到红树林,我们能认识这些动植物吗?进行小组讨论,设计可行的方案,教师给出相应的指导,如表8.4所示。

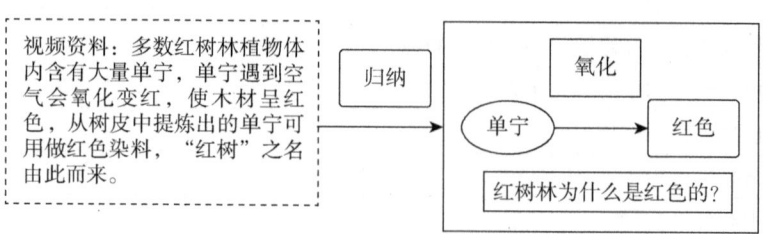

图 8.1　归纳资料:红树林为什么是红色的

表 8.4　认识红树林中的动植物方案

小组分工:动物观察　A 观察　　B 测量　　C 画图/记录 　　　　　植物观察　D 观察　　E 测量　　F 画图/记录
准备工具:尺子、记录单、白纸、铅笔、橡皮等
预计观察:(　)种动物(　)种植物
实际观察:(　)种动物(　)种植物
画图/描述记录:

设计意图:考查学生的思考和分工合作能力。可以请小组的同学展示自己的方案,讨论方案的可行性。

(5) 实地考察学校附近的红树林:教师带领学生去学校附近的红树林认识常见的红树林中的动植物种类(强调过程中的安全问题),感受自然界的美丽。

设计意图:引导学生去细心观察并记录看到的红树林中的动植物种类,初步学会科学探究的过程,学会分工合作,学会分享学习的成果,感受人与自然的和谐,爱护环境,爱护我们的地球。

(6) 展示记录单结果:在教师指导下完成对记录单结果的阐述,注意学生的科学语言,鼓励学生表现自己。

设计意图:培养学生的社交能力和学会初步使用科学语言表达研究成果的能力。

2. 系列课题:红树林植物的特征

适合学段:2～3年级

(1) 教师利用上次的绘画记录导入新的主题:上次我们认识了红树林里面的动植物,今天一起来观察一下大家画下来的红树林植物。

设计意图:承上启下,既复习上次的学习内容,同时又开启本次的学习主题,让学生认真去观察,发现红树林植物的不同之处,激发学生发现问题的能力。

(2) 学生发现问题:通过与身边植物的简单比较,学生分析讨论后提出一些自己的发现,然后填写表 8.5。

表 8.5 我们的发现表(红树林植物的特征)

红树林植物的特征
红树林植物的根很粗壮
红树林植物的叶子很厚
红树林植物的叶片上有毛
红树林植物上面好像有小植株
……

设计意图:让学生学会从不同角度观察事物,学会思考问题。

(3)观看微视频,讲解红树林植物的典型特征,同时提出问题:"红树林植物为什么会长出这样的结构",引发学生对结构与功能的思考,引导学生理解生物与环境的关系。然后小组讨论,并给足时间,指导学生填写记录单,如表 8.6 所示。

表 8.6 解释红树林植物结构的记录单

植物的特征	你认为的原因 (说明为什么)	搜集资料得出 的原因	你的结论
红树林植物的根很粗壮			
红树林植物的叶子很厚			
红树林植物上面好像有小植株			

设计意图:让学生学会联系事物之间的关系,学会思考问题,同时让学生学会搜集资料,学会观察和归纳。

(4)展示小组讨论结果:由小组成员(或小组长)向大家展示小组的讨论结果,并解释小组对每个问题的思考,以及最终得到的结论。红树林植物的结构是适应红树林的生存环境的结果。

设计意图:鼓励学生表达自己的想法,分享自己的观点;鼓励学生认真倾听,接受别人的意见;鼓励学生进行争辩,进行有理有据的思想碰撞。

(5)实地考察学校附近的红树林(或观看视频):教师带领学生去学校附近的红树林(强调过程中的安全问题),真实感受红树林植物对生存环境的要求。

设计意图:引导学生体验红树林植物的生存环境,感受人与自然之间的和谐共生,目的是要爱护环境,爱护我们的地球。

(6) 展示记录单最后的结果:用科学语言描述最终的观察结果。

设计意图:培养学生用科学语言进行表达的能力,锻炼学生的思维能力。

3. 系列课题:红树林的分布特点

适合学段:3～4 年级

(1) 播放视频,真实感受红树林的生存环境:上次我们认识了红树林里面的动植物,知道了红树林植物的结构特征,下面来观察一下红树林植物的分布特点。

设计意图:开门见山提出问题,激发学生的学习兴趣。

(2) 学生发现问题:根据视频,学生经过分析讨论提出一些自己的发现,然后填表 8.7。

表 8.7 我们的发现表(红树林的分布特征)

红树林的分布特征
红树林分布在海浪小的海岸
红树林分布的海岸土壤营养丰富
红树林分布的地区常年温度较高
红树林生长的地区经常被海水浸淹
……

设计意图:让学生学会从多个角度观察事物,学会理解和思考问题。

(3) 小组讨论红树林分布的海岸为什么需要具备这种特征。给学生足够的时间思考和讨论,指导学生学会解释,并认真填写记录单,如表 8.8 所示。

表 8.8 解释红树林所分布海岸的记录单

红树林所分布海岸的特征	你认为的原因(说明为什么)	搜集资料得出的原因	你的结论
隐蔽的平缓海岸,风浪小、弧形而弯曲的港湾和岛屿众多的海港			
富含有机质、极度缺氧			
热带气候适合红树林植物生长,年均最低温度一般大于 20℃			
周期性被海水淹没			

设计意图:让学生学会联系事物之间的关系思考问题,同时让学生学会

搜集资料,学会观察和归纳。

(4)展示小组讨论结果:由小组成员(或小组长)向大家展示小组的讨论结果,并解释小组对每个问题的思考,以及最终得到的结论。经过小组的讨论总结得出从南向北红树林植物种类逐渐减少,尤其高大乔木到北部几近绝迹;林分高度也是由南向北退降。

设计意图:鼓励学生表达自己的想法,分享自己的观点;鼓励学生认真倾听,接受别人的意见;鼓励学生进行争辩,进行有理有据的思想碰撞。

(5)再次实地考察学校附近的红树林(或观看视频):教师带领学生去学校附近的红树林(强调过程中的安全),真实感受红树林植物对生存环境的要求和我国红树林的分布特点。

设计意图:学会解释事物之间的相互关系,锻炼学生的思考力。

(6)记录单结果展示:用科学语言展示最后的记录单等。

设计意图:搭建学生展示的平台,给学生展示自己的机会,锻炼学生的语言表达能力。

4.系列课题:红树林生态系统的组成

适合学段:4~5年级

(1)播放红树林的视频,重置红树林情境:让学生再次进入红树林的情境,认识红树林中的动植物,知道红树林的分布环境,体会红树林生态系统的组成。

设计意图:再次进入红树林的情境之中,让学生认真去观察和体验生态系统的组成。

(2)记录观察结果:通过观察,快速记录红树林的组成,然后填写表8.9。

表8.9 我们的发现表(红树林生态系统的组成)

红树林生态系统的组成
红树林中有角果木、红海榄等植物
红树林中有招潮蟹、弹涂鱼等动物
红树林中有大耳螺、黑口滨螺等动物
红树林中有马缨丹、薇甘菊等外来生物
……

设计意图:让学生学会快速记录。

(3)分类:通过观察和思考,学生分析讨论后提出红树林生态系统的基本组成部分,然后填写表8.10。

表 8.10 我们的分类表

共同之处:	植物的共同之处:	红海榄、角果木、红榄李、海杧果、马缨丹等
	动物的共同之处:	弹涂鱼、招潮蟹、竹叶青等
	微生物的共同之处:	放线菌、细菌
环境	环境	水、空气、土壤、阳光

结论:_____

设计意图:让学生学会分类,知道生产者、消费者、分解者之间的关系。

(4)展示小组讨论结果:由小组成员(或小组长)向大家展示小组的讨论结果。经过小组讨论,认识到红树林生态系统湿地包含三大生物功能类群,即生产者、消费者和分解者,并指出其在生态系统中的主要作用。

设计意图:鼓励学生表达自己的想法,分享自己的观点;鼓励学生认真倾听,接受别人的意见;鼓励学生进行争辩,进行有理有据的思想碰撞。

(5)再次实地考察学校附近的红树林(或观看视频):教师带领学生去学校附近的红树林(强调过程中的安全问题),真实感受红树林生态系统的各个组成部分,感受自然界的神奇。

设计意图:引导学生体验红树林生态环境,感受生物对环境的适应和自然创造的生命差异,引导学生热爱生命、敬畏生命、爱护环境、爱护我们的地球。

(6)展示最后的观察记录表、分类表等:各小组派出学生进行最后结论的展示,对本次活动进行总结。

设计意图:了解学生的实施情况,给学生展示自己的机会,让学生对自己充满信心。

5. 系列课题:红树林生态系统的价值及保护措施

适合学段:5~6年级

(1)分小组讨论,确定研究方案:知道红树林生态系统的组成。作为湿地的一种,红树林生态系统在地球家园中具有什么重要的作用?给予小组讨论时间,小组确定好自己的研究方案,具体如表8.11所示。

表8.11 我们的研究方案

题目:
人员安排:A　　B　　C　　D
准备材料:手机/相机、记录单、笔等
调研步骤:第一,在网络上搜索红树林的价值信息,做好记录。 　　　　第二,去东寨港红树林自然保护区调查此处红树林的价值,了解红树林的现状及红树林自然保护区的保护措施。 　　　　第三,书写调研报告,制作PPT汇报稿。 　　　　第四,组内讨论,确定最终版本
调研结果:形成调研报告

设计意图:引导学生自己制订方案,激发学生的学习兴趣。

(2)网络搜索整理红树林价值的相关资料,制定记录单:学生自己上网查询相关资料,然后制作记录单表格,如表8.12所示。

表8.12 红树林的价值记录单

红树林的价值	网络查询资料的发现	实地调研的发现	你的结论
生物的理想家园			
天然的防护林带			
净化海水			
促淤造陆			
科研、教育、生态旅游			

设计意图:让学生学会自己查找资料,学会在现实中查找答案,通过记录单的整理明确自己的结论,即红树林具有重要的价值。

(3)小组讨论调研红树林的现状。给学生足够的时间思考和讨论,使学生学会解释,认真填写记录单,如表8.13所示。

表8.13 红树林的现状记录单

红树林的现状	网络查询资料的发现	实地调研的发现	你的建议
面积			
植物			
动物			
外来物种			
……			

设计意图:让学生通过查询资料,学会思考问题,同时让学生分析问题,并根据自己的理解提出相应的措施。

(4)实施网络查询和实地调研:根据小组的安排,先网上查询相关资料,并填写记录表;然后再去实地考察红树林的价值与现状,并填写记录表。

设计意图:鼓励学生自己搜寻资料,小组合作完成计划,小组成员间要分工合作。

(5)书写调研报告:根据记录单,小组成员分析并总结收集的资料,最后给出相应的建议或提出保护对策。

设计意图:引导学生通过查阅资料了解红树林的前世今生,知道人类活动对自然造成的严重影响,深刻体会科学、技术、社会与环境之间的关系,增强学生热爱自然、珍爱生命、保护环境的意识和社会责任感。

(6)展示调研结果:由小组成员(或小组长)向大家展示小组最后的调研结果,以PPT形式进行汇报,并将调研报告在全校范围内展示。

设计意图:鼓励学生表达自己的想法和观点;通过书写调研报告增强学生的写作能力;增强学生热爱自然、珍爱生命、保护环境的意识和社会责任感。

(四)教学评价

课程的教学评价采取过程性评价和终结性评价。过程性评价中,教师评价的重点是学生对活动是否有兴趣、思考过程是否合理;学生自评和互评的重点是方法是否合理、目标是否清晰,是否达到预期的学习目标等,学生自评如表8.14所示。终结性评价的方式也有多样性,如观察记录、科学报告以及成果汇报等。

表8.14 学生自评表

我的学习收获	
我对红树林最初的认识是怎样的	
经过调研,我又发现了红树林的什么问题	
我学会了哪些解决问题的方法	
我是怎样解决这些问题的	
我觉得自己最大的收获是什么	

二、田园课程主题教育

（一）课程内容介绍

田园课程是将田园搬进校园，即在校园内划出一片地，由学生和教师进行计划，最终确定种植活动。可以记录植物的生长过程；可以测量土地的长与宽，从而计算种植地的面积；可以根据对田园景象的观察，描述生机勃勃的田园画面；也可以根据种植活动来讲述本地的民风民俗。

（二）课程目标

科学知识目标：知道海南当地的农作物、果树、蔬菜等，知道海南当地的节气活动以及民风民俗等文化内涵。

科学探究目标：初步学会科学探究方法，初步了解分析、综合、比较等思维方法，发展学习能力、思维能力、实践能力、创新能力，以及运用科学语言与他人进行交流和沟通的能力。

科学态度目标：保持对自然事物的好奇心和探究热情，乐于观察，能够在活动中主动与他人合作，积极参与交流和讨论，乐于分享，实事求是，大胆质疑，尊重他人的情感和态度。

科学、技术、社会与环境目标：了解人类活动对田园的影响，亲近自然，热爱自然，具有保护环境的意识和社会责任感。

（三）课程组织设计

（1）田园种植方案设计：学校给我们一块种植园，同学们希望在这里种植什么？我们今天来规划一下，看看谁的方案是大家都愿意接受的。请同学们按照小组进行讨论划分，并完成表 8.15。需要指出的是，每个图形的面积是确定的，设计者需要了解整个种植园的总面积。

表 8.15　田园种植设计方案

设计者：
设计思路：(可以以画图的形式完成)

设计意图:让学生自己创造一种愉悦的氛围,激发学生种植的兴趣,培养其责任感和主人翁意识。

(2)学生积极参与讨论,确定最终方案:每位学生阐述自己设计的方案,经过积极的讨论,最后可以投票选出认可率最高的方案,并由各小组自己选择需要完成的图形。

设计意图:让学生营造一种民主氛围,激发学生的学习热情,培养学生的责任感和使命感。

(3)完成丈量和做畦:每个小组分别利用课外时间去丈量土地,然后整地、做畦,完成表8.15中的设计方案。在此过程中需要卷尺、镬头等工具,同学之间需要相互帮助,团结协作。

设计意图:融合多学科知识,培养学生的劳动意识,促进学生的分工与合作意识。

(4)搜寻资料,准备种植活动:每个小组按照当地种植的植物种类,选择自己小组的种植植物,例如蒜苗、韭菜、芹菜、小葱、生菜等。确定植物种类后,各小组需要查询相关资料,保证所种植物的正常生长,并做好记录(见表8.16)。

表 8.16 生长记录表

项目	查询资料(或请教家长/老师)	执行情况
选择种子	种子选择:	
种植情况	播种方式:	
浇水	次/天	
生长状况	发芽: 长大: 开花:	
收获情况		

设计意图:学会查询资料,学会请教别人,大胆质疑,学会观察和记录,学会用科学语言描述观察到的现象。

(5)实施种植并填写成长记录:植物每一阶段的成长都有明显的变化,注意让学生填写表8.16。通过作文课等让学生去感受生命的美丽,感受成长的变化,同时感受劳动带来的快乐以及对生活的热爱。海南岛是热带海岛,这里生活着黎族、苗族等少数民族。农历三月三是黎族的传统节日,黎族人民都要举行隆重的庆祝活动。嬉水节是保亭黎族、苗族一年一度盛大的民间传统节日。海南岛临高、昌江、三亚、东方、琼海等市县渔村也拥有独特的海洋生活习俗、生产习俗。我们在种植活动中,可以根据海南当地的特色节日,增加反映当地文化的课程,让学生深切感受家乡的风情。

设计意图:培养学生注意观察身边自然现象的意识,培养学生热爱劳动的意识,培养学生感受生活的意识,培养学生爱家乡、爱祖国的意识。

(6)做一道简单的菜:在蔬菜成熟的时候,可以邀请家长一起参加"亲子菜"活动,让家长和孩子一起品尝劳动成果,让孩子们汇报自己的种菜过程,体验生活的不易和劳动的快乐。

设计意图:培养学生的实践能力,通过劳动拉近孩子和父母、亲人之间的距离,让孩子们感受"一粥一饭来之不易",学会尊重他人、尊重劳动。

(四)教学评价

课程的教学评价以过程性评价为主,学生每一阶段的努力都应得到教师的认可,同时将教师评价、学生自我评价和互相评价贯穿在整个评价过程中。教师可从方案设计的能力,是否能与他人合作、交流、讨论等方面进行评价。终结性评价可以最后的收获、学生的作文等形式作为评价对象。总之,评价方式应多样化。

三、垃圾分类主题教育

(一)课程内容介绍

21世纪的中国,垃圾分类已成为社会的一种新时尚。垃圾已成为影响地球环境的一种重要污染物。垃圾处理是21世纪必须正确面对的事,垃圾分类是从源头进行控制,是控制垃圾污染的重要途径。按照中国的垃圾分类标准,垃圾分为可回收物、厨余垃圾、有害垃圾和其他垃圾。小学生应学会按照中国标准进行垃圾分类,学会从你我做起,减少垃圾排放,学会尊重社会每一位劳动者,学会与人相处、尊重他人,学会爱护环境、保护我们的地球家园。

(二)课程目标

科学知识目标:知道垃圾分类的概念,知道可回收垃圾、厨余垃圾、有害垃圾和其他垃圾的定义,知道垃圾分类的意义。

科学探究目标:初步学会垃圾分类。初步学会我国生活垃圾分类的原理,培养运用科学语言与他人进行交流和沟通的能力。

科学态度目标:保持对未知世界的好奇心和探究热情,乐于观察,能够在活动中主动与他人合作,积极参与交流和讨论,乐于分享,实事求是,大胆质疑,尊重他人的情感和态度。

科学、技术、社会与环境目标:了解人类活动对自然界的影响,亲近自然,热爱生活,具有保护环境的意识和社会责任感。

(三)课程组织设计

(1)设置情境,提出问题:春节期间,各行各业的人都放假回家了,可是与春节快乐气氛不一样的是,我们居住的小区里面垃圾遍地,臭气熏天,你知道是怎么回事吗?

设计意图:让学生从教师设置的情境中直接思考问题,激发学生对垃圾处理的兴趣。

(2)根据问题,进行调查:学生到小区物业进行调查,了解春节期间小区环境变差的原因,了解保洁人员的工作内容以及小区垃圾处理的时段,并填写表8.17。

表8.17 小区卫生值日调查表

日期	楼道/签字	电梯/签字	楼层/签字	小区绿化带/签字	小区垃圾运输/签字
月 日					
月 日					
月 日					
月 日					
月 日					

设计意图:让学生通过小区保洁人员值日情况了解小区环境的质量问题,激发学生对垃圾处理的兴趣,同时对保洁人员的工作表示尊重,了解保洁工作的重要性,知道垃圾分类和垃圾处理的重要性。

(3)讲解垃圾分类知识。按照中国生活垃圾分类的标准,讲解可回收垃圾、厨余垃圾、有害垃圾和其他垃圾的定义和种类,如表8.18所示。知道垃圾分类后,可最大限度地减少垃圾、综合利用垃圾;全社会力量共同参与垃圾分类,我们的美丽中国梦就会实现。"爱护环境,人人有责。"

表8.18 垃圾分类讲解表

项目	可回收垃圾	厨余垃圾	有害垃圾	其他垃圾
定义				
主要种类				
常见物标志				
误区解读				

设计意图:做系统的知识梳理,借助 PPT 进行讲解,力求实用性和趣味性结合,简洁明了。同时提醒学生,他们是垃圾分类工作的倡导者,只有自己弄清楚才能向家人等讲解垃圾分类知识,增强学生的责任感和使命感。

(4)动手进行垃圾分类实践:教师可以指导学生将带来的垃圾按照分类标准进行分类,在此过程中,小组成员间可以进行合作,以提高垃圾分类的效率和准确率,教师协助指导。

设计意图:培养学生的实践能力、小组成员之间的团结协作能力以及知识运用能力。通过这一活动,让学生感受到垃圾分类的意义,意识到很多资源是可以重复利用的,意识到通过垃圾分类,我们周围的环境会变得更加美丽。

(5)各小组设计垃圾分类宣传方案:经过动手操作后,学生对垃圾分类的理解会更加深刻。"爱护环境,人人有责",我们如何把这份责任承担下来呢?各小组可以自行讨论制订一个可行的宣传方案,如表 8.19 所示。各小组积极讨论方案的可行性,尤其是实施过程中可能遇见的问题以及要寻求的帮助。

表 8.19 垃圾分类宣传方案

小组:
方法:制作海报、小区演讲、现场指导等
材料用具:画笔、A3 纸、手套、环保袋等
具体步骤: 1. A 同学擅长绘画、B 同学擅长写作,两人制作宣传海报,力求简洁明了,尤其是能使老人一目了然,在×月×日之前完成,C 同学负责将海报贴在小区门口; 2. D 同学负责与小区物业联系,确定小组同学在×月×日(周六)上午 8:30 于小区门口集合,由 E 同学向小区业主讲解垃圾分类知识,其他同学负责现场指导扔垃圾的业主进行垃圾分类,并宣传爱护小区环境人人有责; 3. 上午 10:30 结束活动,小组同学进行活动总结
可行性分析:
活动成果:
需要寻求的帮助:

设计意图:让学生保持对未知世界的好奇心和探究热情,善于观察,能够在活动中主动与他人合作,积极参与交流和讨论,乐于分享,大胆质疑。

(6)各小组执行宣传方案:经过各小组周密的设计,可以请一名家长跟随拍照,做一些协助工作,以保障小组活动顺利进行。

设计意图:完美的方案实施过程,可增强学生参与社会服务的意识,提高学生与人交往的能力、共情能力以及沟通能力等,同时也可培养小组成员的团结合作能力,是学生综合能力提升的重要途径。

(7) 汇报执行方案的成果:可以做成 PPT 向全班同学展示,也可以做成美篇或者是活动报告,这是小组集体智慧和集体劳动的成果,且在学校附近具有一定的社会影响力。

设计意图:这是对学生此次活动的重要评价,是对学生各项能力的认可,也是学生对自身各项能力的一种自我认知,尤其是增强学生参与社会服务的意识;通过垃圾分类的宣传活动增强学生"爱护环境,人人有责"的责任感和使命感。

(8) 调研学生活动影响力:教师利用访谈、问卷调查等方式对垃圾分类宣传活动做一次调研,了解小区业主对学生活动的评价和改进意见,为下次活动提供参考意见。

设计意图:了解本次活动的成功和不足之处,把调查结果反馈给学生,增强学生的自信心,为学生再次做活动提供帮助。

(四) 教学评价

课程的教学评价以过程性评价为主,学生每一阶段的工作都应得到教师的认可,同时将教师评价、学生自我评价和互相评价贯穿在整个评价过程中。教师可从垃圾分类知识的掌握、宣传方案设计、小组的讨论与合作以及小组宣传活动的执行情况等方面进行评价。终结性评价可将最后的 PPT、学生的活动报告、小区业主的结果反馈以及设计方案等作为评价对象。

四、保护自然资源主题教育

(一) 课程内容介绍

自然资源是指自然环境中人类现在或将来可以直接获得并用于生产和生活的物质、能量和条件,包括土地资源、气候资源、水资源、生物资源和矿产资源等。① 教师在教学中,首先寻找一些自然资源的案例,给出一个接近真实的情境,引发学生思考,激发学生探究问题的兴趣。接着引导学生对问题进行思考,设计解决问题的方案,培养学生科学探究的能力和寻找证据的意识。最后在新的问题中发现人类活动对自然资源的影响,引导学生产生保护自然资源的意识和社会责任感。

---

① 张民生.自然科学基础[M].2版.北京:高等教育出版社,2008:212.

(二)课程目标

科学知识目标:知道自然资源的概念,知道自然资源的种类,知道保护自然资源的措施。

科学探究目标:知道科学探究需要围绕提出和聚焦的问题设计研究方案,并通过收集和分析信息获取证据,通过推理得出结论。

科学态度目标:保持对自然界未知事物的好奇心和求知欲,乐于参加观察、实验、调查等活动,能够在活动中主动与他人合作,积极参与交流和讨论,实事求是,乐于分享。

科学、技术、社会与环境目标:了解人类活动对自然环境的影响,爱护环境、珍爱生命,具有保护资源的意识和社会责任感。

(三)课程组织设计

1. 土地资源

(1)教师创设问题情境:给学生播放我国某地发生泥石流的视频,让学生切身体会到自然灾害的可怕,同时提出此地为什么会发生泥石流,或者说泥石流发生的条件是什么等问题。

设计意图:为学生营造一个真实的情境,让学生从真实情境发出疑问,从而激发他们去解决实际问题的兴趣。

(2)问题转换,重新定义:对于情境中的问题,小组进行讨论,并分析此地发生泥石流的可能原因,填写表8.20。这里要给予学生充足的时间去思考,让学生针对自己提出的原因进行资料查询,进而提出解决问题的方案。

表8.20 发生泥石流的原因

你认为发生泥石流的原因
这里出现突发性、持续性的大暴雨
这里的地形比较陡峭
这里的土质比较松散
……

设计意图:让学生学会从不同角度看待和分解问题,学会转化问题。同时学会资料的查找和分析,学习解决问题过程中利用到的相关学科的知识和科学原理。

(3)根据确定的问题,制订研究方案:在此过程中,学生可以依据生活经验以及查询到的资料进行思考和分析,从而制订出较为合理的解决方案,见

表 8.21 所示。

表 8.21　发生泥石流的原因和解决方案

原因	方案
这里出现突发性、持续性的大暴雨	查询此处发生泥石流前的天气状况，并调查多个地区在泥石流发生前的天气状况
这里的地形比较陡峭	查询此处的地形特征，并调查多个发生泥石流的地区的地形地貌特征
这里的土质比较松散	可以通过简单对比实验进行探究（建立模型）
……	……

设计意图：主要是培养学生解决问题的能力。对于确定的问题，让学生从生活或调查中去发现解决方案并运用在问题的解决上。解决方案是否可行先不进行验证，关键是解决方案的提出。

（4）小组讨论并分析解决方案：根据上述存在的问题，对小组讨论得到的方案进行可行性分析，此时应进行小组合作调查，对解决方案进行验证，对不理想的方案进行改进和优化，最终得出能够解决已有问题的方案。

设计意图：考查学生的实践能力。方案的可行性在这一步进行验证，学生自行设计验证方法，对方案进行验证。对于可行方案给予肯定，对于方案的不足进行优化和改进，这也考查学生的反思和改进方案的能力。

（5）各小组按照方案实施：明确每个小组的研究方案后，各小组按照方案执行，填写调查表（表 8.22）或科学探究表（表 8.23）。在此过程中，小组成员要明确分工，各司其职，尽快完成合作计划。

表 8.22　泥石流发生时的天气状况调查表

发生泥石流的地区	发生泥石流的时间	发生泥石流时的天气状况

表 8.23　泥石流发生时的土质科学探究方案（建模）

小组：	
提出问题	发生泥石流时，土质是松散的吗？（建立模型）
确定变量	自变量： 因变量： 控制变量：

续表

假设	
实验设计	实验材料:土堆、小树、喷壶等
	预测:
	实验步骤:
	实验结果:
结论	

设计意图:考查学生的实践操作能力以及问题解决能力,学生需要通过调查或实验解决相关的问题,也有利于培养学生的团队合作能力。

(6)小组汇报,总结结论:各小组完成自己的方案后,派出成员进行汇报,其他小组成员认真倾听,并在之后提出疑问或不同见解。教师在最后引导学生得出泥石流产生的条件。

设计意图:锻炼学生用科学语言进行表达并与他人进行交流的能力。同时培养学生倾听他人想法并分享观点的科学态度。

(7)引导学生质疑并解决新问题:在解决"泥石流产生的条件"这个问题的过程中,引导学生质疑"土质为什么会变得松散",从而产生新的疑问,让学生将对此的思考填写在表8.24中。同时引导学生在学习过的科学知识中搜寻证据,或查询资料找证据,学会分析并解决相关问题。

表8.24 土质变得松散的原因

你认为土质变得松散的原因
人们开山采矿造成的
人类乱砍滥伐导致的
地层变动导致的
……

设计意图:让学生从多方面、多角度进行思考,了解人类行为及自然本身可能产生的后果及影响,从而产生爱护土地、保护资源的意识和责任感。

(8)小组讨论,寻求解决方案:教师讲解自然资源的概念和种类、土地资源的重要性,建议学生从人类角度反思如何保护我们的土地资源,寻求解决问题的方案。

表 8.25 土质松散的原因和解决方案

原因	方案
人们开山采矿造成的	查询相关案例,并据此提出建议或对策
人类乱砍滥伐导致的	查询相关案例,并据此提出建议或对策
地层变动导致的	查找相关案例,并据此提出建议或对策
……	……

设计意图:让学生掌握科学知识,同时培养学生的思维方式和保护资源的责任感。

(9)各小组汇报成果:每个小组解释自己思考的问题以及据此提出的相关建议,其他小组可提出疑问。

设计意图:培养学生用科学语言进行表达的能力,同时给予学生展示自身的机会,让学生获得一定的成就感。

2. 水资源

(1)教师创设问题情境:给学生播放非洲大草原上角马大迁徙的视频,感受角马迁徙的壮观景象以及角马所遇到的巨大危机,让学生在这种逼真的情境中思考并提出角马为何付出这么大的代价去迁徙这个问题。

设计意图:给学生营造一个逼真的情境,让学生从逼真的情境中发出疑问,从而激发他们去解决问题的兴趣。

(2)问题转换,重新定义:对于情境中的问题,小组根据生活经验等进行讨论,分析角马迁徙的原因,填写表 8.26。这里要给予学生充足的时间去思考,让学生针对自己提出的原因进行资料查询,进而提出解决问题的方案。

表 8.26 角马迁徙的原因

你认为角马迁徙的原因
没有青草(食物)
天敌(狮子、豹等)太多
遇到巨大的自然灾害(例如地震)
……

设计意图:让学生学会从不同角度看待和分解问题,学会转化问题,同时学会查找和分析资料的方法。

(3)根据确定的问题,制订研究方案:在此过程中,学生可以依据生活经验以及查询到的资料进行思考和分析,从而制订出较为合理的解决方案,见表 8.27 所示。

表 8.27　角马迁徙的原因和解决方案

原因	方案
没有食物(青草)	查询资料,确定角马迁徙时的月份和天气状况
天敌(狮子、豹等)太多	查询资料,确定狮子等繁殖的季节与角马迁徙的关系
遇到巨大的自然灾害(例如地震)	查询资料,确定角马迁徙时的自然现状,有无地震等
……	……

设计意图:培养学生思考问题和解决问题的能力。基于确定的问题,学生可利用资料查询的方式去解决相关问题。

(4) 小组讨论和确定研究方案并执行方案:根据上述存在的问题,小组讨论分析得到的方案是否能够解决已有的问题。小组再次对方案进行优化并改进,同时执行优化后的方案。

设计意图:考查学生的实践能力。方案设计的可行性在这一步进行验证。

(5) 小组汇报结果,教师归纳:各小组汇报自己查询相关资料得出的结果,分析并得出结论。在此过程中,其他学生要学会倾听,并可在汇报之后提出疑问。教师引导学生去归纳角马迁徙过程中的重要因素——水。

设计意图:引导学生用科学语言表达自己的能力,小组成员要学会合作、学会倾听,最后学会归纳。

(6) 再次质疑,引导学生思考并解决问题:水对于角马很重要,对于自然界的其他生物同样重要,包括我们自己。你知道水在你的生活中有多重要吗?让学生分组讨论,明确水在人类生活中的用途,填写表 8.28。

表 8.28　水在人类生活中的用途

人类每天需要喝水	结论:
庄稼需要灌溉,才能为人类提供粮食	
洗衣服、洗澡都需要水	
做饭需要水	
汽车运行需要水	
……	

教师在最后讲解:尽管水是可再生资源,但是依然有很多地区严重缺水,

提醒学生思考作为21世纪的小学生,我们该怎么办?

设计意图:学会多角度思考问题,让学生回忆自己的生活并从中寻找证据,同时培养学生的社会责任感。

(7) 小组讨论并制订节约用水宣传计划:以"节约用水,从我做起"为主题,制订节约用水宣传计划,明确小组分工,如表8.29所示。

表 8.29 "节约用水,从我做起"宣传方案

小组:
方法:制作海报、小区演讲等
材料用具:画笔、A3纸等
具体步骤: 1. A同学擅长绘画、B同学擅长写作,二人制作宣传海报,力求简洁明了,尤其是能使老人一目了然,在×月×日之前完成,C同学负责将海报贴在小区门口; 2. D同学负责与小区物业联系,确定小组同学在×月×日(周六)上午8:30于小区门口集合,由E同学向小区业主讲解"节约用水"小知识; 3. 上午10:30结束活动,小组同学进行活动总结
可行性分析:
活动成果:
需要寻求的帮助:

设计意图:让学生保持对未知世界的好奇心和探究热情,能够在活动中主动与他人合作,积极参与交流和讨论,乐于分享,增强学生的社会责任感。

(8) 各小组执行宣传方案:经过各小组周密的设计,可以请一名家长跟随拍照,做一些协助工作,保障小组活动顺利进行。

设计意图:完美的方案实施过程可增强学生参与社会服务的意识,提高学生与人交往的社交能力、共情能力以及沟通能力等,同时也培养小组成员的团结合作能力,是学生综合能力提升的重要途径。

(9) 汇报执行方案的成果:可以做成PPT向全班同学展示,也可以做成美篇或者是活动报告,这是小组集体智慧和集体劳动的成果。

设计意图:这是对学生此次活动的重要评价,是对学生各项能力的认可,也是学生对自身各项能力的一种自我认知,尤其是增强学生参与社会服务的意识。通过节约用水的宣传活动增强学生"节约用水,从我做起"的责任感和使命感。

(10) 调研学生活动的影响力:教师利用访谈、问卷调查等方式对垃圾分类宣传活动做一次调研,了解小区业主对学生活动的评价和改进意见,为下

次活动提供支持。

设计意图：了解本次活动的成功和不足之处，把对受众的调查结果反馈给学生，增强学生的自信心，为学生再次做活动提供支持。

3. 矿产资源

（1）故事引入，教师创设问题情境：老一辈地质学家（如李四光）历经千辛万苦寻找矿物资源的故事。同时，请学生思考矿物资源在国家工农业生产中有什么作用。

设计意图：让学生感受老一辈科学家艰苦奋斗、锐意进取的精神和学术功绩，同时也提醒学生矿物资源在现代社会具有非常重要的地位。

（2）依据生活经验和查询所得资料寻求答案：教师引导学生思考矿产资源的种类，即矿产资源包括能源矿产、金属矿产、非金属矿产和水气矿产，并请学生依据生活经验或查询所得资料找出常见的种类，然后让学生依据自己的了解指出这些资源在生产、生活中的作用，并填写表 8.30。

表 8.30 矿产资源的种类及其在生产、生活中的作用

项目	能源矿产	金属矿产	非金属矿产	水气矿产
常见种类				
在生产、生活中的作用				
举例				

设计意图：获取矿产资源相关科学知识，从生活实际中感受矿产资源在人类生活、生产中的作用，让学生了解社会需求是推动科学技术发展的动力，感受科学知识在日常生活中的应用。

（3）确定某一矿产资源，制定研究方案：研究小组任意选择一种矿产资源，探讨这种资源在海南省的开采情况，根据海南省的矿产资源分布，可以选择铁矿、石油、煤炭等矿产资源，调查这一资源在海南省的蕴藏量及开采情况等，小组讨论后，制订一个较为合理的研究方案，如表 8.31 所示。

表 8.31 海南省铁矿调研方案

小组分工：A 拍照　　B 文字记录　　C 找工人交谈　　D 与相关领导交谈	
确定调研的矿区	石碌铁矿、田独铁矿或红石铁矿
调研时间	
准备资料	水、帽子、笔、纸等

续表

调研方式	网上查询、实地考察
调研步骤	1. 小组同学先利用网络查询石碌铁矿的相关资料。 2. ×年×月×日早上 8:30 在石碌铁矿门口结合,按照分工逐项开展相关实地调研。 3. 上午 11:00 结束调研活动。 4. 书写研究报告,制作 PPT 汇报结果
调研结果方式	研究报告
可行性分析	

设计意图:培养学生合作研究的能力以及制订研究方案的能力,同时使学生乐于参与调查、观察等科学活动,方案的可行性在这一步分析确定。

(4)实施调查,完成调研报告:小组根据自己确定的矿产展开调研,填写调研表(见表 8.32 所示),同时根据小组同学获取的相关资料,完成调研报告的书写和相关 PPT 的制作。

表 8.32　石碌铁矿情况调查表

小组:	
地理位置	
建矿时间	
矿区面积	
铁矿储量	
重要价值	
……	

设计意图:培养学生的实践能力以及与人交往的能力,同时培养学生的社会服务意识以及敢于担当的社会责任感。

(5)成果展示:各小组展示自己的调研记录表,借助 PPT 汇报自己的调研成果,同时将小组书写的调研报告在班级进行展示。

设计意图:了解学生的学习情况,培养学生用科学语言进行表达的能力,同时让学生进行自我展示,如此可以增加学生学习的成就感。

(6)播放矿产资源形成的模拟视频:给学生播放煤炭、石油的模拟形成过程,让学生在情境中明白矿产资源是经过几百万年甚至几亿年的地质变化才形成的。

设计意图:让学生感受到矿产资源是不可再生的,从而激发学生保护矿产资源的意识。

（四）教学评价

课程的教学评价同样应采用多元化、多样化的评价方式。在进行终结性评价时应更加注重过程性评价，同时将教师评价、学生自我评价和互相评价贯穿在整个评价过程中，重点评价学生设计方案的能力、探究过程的表现、文献查询的结果、与他人的合作交流讨论，以及学生的实践能力等。终结性评价对象也很多样，例如实验记录表、方案设计表、最后的PPT展示以及研究报告等。

第九章　小学 STEM 课程开发案例

一、风扇降温

（一）课程内容介绍

首先通过情境设置的方法,给学生创造一个问题情境。2022年夏季,欧洲各国遭遇高温天气,欧洲当地人该如何度过这样炎热的夏季,选择什么方法进行降温呢？随后让学生对情境中如何降温这个问题进行合作探究,以期最终在实践中解决这个问题。通过对这些课程的学习,学生可以学到许多科学知识,这些科学知识将指导他们解决生活中的实际问题,学生还能通过实验操作得出一些可以实现夏季降温的办法。

（二）课程目标

科学知识目标:知道夏季降温的一些方法,知道人体降温的原理,知道风扇的工作原理。

科学探究目标:能根据情境和生活经验提供降温的办法,能够设计降温方案并制作简易的风扇并进行实验验证。能够根据得到的证据进行交流讨论,并得出最佳方案。

科学态度目标:保持对自然界未知事物的好奇心和求知欲,能够在活动中主动与他人合作,积极参与交流和讨论,实事求是,乐于分享。

科学、技术、社会与环境目标:爱护环境、节约用电,减少能源消耗,保护地球,保护我们的家园。

（三）课程组织设计

(1)教师创设问题情境:2022年7月19日,英国气象局的数据显示,当地时间12时50分,伦敦希思罗机场气温已经高达40.2摄氏度。这是英国有记录以来第一次气温突破40摄氏度。英国气象局警告说,英国多地温度"仍在攀升"。此前英国的最高气温纪录为38.7摄氏度。而法国、葡萄牙、西班牙等多地遭遇罕见高温天气,超市的风扇几乎被抢购一空。我们可以看到使用风扇是夏季降温的好办法,生活在海南岛的我们也经常用到风扇,那么你知道风扇是怎样降温的吗?

设计意图:给学生营造一个真实的情境,让学生基于生活实际进行思考,从而激发他们去解决实际问题的兴趣。

(2)学生定义问题,设计解决方案并实施方案:对于情境中使用风扇降温这个问题,学生经过分析讨论需要确定降温的是环境还是人体,并设计解决问题的方案,如表9.1所示。此过程中学生需要明确所需要的材料教师都可以提供,教师进行适时的指导。

表9.1 解决方案

提出的问题	验证方法	结论
降温的是环境?	自变量: 因变量: 控制变量: 假设: 实验材料: 预测: 实验步骤: 实验结果:	
降温的是人体?	自变量: 因变量: 控制变量: 假设: 实验材料: 预测: 实验步骤: 实验结果:	

设计意图:这里需要学生通过实验验证使用风扇不能改变环境温度。这是一个简单的科学探究实验,考查学生的探究能力,学生经过"提出问题—预测/假设—实验验证—得出结果"这一初步探究过程,最终得到结论。这个过程注重培养小组成员的合作交流能力以及学生的问题解决意识。

(3)查询资料,验证问题:引导学生思考人体对温度的感知,通过查阅相关资料填写表9.2,尤其是温度升高时,人体血管舒张,汗腺分泌增加以散热。

表 9.2　人体对体温的调控

温度情况	调控办法	结论
温度升高时		
温度降低时		

设计意图：通过查询资料了解人体对体温的调控机制，增强学生的文献查阅能力以及对问题的分析和解决能力，同时通过小组讨论增强学生的团队合作意识。

（4）明确问题，研究使用风扇能降温的原因：通过对使用风扇降温实验方案的实施以及人体调控体温的相关资料查询，小组讨论明确使用风扇可以降温的原因。教师要进行适时的引导：降温的是人体→人体调控体温的机制（高温出汗）→蒸发降温（风扇降温）。

设计意图：考查学生的逻辑思维能力。这里主要是让学生从中找出有用的相关信息，即风可以加快蒸发这个科学道理。

（5）再次思考降温的办法：教师引导提出问题"炎炎夏季，除了使用风扇降温，还有其他的降温方式吗？"或者学生在解决问题时是否又产生了新的问题。应鼓励学生大胆地提出自己的疑问，重新定义和补充我们的问题。

设计意图：引导学生细心发现在解决问题时产生的新问题，重新定义问题，完善我们的解决方案，以期达到最佳的解决效果。

（6）风扇的基本结构和工作原理：教师适时介绍相关的降温方法。学生通过学习了解风扇的结构设计，根据已有知识，结合风扇的设计，理解风扇的工作原理。

设计意图：了解现代科技产品对生活的影响，体会科技产品给日常生活带来的舒适，认识风扇等产品的结构和功能。

（7）根据上述学习到的科学原理，采用身边可得的材料设计一个简单的电风扇。

实验材料：磁铁、扇叶、轴及轴承、钢片、控制电路等。

实验制造：让学生自己根据原理进行设计和组装，学生可以根据自己的创意，进行简单的声控或时控设计。

设计意图：培养学生运用知识进行实际操作的能力。通过原理的学习，学生可以利用原理进行设计并制作成品。

（8）成果展示。在整个课程实施过程中，可以用不同的形式进行分享和展示，例如利用记录表、实物模型、设计方案等多种方式进行成果展示。

设计意图:进行成果展示,可以帮助教师了解学生的学习情况,同时让学生进行自我展示,可以增加学生学习的成就感。

(四)教学评价

课程的教学评价同样应采用多元化、多样化的评价方式。在进行终结性评价时更加注重过程性评价,同时将教师评价、学生自我评价和互相评价贯穿在整个评价过程中,重点评价学生设计方案的能力、探究过程的表现、文献查询的结果、与他人的合作交流讨论,以及学生的实践能力等。

二、冰激凌出汗了

(一)课程内容介绍

通过一个小朋友购买冰激凌后发现暴露在空气中的外包装表面有水滴的现象引入课程,引出"冰激凌出汗了吗"这一问题,随后让学生对情境中的问题进行合作探究,从而知道水蒸气遇冷会液化等科学知识,并利用这些科学知识指导他们解决生活中的保温问题。

(二)课程目标

科学知识目标:知道"冰激凌出汗"的原因,知道水的三态变化,了解保温盒的工作原理和基本构造。

科学探究目标:可初步进行科学探究,学会寻找证据,并运用逻辑推理解决问题;能够设计方案并制作保温设备进行实验验证;能够根据得到的证据交流讨论得出最佳方案。

科学态度目标:具有基于证据和推理发表自己见解的意识,能够在活动中主动与他人合作,积极参与交流和讨论,实事求是,乐于分享。

科学、技术、社会与环境目标:了解科学知识在日常生活中的应用,爱护环境,保护我们的地球家园。

(三)课程组织设计

(1)教师创设问题情境:炎热的夏天,小明和妈妈去商店买到了最喜欢吃的消暑神器——冰激凌,可是他发现刚从冰箱里拿出来的冰激凌在"冒气",一会儿,冰激凌身上就变得湿哒哒的。小明说:"妈妈,天太热了,你看冰激凌都出汗了!"这是怎么回事呢?真的是冰激凌出汗了吗?你能给小明解释一下吗?

设计意图:通过一个故事情境,激发学生的学习兴趣,从而引出下面需要解决的问题。

(2) 引导学生重新定义问题：通过情境中"冰激凌出汗了"这一现象引导学生思考"冰激凌的汗"→水，这是非常重要的问题转换，使问题变成"冰激凌上的水来自哪里"，从而对可能的原因进行探究，小组内部可进行讨论，可能的原因如表9.3所示。此时要给予学生足够的思考空间，不要限制学生考虑问题的角度和范围。在学生进行讨论的时候，教师要引导学生明确这个问题的关键是水的三态变化，学生根据生活经验和查找到的资料，知道水的形态有固态、液态和气态，水（液体）遇冷向外释放热量变成冰（固体），冰吸收热量会变成水，水吸收热量会变成水蒸气（气体），水蒸气向外释放热量变成水，如图9.1所示。

表9.3 冰激凌上的水来自哪里的原因

你认为冰激凌上的水来自哪里
冰激凌融化时产生的
冰箱里面的冷空气产生的
空气中的水蒸气遇冷产生的
……

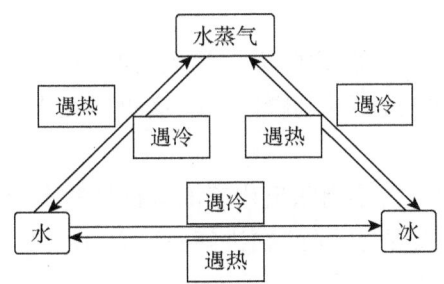

图9.1 水的三态变化

设计意图：让学生学会从不同角度看待问题和分解分析问题，学会转化问题。学会资料的查找和分析，学习解决问题过程中利用到的相关学科的知识和科学原理。同时培养学生的证据意识。

(3) 让学生设计方案。设计方案时学生可以根据实际生活经验，也可通过查找资料获得对方案的认知，然后对于问题应大胆提出解决方案，并制订出科学探究的方案，如表9.4所示。

表 9.4　科学探究方案（冰激凌出汗了）

小组：	
提出问题	冰激凌上的水是空气中的水蒸气遇冷产生的吗？
确定变量	自变量： 因变量： 控制变量：
假设	
实验设计	实验材料：
	预测：
	实验步骤：
	实验结果：
结论	

设计意图：主要是培养学生科学探究的能力。对于确定的问题，让学生从生活或调查中去发现解决方案并将方案运用在问题的解决上。

（4）实施方案，得出结论：小组按照指定的实验步骤进行操作，分析得出实验结果，最终得到探究结论。在整个实验操作的过程中，学生要注意控制相应的变量。

设计意图：考查学生的实践能力。学生自行设计的方案能否可行，要在此进行验证，对不足之处也可以进行修改，这也是在考查学生的反思能力和改进能力。

（5）汇报实验结果：各小组派出代表汇报自己的实验结果和最终的结论。其他小组有疑问的可以提出，对问题进行进一步的反思，也可对汇报小组的实验提出疑问，大家共同探讨。

设计意图：考查学生的逻辑思维能力和证据推导能力。同时各小组汇报结果，也考查学生使用科学语言进行表达的能力以及沟通能力。基于对问题的研究，得出最终的结论：冰激凌上的水是空气中的水蒸气遇冷（冰激凌）产生的。

（6）拓展延伸：我们想要吃到美味的冰激凌，该怎么办呢？教师引导学生思考运输冰激凌的办法，如表 9.5 所示。

表 9.5　运输冰激凌的方法

便携式冰箱
泡沫塑料盒

续表

| 用冰包裹 |
| …… |

设计意图：拓展学生的思维，鼓励学生多角度思考问题，让学生根据生活经验和所查询资料找出解决问题的方法。

（7）引导学生思考如何更好地运输冰激凌，让学生讨论并设计一个方案，在此过程中教师引入超市在向顾客销售冷冻食品时会配送的保温盒。学生通过网络查询相关资料，了解保温盒的结构和保温原理。

设计意图：让学生知道理论是如何与实际相结合的，然后通过对已有产品设计的学习和研究，学生可以更好地去理解生活中运用到的科学原理，同时学会将理论联系到产品的设计与生产中去。

（8）制作简易的保温盒：采用学生身边可得的简易材料设计一个简单的保温盒，并对成品进行测试。在设计过程中，可以与真正的保温盒进行比较，以测试我们"产品"的保温效果。

实验材料：一大一小两个饭盒、泡沫板若干、剪刀、小刀等。

实验设计：让学生自己设计并制作。

设计意图：培养学生运用知识去进行实践操作的能力。学习原理之后，学生可以利用原理进行设计并制作成品，同时学会测试产品的性能。

（9）成果展示：以不同的形式进行分享和展示。可以利用记录表、实物模型、设计方案等多种方式进行成果展示。

设计意图：进行成果的展示，可以帮助教师了解学生的学习情况，锻炼学生的综合素质，同时给学生展示自我的机会，增强学生的自信心和成就感。

（四）教学评价

课程的教学评价同样应采用多元化、多样化的评价方式，在进行终结性评价的同时应更加注重过程性评价。本课程需要学生学习科学知识，解决难题，并学会应用到实际生活中。评价方式也是教师评价和学生自评相结合，过程性评价和终结性评价互为补充。教师应对学生的参与度、设计方案及科学探究过程等方面进行过程性评价。根据学生对知识的掌握程度设计简单的测验作为终结评价对象，也可以考虑将最后的产品作为最终成果评价对象并形成终结性评价。

三、带彩虹回家

（一）课程内容介绍

这是一个与艺术创造结合的课程，通过创设彩虹的问题情境，向学生提出需要解决的问题，随后让学生对情境中提出的问题进行逐步分解与合作探究，以期最终在实践中解决这个问题。通过对这些课程的学习，学生可以学到彩虹的七种颜色、色彩的三原色等科学知识，通过小组讨论对彩虹产生的条件进行初步科学探究，并在绘画中引入色彩三原色。指导学生解决生活中的实际问题，培养学生善于观察、乐于实验的科学态度，培养热爱生活、热爱自然的意识，使学生具备保护环境的意识和责任感。

（二）课程目标

科学知识目标：知道彩虹的七种颜色，知道彩虹产生的条件，知道色彩的三原色，知道三原色的组合颜色。

科学探究目标：能对彩虹产生的条件进行初步的科学探究，能利用三原色进行组合，能够通过手机和分析信息获取证据，并能够根据得到的证据交流讨论得出最佳方案。

科学态度目标：能对自然现象保持好奇心和探究热情，乐于观察、实验，能够在活动中主动与他人合作，积极参与交流和讨论，实事求是，乐于分享。

科学、技术、社会与环境目标：初步了解人类活动对自然环境的影响，热爱生活、热爱自然，具有保护环境的意识和责任感。

（三）课程组织设计

（1）教师创设问题情境：放暑假了，小明非常开心，因为可以天天去上心爱的美术课了。可是天空突然乌云翻滚，一会儿豆大的雨滴就啪嗒啪嗒掉下来了。小明非常沮丧。妈妈安慰他说："六月的天像孩子的脸儿，说变就变，等一会儿吧。"没想到，一会儿雨就停了，太阳也出来了，小明非常开心。出门的时候，小明发现天边竟然出现了一道彩虹。小明对妈妈说："彩虹好美，我今天要给妈妈带彩虹回来。"你知道小明会怎么做吗？

设计意图：通过一个故事情境，激发学生的学习兴趣，从而引出下面需要解决"带彩虹回家"的问题。

（2）分析问题，重新定义："带彩虹回家"这个问题中，教师首先让学生理解彩虹是什么，彩虹是怎样产生的，才能确定把彩虹带回家的方法。所以，这一步是非常重要的问题转换过程。此过程要给予学生足够的思考空间，教师要进行逐步引导:彩虹是什么→彩虹产生的条件是什么→带彩虹回家的方法。

设计意图:让学生学会从不同角度看待和分解问题,学会转化问题,培养学生解决问题的能力。

(3) 小组讨论,确定探究方案:在明确问题思考的逻辑顺序后,教师阐述彩虹的概念,介绍彩虹是由红、橙、黄、绿、蓝、靛、紫七种颜色组成的,并且明确彩虹的产生确实需要一定的条件,然后请各小组讨论,在教师给定的条件下探究彩虹产生的条件,确定对比实验的变量,从而制订并完善科学探究的方案,如表9.6所示。

表 9.6 科学探究方案(带彩虹回家)

小组:	
提出问题	彩虹的产生需要水吗?彩虹的产生需要太阳光吗?
确定变量	自变量: 因变量: 控制变量:
假设	
实验设计	实验材料:玻璃瓶2个、清水、白纸、阳光等
	预测:
	实验步骤:
	实验结果:
结论	

设计意图:主要是培养学生科学探究的能力。从提出问题、确定变量、进行假设、选定实验材料,到对结果进行预测以及确定实验的具体步骤的过程,有利于提升小组成员的合作探究能力和团结协作能力。

(4) 实施实验,确定结论:小组成员按照分工准备好相关的实验材料,观察员认真观察,记录员认真填写在实验记录表上,见表9.7。

表 9.7 实验记录表

问题:彩虹的产生需要水吗?彩虹的产生需要太阳光吗?		
实验现象	A瓶	B瓶
实验结果		
结论		

设计意图:培养学生的实践操作能力、团结协作能力以及观察和记录的能力。

(5)小组汇报并分享实验结果:各小组派出代表汇报实验结果,其他组学生倾听并在结束后提出疑问或建议。各小组最后综合自己的结果并再次完善自己的方案。

设计意图:让学生学会运用科学的语言与他人进行沟通和交流,同时给学生展示的机会,这也是考查学生反思和改进方案的能力。

(6)再次回到情境,重现问题:带回彩虹一定是这样的"彩虹"吗?会不会是其他的呢?会是用彩笔画出来的七种色彩组成的彩虹吗?回到原来的情境,再次分析问题。小明想要的"红、橙、黄、绿、蓝、靛、紫"七色组成的彩虹,我们可以用画笔画出来。但是现在我们只有红绿蓝三个颜色,怎么能组成七彩色呢?

设计意图:让学生学会从不同角度看待和分解问题,给学生一定的时间,让学生学会思考。

(7)查询资料,解决问题:让学生利用网络等查询相关的资料,知道三原色,知道利用三原色可以组成不同的颜色。

设计意图:学会资料的查找和分析,学习解决问题过程中利用到的相关学科的知识。

(8)动手画彩虹:让学生用三原色自己动手组合色彩,填写表9.8。

表9.8 三原色组合表

组合颜色	最终色彩
红色(多)+黄色(少)	
红色(少)+黄色(多)	
红色(多)+蓝色(少)	
红色(少)+蓝色(多)	
蓝色(多)+黄色(少)	
蓝色(少)+黄色(多)	
红色+黄色+蓝色	

设计意图:培养学生的审美能力,同时让学生动手实践,培养学生的观察能力。

(9)创意彩虹:每个同学根据自己做出的色彩,按照自己设计的彩虹进行制作,完成你心目中最美的彩虹作品。

设计意图:培养学生的创新能力,学生根据自己的设计制作彩虹。

（10）作品展示：每一位同学都把自己的作品展示出来，并指出自己的创意。全班同学可以对作品进行点评。

设计意图：培养学生的语言表达能力、人际交往能力和审美能力，也通过作品展示让学生充满自信、充满成就感。

（11）将作品送给母亲：每个孩子将自己心目中最完美的彩虹带回家，送给自己的母亲，就像小明一样。

设计意图：增强亲子之间的感情，让孩子学会表达对父母的感激之情，学会感恩。

（四）教学评价

课程的教学评价应采用多元化、多样化的评价方式，将教师评价、学生自我评价和互相评价贯穿在整个评价过程中。过程性评价主要考查学生设计方案的能力、科学探究的过程、是否能与他人进行合作交流讨论等。终结性评价可以以记录单、成果展示时的作品等为依据。

四、绿豆发芽

（一）课程内容介绍

这是一个以绿豆种子萌发为起点的科学探究课程，教师设计情境，引发学生思考绿豆种子萌发之后形成的是绿豆芽还是绿豆苗，在此过程中，既需要探索种子萌发的条件，知道对比实验的设计，也需要了解制作豆芽机的条件，可以利用教师提供的材料制作一个简易的豆芽机。随后，将绿豆苗种在植物园里，让学生继续观察绿豆苗的生长过程，一直到它开花结果。

（二）课程目标

科学知识目标：知道种子萌发的条件，知道豆芽机的工作原理，了解绿豆苗一生经历的过程。

科学探究目标：学会设计对比实验并进行初步的科学探究，能够根据得到的证据交流讨论得出最佳方案。

科学态度目标：在科学探究中能以事实为依据，能大胆质疑，乐于观察、实验，能够在活动中主动与他人合作，积极参与交流和讨论，实事求是，乐于分享。

科学、技术、社会与环境目标：了解社会需求是推动科学技术发展的动力，热爱生命、热爱生活，能自觉采取行动，保护环境。

（三）课程组织设计

（1）教师创设问题情境：小明同学很喜欢吃绿豆芽，可是他听新闻报道说市场上有些绿豆芽含有不安全的物质,就跟妈妈说:"妈妈,我们可不可以自己发绿豆芽呢?"妈妈说:"这个好像不容易呀,上次妈妈发出来的不是绿豆芽,好像是绿豆苗呢?"这时,教师也向学生展示自己准备好的绿豆芽和绿豆苗,并告诉学生它们是同一时间开始准备的,都是绿豆的种子长成的。学生在观察教师准备的绿豆芽和绿豆苗之后,会自然地产生疑问。

设计意图:这是一个真实的情境,通过学生熟悉的事物激发他们的学习兴趣,从而引出下面需要解决"是什么导致了绿豆芽和绿豆苗之间的差异"的问题。

(2)分析问题,重新定义:"是什么导致了绿豆芽和绿豆苗之间的差异"这个问题中,学生必须明确绿豆芽和绿豆苗都是绿豆种子长成的,绿豆种子发芽后分别长成了绿豆芽和绿豆苗从而出现了差异。所以,这一步是非常重要的问题转换过程。此过程要给予学生足够的思考空间,教师进行逐步引导:绿豆种子→萌发条件不同→导致了绿豆芽和绿豆苗之间的差异。所以,探讨绿豆芽和绿豆苗的差异就转换成了探讨绿豆种子萌发的问题。

设计意图:让学生学会分析和解决问题,学会转化问题,培养他们解决问题的能力。

(3)小组设计方案,探究绿豆种子萌发的条件:各小组进行讨论,依据生活经验等提出绿豆种子萌发需要的条件,然后选定一个问题制订探究方案,填写表9.9。在这里一定要提醒学生设计对比实验,要确定好自变量、因变量,必须在对比实验中保证控制变量稳定。

表9.9 科学探究方案(绿豆发芽)

小组:	
提出问题	绿豆种子的萌发需要水吗?绿豆种子的萌发需要适宜的温度吗?绿豆种子的萌发需要充足的空气吗?绿豆种子的萌发需要阳光吗?
确定变量	自变量: 因变量: 控制变量:
假设	
实验设计	实验材料: 预测: 实验步骤: 实验结果:
结论	

在这一步一定要给予学生足够的时间去思考,对经过讨论得到的方案进行可行性分析,确定方案是否能够解决提出的问题。

设计意图:主要是培养学生解决问题的能力。对于确定的问题,让学生学会科学探究的基本步骤,学会解决问题。解决方案是否可行先不进行验证,但是要进行多角度思考,关键是能提出解决方案。

(4) 各小组实施方案,得出结论:每个小组按照自己的方案,在实验室选择合适的材料和工具后实施,每天观察并记录自己的绿豆萌发、生长情况,并填写记录单(见表9.10)。

表 9.10 绿豆种子萌发、生长情况记录单

日期	1号	2号
月　日		
月　日		
月　日		
月　日		

设计意图:让学生学会描述和进行长期的观察记录,保持对自然现象的好奇心和探究热情;在活动中能主动与他人合作,积极参与交流和讨论,善于从不同角度思考问题,追求创新。

(5) 小组汇报实验结论:每个小组选出代表进行实验结果的汇报,其他小组提出疑问或建议。教师要适时进行指导,归纳出影响绿豆种子萌发的条件,但是到底是哪一个因素导致绿豆芽和绿豆苗之间的差异呢?汇总各个小组的结果,可以得到,绿豆种子在有光照的情况下长成绿豆苗,在没有光照的情况下长成绿豆芽。

设计意图:培养学生通过收集和分析信息获取证据,经过推理得出结论,并有效表达以及与他人交流探究结果和观点的能力,以及运用科学语言进行沟通的能力。

(6) 情境重现,解决问题:解决绿豆芽和绿豆苗之间为什么产生差异的问题后,又回到情境中的问题,怎样获得绿豆芽呢?学生可以利用刚刚学习的科学知识进行思考,并进行豆芽机的简单设计,如表9.11所示。小组内部反复讨论,改进方案并进行优化。这里学生需要的所有材料教师都可以提供。

表 9.11 豆芽机的设计方案

小组:	
变量	阳光
控制变量	适量的水、适宜的温度、充足的空气
选择材料	泡沫板、带有孔的硬塑料、胶带等
设计图	
制作步骤	
可行性分析	

设计意图:考查学生的实践能力。设计方案的可行性在这一步进行验证,学生自行设计验证方案,并对方案进行验证。对于学生的设计方案要给予鼓励,同时鼓励学生寻找不足,加以改进,考查学生的反思和方案改进的能力。

(7) 动手制作简易的豆芽机:小组成员合作,根据自己的方案制作简易的豆芽机。

设计意图:培养学生的创新能力和动手操作能力,以及小组成员的合作和交往能力。

(8) 成果展示:各小组将自己制作的豆芽机向全班同学展示,并阐述自己的设计理念和制作思路,其他同学认真倾听,可提出一定的改进意见。

设计意图:让学生进行自我展示可以增加学生学习的成就感,同时也增强学生的语言表达能力以及提高他们尊重他人的素养。

(9) 盆栽种植:将实验中获得的绿豆苗种在盆中,观察并记录绿豆苗的一生(记录在表 9.12 中)。可采用文字,也允许学生画图或者采用照相的方式进行记录。

表9.12 绿豆苗的生长情况记录单

日期	绿豆苗的发芽、生长状况
月　　日	
月　　日	
月　　日	
月　　日	
……	

设计意图：感受生命的过程，敬畏生命，热爱生活。培养学生做长期观察记录的习惯。

（10）制作绿豆发芽、生长周期的汇报材料：根据自己的观察记录制作成PPT、写成科技小论文或研究报告等。

设计意图：培养学生用科学语言进行表达，使学生学会展示自己在实验或制作过程中的思路和想法，以及自己的结果或收获。

（四）教学评价

课程的教学评价采用多元化和多样化的评价方式，包括过程性评价和终结性评价。过程性评价主要考查学生设计方案的能力、科学探究的过程、是否能与他人进行合作交流讨论等。终结性评价可以以记录单、设计的方案以及最终制作的成品等为依据。

第十章 总结与展望

一、研究总结

尽管古代中国曾在科学技术发展史上书写了光辉灿烂的篇章,但在几千年的中国文化的发展中,形成了"重人伦轻自然、重道轻器、重德轻艺"的独特传统,这种传统甚至影响至今。鸦片战争的爆发开启了中国的灾难和屈辱的近代史。1902年,张百熙以日本学制为摹本,结合中国自身国情,向清政府上呈《钦定学堂章程》。1903年,张百熙、张之洞等人对《钦定学堂章程》进行修改,颁布施行《奏定学堂章程》,并规定在完全科初等小学设格致课程。1912年11月,中华民国政府教育部公布了《小学校教则及课程表》,取消初等小学阶段科学课程,高等小学阶段将格致改为理科。1923年,全国教育会联合会刊布了《新学制中小学课程纲要》,改理科为自然,针对小学自然科,中华民国政府教育部制定了《小学自然(包括自然园艺)课程纲要》。1929年的《小学课程暂行标准小学自然》被认为是"课程标准"史上的第一个正式的小学科学课程标准。1932年的《小学自然课程标准》是对1929年的暂行课程标准的修订,初级小学里将社会、自然、卫生三科合并为常识一科,同时劳作等科中的园艺、家事等部分合并入自然科。1936年公布的《修正小学课程标准》规定初小的社会、自然两科合并为常识科,高小为自然、社会两科。1942年颁布的《小学课程标准总纲》中初小自然仍然被划入常识科,高小自然单独分科教学。1948年《小学课程标准总纲》的颁行是民国末期小学课程标准的最后一次修订,中低年级的常识均包含自然常识和社会常识,高年级才分设社会和自然两科。在对小学科学课程标准的梳理中,我们不难看到民国时期小学科学课程的内容一般围绕自然现象、生活需要和卫生知识三个方面,课时所占

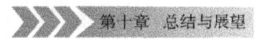

比重也有不同。这与当时的社会背景有强烈的关系,尤其是20世纪20年代美国学者孟禄和推士来华访问,对当时中国的科学教学现状提出了质疑和建议,其中对如今的小学科学教育仍有借鉴作用的有以下几点:第一,尊重劳动教育,这不是单纯的为劳动课开展的劳动教育;第二,强调实用主义,强调学以致用,例如主要食粮的栽培方法和病虫害的防治;第三,题材来自儿童的身边,容易引发儿童的共鸣。

1956年制定的《小学自然教学大纲(草案)》是新中国第一个自然教学大纲,大纲规定初小阶段的自然课内容在语文课中进行教学,小学讲授自然课的目的,是教给儿童一些初步的自然科学知识,促进儿童的全面发展。1963年,教育部颁布的第二个自然教学大纲——《全日制小学自然教学大纲(草案)》只规定了高小的自然教学任务。1977年颁布了第三个全国通用的《全日制十年制学校小学自然常识教学大纲(试行草案)》,"自然常识"之名也自此开始,但仍只在小学最后两年开设自然常识课,而低年级的科学课仍然缺位。1981年3月,《全日制五年制小学教学计划(修订草案)》将课程名称恢复为"自然"。1986年颁布的《全日制小学自然教学大纲》规定自然课是对小学儿童进行科学启蒙教育的一门重要基础学科。1988年颁布的《九年制义务教育全日制小学自然教学大纲(初审稿)》规定小学自然是对小学儿童进行科学启蒙教育的一门主要基础学科。1992年颁布的《九年义务教育全日制小学自然教学大纲(试用)》规定,自然是义务教育小学阶段的一门重要基础学科,担负着向学生进行科学启蒙教育的任务。2001颁布的《全日制义务教育科学(3~6年级)课程标准(实验稿)》改自然为科学,明确提出"小学科学课程是以培养科学素养为宗旨的科学启蒙课程"。2017年2月,教育部颁布《义务教育小学科学课程标准》,并于2017年秋季开始执行,规定小学科学课程从1年级开设。小学自然、科学课程目标的具体表述虽有细微差异,但均大致包括知识目标、能力目标、道德目标三大方面,课程目标从笼统走向具体;课程内容的选择与组织经历了从经验本位到学科本位,再不断突破学科本位,关注儿童的生活、经验、兴趣,在更高水平上回归生活世界。

《义务教育小学科学课程标准》包括前言、课程目标、课程内容、实施建议和附录,明确规定小学科学课程是一门基础性、实践性和综合性的课程,提出面向全体学生、倡导探究式学习、保护学生的好奇心和求知欲以及突出学生的主体地位的基本理念。标准2017将小学6年划分为1~2年级、3~4年级、5~6年级三个学段,涵盖科学知识、科学探究、科学态度、科学、技术、社会与环境(STSE)四个方面的目标。课程内容包含物质科学、生命科学、地球与宇宙科学、技术与工程四个领域，具有适合小学生学习的18个主要概念。实施从教学、评价、教材编写和课程资源开发与利用四个方面提出的小学科学课程实施的方案。

2020年2月，本书采用问卷调查法，针对海南省落实《义务教育小学科学课程标准》的相关问题随机抽取212名小学科学课程教师进行问卷调查，2022年3月，采用问卷调查法随机抽取442名海南省小学科学课程教师进行调研，并结合教育实习、教育见习等对当地的科学课程教师进行访谈，了解科学教师队伍的情况。对两次调研结果进行比较后发现，海南省小学科学课程师资队伍不足，专职教师比例虽然增大了，但是科学课程教师专业背景复杂，科学教育专业毕业的科学课程教师少；开课情况不一而足，城乡差距很大，即使是同一级别的学校，也因领导意识、学校历史等各种原因出现极大的差异；小学科学课程的地位逐步上升，科学课程教师的待遇逐步提升；教学硬件设施差异大，很多小学只有1间科学实验室，教学仪器还不能完全满足科学课的教学需求；开发本地教学资源成为可能；STEM教育理念淡薄；教师专业发展规划不明确等。在落实《义务教育小学科学课程标准》中遇到如下挑战：对课程标准的研究不严谨、难以适应科学课程的综合性教学、可获得的帮助来源较少、贯彻教学理念不彻底、达成教学目标有困难。经分析认为，中国传统的科学教育忽视科学精神的滋养，海南省封闭的地理环境导致其文化发展落后，海南省经济基础相对薄弱导致高层次人才缺乏，根深蒂固的教育评价方式、小学科学课程地位较低等导致了海南省落实《义务教育小学科学课程标准》困难。在海南自由贸易港建设大背景下，本书提出建立科学合理的教育评价机制、提高课程地位，重视科学教育专业、培养专业科学课程教师，建立UGS联盟、建设网络平台，培养种子教师、辐射科学教育整体，立足海南、开发校本课程资源以及汇聚各方力量、出版琼教版教材等相关策略。最后，根据相关的理论研究，本书提出小学STSE主题教育课程案例和小学STEM课程开发案例。

二、不足之处

虽然研究者对海南省的课标2017的落实情况和科学教师情况作了问卷调研，根据海南省的地理特点和发展现状提出相应的对策，并以海南省现有资源为背景提出STSE主题教育和STEM教育开发案例，但仍存在一些不足之处。

第一，对于文献的研究解读不够全面，对有些文献要义的把握还存在着欠缺，尤其是近百年来的文献资料较少，对当时的社会背景和课表执行状况了解较少。

第二，研究方法单一，本书主要使用的是问卷调查法。2020年和2022年的样本数量差距大，问卷调查的结果可能会存在一定的偏差，但整体的研究效果已经基本达到。今后可采用更多的研究方式，收集更丰富、更准确的数据信息，以此得到更加准确的实验数据和分析结果。

第三，由于各方面原因，STSE主题教育课程和STEM课程开发的案例还未在小学开展教学，没有课程开展、开发的实际案例。课题组的一线教师后续会在教学中落实，以补充课程开发的未尽之处。

三、研究展望

小学科学教育肩负培养具有较高科学素养的未来公民的重任，人才关系着我国未来的国家发展战略。尽管海南省的专职科学教师的比例有所提升，从2020年的28.3%提升到2022年的33.26%，专职科学教师比例增加了4.96个百分点，但是这远远不能达到真正落实课标2017的要求。鉴于此，本书建议在专职教师培养和兼职教师培训方面做出改变，即允许高校科学课程教师专业在未来几年扩大招生，以满足未来对专业科学课程教师的需求，同时坚持对兼职科学课程教师进行专业的教师培训，并通过后续的跟踪培训使其真正适应小学科学课程教学。同时，政府相关部门应加强城乡各小学的科学教学硬件设施建设，真正满足小学科学教学的需求。《义务教育小学科学课程标准》作为小学科学课程教学的纲领性文件，其教学目标、教学理念的最终落地是海南省基础科学教育的大事，关系着基础科学教育的质量。在当前海南自由贸易港建设的时代浪潮中，各相关部门应团结协作，共同为《义务教育小学科学课程标准》的落实增砖添瓦，贡献自己的力量。相信随着海南自贸港的建设，《义务教育小学科学课程标准》最终会在海南省扎根，为海南省培养创新型人才助力。

参考文献

[1] 李娟.中国科学技术教育史研究百年历程及反思[J].河北师范大学学报(教育科学版),2006,8(1):35-38.

[2] 张红霞.小学科学课程与教学[M].2版.北京:高等教育出版社,2010.

[3] 李约瑟.中国科学技术史:第一卷[M].北京:科学出版社,1975.

[4] 何薇,张超,任磊,等.中国公民的科学素质及对科学技术的态度:2018年中国公民科学素质抽样调查报告[J].科普研究,2018,13(6):49-58.

[5] 刘恩山.《义务教育小学科学课程标准》的变化及其影响[J].人民教育,2017(7):46-49.

[6] 习近平在庆祝海南建省办经济特区30周年大会上发表重要讲话[EB/OL].(2018-04-13)[2022-03-18].https://baike.baidu.com/reference/22487320/e84fdKPyV0n9wyOTwODxUVPeDe8x61Ke-aIh6E8ViWgJyUFlPtFzpAcwZabCQsj4SCkhjj3uV3zghbDQtTJsM4LWWdtanvREVV62oiPjfuYY

[7] 蔡昌,徐艳梅.海南自贸港建设,人才是关键[J].法人,2021(4):31-33.

[8] 彭金辉.加快构建具有海南自贸港特色的人才制度体系[J].中国人才,2020(6):16-18.

[9] 海南省委人才发展局.奋力扛起海南自贸区(港)建设的人才事业担当[J].今日海南,2019(11):52-54.

[10] 郝京华.关于《小学科学课程标准》的讲座(一)[J].小学自然教学,2001(09):11-13.

[11] 《基础教育课程》编辑部.小学科学课程标准修订[J].基础教育课

程,2017(13):6-21.

[12] 张美静.新旧版小学科学课程标准对比的差异性分析[J].学周刊,2018(5):26-28.

[13] 中共中央办公厅 国务院办公厅《关于进一步减轻义务教育阶段学生作业负担和校外培训负担的意见[EB/OL].(2021-07-24)[2022-03-18].http://www.gov.cn/zhengce/2021—07/24/content_5627132.htm

[14] 马陆亭,郑雪文."双减":旨在重塑学生健康成长的教育生态[J].新疆师范大学学报(哲学社会科学版),2022,43(1):79-90.

[15] 周洪宇,齐彦磊."双减"政策落地:焦点、难点与建议[J].新疆师范大学学报(哲学社会科学版),2022,43(1):69-78.

[16] 柯森.基础教育课程标准及其实施研究:一种基于问题的比较分析[D].上海:华东师范大学,2004.

[17] 朱伟华.从课程标准到评价标准:高中生物学业评价标准制定的调查研究[D].长春:东北师范大学,2009.

[18] 钟建珍,李桂霞.从教学大纲到课程标准转变的思考[J].职教通讯,2012,27(3):7-9.

[19] 教育部.教育部关于印发《基础教育课程改革纲要(试行)》的通知[J].中华人民共和国国务院公报,2002(12):28-31.

[20] 教育大辞典编纂委员会.教育大辞典:第1卷[M].上海:上海教育出版社,1990.

[21] 戚万学.教育学[M].济南:山东科学技术出版社,2002.

[22] 张斌."课程标准"含义的演变与解读[J].教育学术月刊,2010(6):70-73.

[23] 王满寿,任衍刚.中学生物学教学大纲和课程标准的发展[J].生物学教学,2003(12):10-12.

[24] 《中国教育百科全书》编委会.中国教育百科全书[M].北京:海洋出版社,1990.

[25] 戴君英.我国小学科学课程标准(教学大纲)中"伴随含义"的百年沿革与展望[D].青岛:青岛大学,2021.

[26] 陈小琼,梁桂华.从教学大纲到新课程标准演变的原因研究[J].江西教育学院学报,2005(1):41-44.

[27] 谢恭芹.中国近现代小学科学课程演变研究[D].北京:首都师范大学,2008.

[28] 胡继飞.我国新版小学科学课程标准探微[J].中小学教师培训,2017(6):28-32.

[29] 樊冬梅.中国近代普通中小学科学教育:1878—1922[D].上海:华东师范大学,2006.

[30] 郭长江.清末民初科学教育史话[J].上海师范大学学报(哲学社会科学·基础教育版),2002,31(01):115-119.

[31] 谢长发,罗振玉:晚清教育改革的先行者[J].河北大学学报(哲学社会科学版),2003(4):17-20.

[32] 佟雅囡.中国近现代科学教育与当代中小学科学教育改革研究[D].长春:东北师范大学,2005.

[33] 陈睿腾.再探壬寅学制之废除:以功能理论为视角[J].闽南师范大学学报(哲学社会科学版),2017,31(4):91-95.

[34] 周浩.壬寅学制:中国学制近代化的起始[D].银川:宁夏大学,2013.

[35] 李慧洁.浅析中国近代第一部学制:壬寅、癸卯学制[J].当代教育论坛(宏观教育研究),2008(5):38-39.

[36] 课程教材研究所.20世纪中国中小学课程标准·教学大纲汇编:自然·社会·常识·卫生卷[M].北京:人民教育出版社,2001.

[37] 孔云.中国科学教育目标的演变[J].四川教育学院学报,2007(12):55-57.

[38] 周文佳.民国初年"壬子癸丑学制"述评[J].河北师范大学学报(教育科学版),2011,13(11):47-52.

[39] 刘良初.对我国近现代学制的回顾与展望[J].湖南教育,2005(3):26-28.

[40] 杨文海.壬戌学制研究[D].南京:南京大学,2011.

[41] 解亚.中国近代普通中小学科学教育:1922—1949[D].上海:华东师范大学,2006.

[42] 王冬凌.对中国近代科学教育的回顾与反思[J].大连教育学院学报,2004,20(2):11-13.

[43] 杨根.徐寿和中国近代化学史[M].北京:科学技术文献出版社,1986.

[44] 田正平.中国小学常识教学史[M].济南:山东教育出版社,1995.

[45] 张凯.民国时期中小学科学教育政策研究:1912—1949[D].合肥:安徽医科大学,2012.

[46] 李华. 中国小学科学课程改革历史简析[J]. 科学课,2003(1):31-34.

[47] 王京彩. 民国时期小学科学课程标准变革研究[D]. 上海:上海师范大学,2011.

[48] 中央教育科学研究所陈元晖. 老解放区教育资料(一):土地革命战争时期[M]. 北京:教育科学出版社,1981.

[49] 石修晋. 谈谈小学自然教学的任务:学习小学自然教学大纲(草案)的一点体会[J]. 湖南教育,1957(7):16-17.

[50] 中华人民共和国教育部. 小学自然教学大纲(草案)[M]. 北京:人民教育出版社,1956.

[51] 刘默耕. 谈谈"小学自然教学大纲(草案)"[J]. 江苏教育,1957(9):18-19.

[52] 李华. 中国小学科学课程改革历史简析[J]. 科学课,2003(1):31-34.

[53] 中华人民共和国教育部. 全日制小学自然教学大纲:草案[M]. 北京:人民教育出版社,1963.

[54] 潘洪建. 小学科学课程标准60年[J]. 现代中小学教育,2012,28(11):22-25.

[55] 罗丽嫒. 建国后我国中小学科学课程发展研究[D]. 长春:东北师范大学,2010.

[56] 李彦荣. 中国中小学课程改革的文化路向[D]. 上海:华东师范大学,2004.

[57] 中华人民共和国国家教育委员会. 全日制中学语文教学大纲[M]. 北京:人民教育出版社,1986.

[58] 潘洪建. 中国小学科学课程发展110年:1912—2021[J]. 教育与教学研究,2021,35(7):45-61.

[59] 常复光. 必须重视小学自然课[J]. 宁夏教育,1987(9):23.

[60] 中华人民共和国教育部. 九年义务教育全日制小学自然教学大纲(试用)[M]. 北京:人民教育出版社,1992.

[61] 中华人民共和国教育部. 全日制义务教育科学(3~6年级)课程标准(实验稿)[M]. 北京:北京师范学院出版社,2001.

[62] 杨志成. 核心素养的本质追问与实践探析[J]. 教育研究,2017,38(7):14-20.

[63] 迟菁华.基于科学学科核心素养的小学科学教材比较研究:以"青岛版""教科版""苏教版"为例[D].济南:山东师范大学,2021.

[64] 林崇德.构建中国化的学生发展核心素养[J].北京师范大学学报(社会科学版),2017(1):66-73.

[65] 核心素养研究课题组.中国学生发展核心素养[J].中国教育学刊,2016(10):1-3.

[66] 曹培英.从学科核心素养与学科育人价值看数学基本思想[J].课程 教材 教法,2015,35(9):40-43.

[67] 余文森.论学科核心素养形成的机制[J].课程 教材 教法,2018,38(1):4-11.

[68] 李彦群,张文.学科核心素养的学理审思[J].当代教育科学,2017(4):41-45.

[69] 乐毅.试论制定国家学业质量标准的若干基本问题[J].教育研究,2014,35(8):40-51.

[70] 曹宝龙.基于学科核心素养的学业质量评价探索[J].物理教学探讨,2018,36(6):1-5.

[71] 中华人民共和国教育部.义务教育小学科学课程标准[M].北京:北京师范大学出版社,2017.

[72] 李刚,吕立杰.大概念课程设计:指向学科核心素养落实的课程架构[J].教育发展研究,2018,38(Z2):35-42.

[73] 韦钰.以大概念的理念进行科学教育[J].人民教育,2016(1):41-45.

[74] 皇甫倩,常珊珊,王后雄.美国学习进阶的研究进展及启示[J].外国中小学教育,2015(8):53-59.

[75] 姚建欣,郭玉英.为学生认知发展建模:学习进阶十年研究回顾及展望[J].教育学报,2014,10(5):35-42.

[76] 冀思琪,刘军.2017版小学科学课程标准解读[J].教育实践与研究(A),2017(5):4-6.

[77] 张敏.对《义务教育小学科学课程标准》的研读与思考[J].实验教学与仪器,2018,35(6):58-60.

[78] 林长春,彭蜀晋,宋乃庆,等.小学科学课程与教学[M].重庆:西南师范大学出版社,2019.

[79] 刘恩山.《义务教育小学科学课程标准》的变化及其影响[J].人民教

育,2017(7):46-49.

[80] 赵福君,李昱瑛.小学科学新旧课程标准的对比分析[J].兵团教育学院学报,2018,28(3):72-76.

[81] 席学荣.《义务教育小学科学课程标准》的10个变化[J].课程教材教学研究(小教研究),2017(Z4):3-5.

[82] 林维超.理解课程标准 明确育人目标:《义务教育小学科学课程标准》的主要变化[J].福建教育,2017(18):28-31.

[83] 周克楠.新旧科学课程标准比较[J].天津教育,2019(12):50-51.

[84] 王秋芳,王鹏.试析我国小学科学课程标准之"新"与"行"[J].上海教育科研,2018(2):61-64.

[85] 左成光.2018—2030年我国小学科学教师需求预测及对策研究[J].教师教育学报,2019,6(6):78-85.

[86] 于佳鑫.中美小学科学课程标准比较研究[D].大连:辽宁师范大学,2020.

[87] 崔青青.中美最新小学科学课程标准比较研究[D].扬州:扬州大学,2018.

[88] 许艺珊.中美小学科学课程标准比较研究[D].武汉:华中师范大学,2018.

[89] 施展霞.美国、英国、新加坡、中国小学科学课程标准比较研究[D].南京:南京师范大学,2018.

[90] 崔青青,潘洪建.中美小学科学课程标准比较研究[C]//扬州大学基础教育研究所教育部山东师范大学基础教育课程研究中心.当代教育评论:第8辑.镇江:江苏大学出版社,2018.

[91] 余胜泉,胡翔.STEM教育理念与跨学科整合模式[J].开放教育研究,2015,21(4):13-22.

[92] 令狐克华,令狐世维.学校视域下的教师专业发展[J].中国教师,2017(15):44-46.

[93] 徐伟.教师专业发展的模式与职业生涯规划:评《教师职业道德与专业发展》[J].教育发展研究,2021,41(18):2.

[94] 杨怀中.中国科学文化的缺陷及当代建构[J].自然辩证法研究,2005(2):92-96.

[95] 杨建朝,常红萍.科学精神与教育研究[J].宁波大学学报(教育科学版),2010,32(1):6-9.

[96] 刘华杰."科学精神"语义分析[J].民主与科学,2001(2):17-20.

[97] 曲铁华,李娟.中国近代科学教育中科学精神的缺失及启示[J].东北师大学报,2005(6):123-129.

[98] 周泉根,陈曦.海南首位贬官考议[J].海南师范大学学报(社会科学版),2013,26(3):95-98.

[99] 陈思莲,范士陈.现代海南岛社会变迁及其特征分析[J].海南大学学报(人文社会科学版),2010,28(6):1-7.

[100] 小叶田淳.海南岛史[Z].广州:中国科学院广东民族研究所,1964.

[101] 胡素萍.古代书院对海南社会的影响[J].新东方,2009(Z1):63-68.

[102] 罗学书,林弋筌.浅析海南农村文化长期滞后之原因[J].学理论,2010(17):19-20.

[103] 海南省统计局,国家统计局海南调查总队.海南统计年鉴2009[M].北京:中国统计出版社,2009.

[104] 冯爱茹.海南省基础教育现状、问题及对策研究[J].山西青年,2019(4):101-102.

[105] 黄国泰,石秀慧,陈夫义,等.抓住课程改革实验契机 促进海南基础教育发展[J].新课程(综合版),2007(1):17-19.

[106] 刘见.激情跨越二十年 琼州教育谱新篇:海南建省办经济特区20年教育改革发展纪实[N].中国教育报,2008-04-27(2).

[107] 王玉香.论教育与社会经济发展的关系[J].决策探索(下),2021(5):80-81.

[108] 熊坚,朱罗娜.双循环新发展格局下海南自贸港建设的机遇、困境与路径[J].商业经济研究,2021(19):162-165.

[109] 张婵.海南省高层次人才引进政策研究[D].海口:海南大学,2020.

[110] 万永奇.好的教育评价及其实现[J].湖南师范大学教育科学学报,2021,20(6):109-115.

[111] 马健生,邹维.高考改革40年的经验和教训:历史与比较分析[J].西南大学学报(社会科学版),2018,44(5):57-66,190.

[112] 张祯祯,周序.如何看待新高考的"指挥棒"效应[J].中国教师,2018(5):127-128.

[113] 刘芸,唐智松,汪先平,等.科学课程实施的困境与破解[J].西南师范大学学报(自然科学版),2013,38(3):171-174.

[114] 马陆亭,张伟.海南教育跨越式发展的战略思考与政策探讨[J].现代教育管理,2019(10):1-6.

[115] 刘云生.论新时代系统推进教育评价改革[J].国家教育行政学院学报,2022(2):13-24.

[116] 甘晓.科学教育专业靠什么破局[N].中国科学报,2021-07-20(6).

[117] 国务院.全民科学素质行动计划纲要(2006—2010—2020年)[Z].2006-02-06.

[118] 国务院.全民科学素质行动规划纲要(2021—2035年)[Z].2021-06-03.

[119] 郑敏,李必鑫,胡春光.论科学教育本科专业"四维"人才培养模式[J].教育评论,2021(1):137-141.

[120] 乔军,孟庆玲.提高本科毕业论文质量的几点思考[J].教育探索,2011(9):46-47.

[121] 蒋亦华.我国本科毕业论文制度的阐释与建构[J].现代大学教育,2009(2):101-106.

[122] 孙荣.小学科学教师跨学科教学素养的构成与培养研究[D].重庆:西南大学,2020.

[123] 吴畏,陈勇,赵敏.STEM视域下科学教育专业的困境与出路[J].现代基础教育研究,2018,32(4):43-50.

[124] 闫宝荣.高校科学教育专业STEAM教育理念的应用与探索[J].陕西学前师范学院学报,2019,35(7):52-55.

[125] 徐忠东.科学教育专业实验室建设的几点思考[J].安徽教育学院学报,2005,23(6):101-102.

[126] 徐颖,何益宏.综合型实验室建设与教学探索[J].计算机教育,2010(8):137-139.

[127] 刘庆昌.论教学理念的操作转换[J].当代教育与文化,2009,21(1):91-96.

[128] 韩敏.教育理念的价值及其实现[D].太原:山西大学,2010.

[129] 魏峰.突破传统教学理念,实施科学教育方法[J].新课程(教育学术版),2009(3):19.

[130] 高德秋.简析小学科学教育理念及方法[J].新课程(上),2018(7):20.

[131] 赵伍,李玉峰,陈香.当代教师教育理念阐释[J].教学与管理,2008

(6):10-11.

[132] 林萍."四有"好老师的时代意蕴及其养成[J].知识文库,2022(3):172-174.

[133] 吴婷.新时代"四有"好老师"一体两翼"格局构建探析[J].黑龙江教师发展学院学报,2022,41(3):15-17.

[134] 孔凡哲.中国学生发展核心素养评价难题的破解对策[J].中小学教师培训,2017(1):1-6.

[135] 王碧梅.科学学科核心素养结构及指标体系建构:基于15个国家课程标准和38位教师深度访谈内容的编码分析[J].外国教育研究,2021,48(9):43-56.

[136] 李娟,何君辉,陈典.面向科学教育专业的科学学科核心素养养成策略分析:基于STEM教育的视域[J].中国教育信息化,2019(22):72-74.

[137] 黄晓.论STS教育的特点[J].比较教育研究,2002,24(9):30-35.

[138] 李洪艳.STSE理念下小学科学教学活动设计与实施研究[D].沈阳:沈阳师范大学,2020.

[139] 蔡铁权.STS教育和科学教育改革[J].浙江师范大学学报(自然科学版),2002,25(2):109-114.

[140] 吴娅妮,李远蓉.STSE教育视野下中加小学科学课程标准比较及启示[J].现代中小学教育,2019,35(3):89-95.

[141] 王琳.STSE教育理念融入小学科学课的教学模式研究与实践[D].兰州:西北师范大学,2020.

[142] 谢淑海.试论加拿大的STSE教育及其启示[J].世界教育信息,2009,22(2):67-69.

[143] 秦瑾若,傅钢善.STEM教育:基于真实问题情景的跨学科式教育[J].中国电化教育,2017(4):67-74.

[144] 王素.《2017年中国STEM教育白皮书》解读[J].现代教育,2017(7):4-7.

[145] 唐小为,王唯真.整合STEM发展我国基础科学教育的有效路径分析[J].教育研究,2014,35(9):61-68.

[146] 梁芳,罗蕾莉.STEM对我国科学教育专业人才培养的启示[J].大学教育,2016,5(11):50-51.

[147] 祝智庭,雷云鹤.STEM教育的国策分析与实践模式[J].电化教育研究,2018,39(1):75-85.

[148] 冯泽慧.HPS教育理念下高中生物学教学中培养学生科学思维的研究:以人教版《分子与细胞》为例[D].曲阜:曲阜师范大学,2021.

[149] 张涵.基于HPS教育理念的小学科学教学案例设计与实施:以"时间测量"为例[D].济南:山东师范大学,2021.

[150] 张毅.中国HPS教育的路径研究[D].西安:长安大学,2012.

[151] 邱淑丽.中美小学科学课程标准中HPS内容的比较研究[D].武汉:华中科技大学,2019.

[152] 唐智松.探究式教学的基本原则[J].中国教育学刊,2001(5):13-16.

[153] 胡广形.探究式教学:创新的现代教学方式[J].物理教师,2004(5):1-4.

[154] 董雅琪.UGS机制下职前教师教育实践课程的设置与实施[D].漳州:闽南师范大学,2016.

[155] 郭静."UGS"模式下中小学教师研修发展模式探索[J].教育评论,2020(11):131-135.

[156] 刘伟,李高林,卞玉洁.UGS背景下师范生教育实践管理研究[J].黑龙江教育(高教研究与评估),2020(3):56-58.

[157] 杨德才.UGS模式下教师教育共同体的基础分析[J].现代交际,2019(4):144-145.

[158] 曹长德.论"国培计划"的改进与完善[J].中国高教研究,2013(10):60-62,67.

[159] 方斐卿.台湾省中小学教师教育的现状及启示[J].基础教育参考,2007(12):35-36.

[160] 林智中.香港"种子计划"与教师成长[J].全球教育展望,2005,34(7):67-71,80.

[161] 况红.有效实施"国培计划"的实践与思考[J].继续教育研究,2011(11):113-115.

[162] 黄英姿.校本课程资源的开发与管理[D].桂林:广西师范大学,2004.

[163] 傅建明.教师与校本课程开发[J].教育研究,2001,22(7):56-60.

[164] 黄金城,苏文学,莫燕妮,等.海南生物多样性保护现状与对策[J].热带林业,2012,40(3):4-7.

[165] 辛欣,宋希强,雷金睿,等.海南红树林植物资源现状及其保护策

略[J].热带生物学报,2016,7(4):477-483.

[166] 吴小霞.生命科学基础[M].南京:南京大学出版社,2021.

[167] 李鹏伟.海南省矿山开发状况及恢复治理遥感监测[D].北京:中国地质大学(北京),2020.

[168] 伟大的工程 文昌卫星发射中心[J].第二课堂(C),2020(7):2.

[169] 黄巧珠,喻达辉,陈永青.南海海洋农牧化研究的现状与研究设想[J].湛江海洋大学学报,1999,19(2):76-80.

[170] 王亚民,塞丽华.南海瑰宝多采撷[J].大学生,2012(24):22-23.

[171] 八年休渔效果显著[N].中国渔业报,2007-05-14(3).

[172] 吴时国,张汉羽,矫东风,等.南海海底矿物资源开发前景[J].科学技术与工程,2020,20(31):12673-12682.

[173] 傅建明.校本课程开发:教师的准备[J].高等师范教育研究,2001,13(5):35-39.

[174] 刘彩霞.校本课程开发的相关因素分析[J].课程 教材 教法,2006,26(12):8-12.

[175] 牛桂林,朱郁.校本课程开发的策略及实施[J].教育科学研究,2003(6):57-59.

[176] 赵艳丽.小学科学课课程资源开发与利用中存在的问题及对策探究[D].长春:东北师范大学,2010.

[177] 王毅武.海南自贸港建设与人才使用的几点思考[J].新东方,2020(1):1-5.

[178] 张民生.自然科学基础[M].2版.北京:高等教育出版社,2008.

附　录

附录1:2020年《义务教育小学科学课程标准》落实情况调研

尊敬的老师,您好！为了了解2017年印发的《义务教育小学科学课程标准》(简称"课标2017")的落实情况,我们做了以下问卷,请您根据自己的实际情况填写。本次调研结果仅用于教学研究,谢谢您的参与！

课题组

1. 请问您是专职科学课程教师吗？（单选题）

   是□　　　　　　否□

2. 请问您一周上多少节科学课？（单选题）

   5节以下□　　　6～10节□　　　11节以上□

3. 请问您的年龄是多大？（单选题）

   20～25岁□　　　26～30岁□　　　31～35岁□　　　36～40岁□

   41～50岁□　　　50岁以上□

4. 请问您教授科学课的时间是多长？（单选题）

   2年及以下□　　　3～4年□　　　5～8年□　　　9年及以上□

5. 您的学历是什么？（单选题）

研究生☐　　　　本科☐　　　　　大专☐　　　　　中专☐

6. 请问您现在教授科学课的年级是什么？（单选题）

1年级☐　　　　2年级☐　　　　3年级☐　　　　4年级☐

5年级☐　　　　6年级☐

7. 您对最新的课标2017的了解程度是多少？（单选题）

非常熟悉☐　　　一般熟悉☐　　　不太熟悉☐　　　一无所知☐

8. 您在研究科学课程标准时遇到困难的解决方式是什么？（单选题）

百度查询☐　　　　　　　　　中国知网查询☐

询问有经验的教师☐　　　　　其他☐

9. 您认为科学课程标准中的四大领域,自己最不熟悉的是哪个？（单选题）

物质科学☐　　　　　　　　　生命科学☐

地球与宇宙科学☐　　　　　　技术与工程☐

10. 在物质科学领域,您遇到的最大挑战是什么？（单选题）

专业知识不足☐　　　　　　　实验操作问题☐

实验设计问题☐　　　　　　　教学经验欠缺☐

教学设备不全☐

11. 在物质科学领域,您的专业知识最欠缺的是哪一部分呢？（单选题）

能量☐　　　　物质构成☐　　　运动☐　　　　力☐

以上都欠缺☐

12. 在生命科学领域,您遇到的最大挑战是什么？（单选题）

专业知识不足☐　　　　　　　实验周期太长☐

实验操作问题☐　　　　　　　实验条件受限☐

教学经验问题☐

13. 在生命科学领域,您的专业知识最欠缺的是哪一部分呢?(单选题)

多种多样的生物□　　　　　　　生命的延续□

生物与环境的关系□　　　　　　以上都欠缺□

14. 在地球与宇宙科学领域,您遇到的最大挑战是什么?(单选题)

专业知识不足□　　　　　　　　模拟实验问题□

教学经验不足□

15. 在地球与宇宙科学领域,您的专业知识最欠缺的是哪一部分呢?(单选题)

太阳系中,地球等周期性的自转和公转□

地球有大气、水、生物、土壤和岩石,内部有地壳、地幔、地核□

地球是人类生存的家园□

以上都欠缺□

16. 在技术与工程领域,您遇到的最大挑战是什么?(单选题)

专业知识不足□　　　　　　　　设计问题□

实验操作问题□　　　　　　　　教学设备问题□

教学经验不足□

17. 在技术与工程领域,您的专业知识中最欠缺的是哪一部分呢?(单选题)

人们为了使生产和生活更加便利、快捷、舒适,创造了丰富多彩的人工世界□

技术的发明是核心,是人们对自然的利用和改造□

工程的关键是设计,工程是运用科学和技术进行设计,并解决实际问题和制造产品的活动□

以上都欠缺□

18. 您认为需要将课标2017制定得更具体一些吗?(单选题)

非常需要□　　　　　　　　　　一般需要□

无所谓□　　　　　　　　　　　不需要□

19. 您希望通过科学课程标准获得怎样的帮助？（多选题）

专家每月讲解□　　　　　　教参□　　　　　其他方式□

20. 课标 2017 颁布至今，您对新课标的基本理念了解多少？（多选题）

面向全体学生□　　　　　　倡导探究式学习□

保护学生的好奇心和求知欲□　　突出学生的主体地位□

21. 您能将课标 2017 的教学理念贯穿于教学吗？（单选题）

是的，完全能实现□　　　　　基本上能做到□

基本上做不到□

22. 在课标 2017 教学理念扎根教学的过程中，您认为面临的挑战是什么？（单选题）

教学技能与教学经验不足□　　专业知识不足□

实验教学问题□　　　　　　兼职教师，不能专职教科学□

23. 您认为影响课标 2017 教学理念贯彻的教学技能是哪些？（单选题）

课堂教学实施□　　　　　　探究教学模式□

课堂调控□　　　　　　　　突出学生主体地位□

24. 您知道按照课标 2017 的教学目标应该是四维目标吗？（单选题）

知道□　　　　　　　　　　不知道□

25. 课标 2017 的教学目标包括什么？（多选题）

科学知识目标□　　　　　　科学探究目标□

科学态度目标□　　　　　　科学、技术、社会与环境目标□

能力目标□　　　　　　　　科学精神目标□

情感、态度与价值观目标□

26. 您上课时是怎样设定教学目标的？（问答题）

27. 您的教学最后实现教学目标了吗？（单选题）

完全实现□   基本实现□   尚未实现□

28. 课标2017教学目标的落实中,您觉得面临的挑战是什么？（多选题）

没有教学仪器□   学生数量太多□

学校相关部门不支持□   学生不感兴趣□

自身知识储备不够□   其他□

29. 您认为该如何解决这一问题？（单选题）

培养专职科学课程教师□

加强自身学习,增加知识储备□

学校相关部门加大支持力度,重视科学课程□

配备相关仪器设备□

小班化教学,积极钻研科学教学法□

附录 2：2022 年科学教师现状调查

尊敬的老师，您好！2017 年版《义务教育小学科学课程标准》实施近 5 年来，我们做了以下问卷，请您根据自己的实际情况填写。本次调研的结果仅作教学研究之用，感谢您的参与！

课题组

1. 您属于专职科学课程教师吗？（单选题）

专职□　　　　　兼职□

2. 在贵校的专职教师中，每周的课时是多少？（单选题）

12 节及以上□　　9～11 节□　　6～8 节□　　5 节及以下□

3. 您担任科学课程教师的时间是多长？（单选题）

2 年及以下□　　3～4 年□　　5～8 年□　　9 年及以上□

4. 您的学历是什么？（单选题）

研究生□　　　　本科□　　　　大专□　　　　中专□

5. 您毕业时的学科是什么？（单选题）

科学教育□　　　物理科学□　　　化学科学□　　　生物科学□

地理科学□　　　其他□

6. 您所在的学校有多少名专职科学课程教师？（单选题）

3 人及以下□　　4～6 人□　　7～9 人□　　10 人及以上□

7. 您所在的小学开设科学课是从哪个年级开始？（单选题）

从 1 年级起开设□　　　　　　　从 2 年级起开设□

从 3 年级起开设□　　　　　　　从 4 年级起开设□

从 5 年级起开设□　　　　　　　从 6 年级起开设□　　　　不开设□

8. 您所在的学校,科学课的课时量是多少?(单选题)

1~2年级每周1课时,3~6年级每周2课时以上□

1~2年级每周1课时,3~6年级每周2课时□

1~2年级不上科学课,3~6年级每周2课时□

其他□

9. 您所在的学校是哪种?(单选题)

市直属学校□　　　　　　　城市一般学校□

乡镇小学□　　　　　　　　农村小学□

10. 您认为科学教师在您所在的学校受重视吗?(单选题)

非常受重视□　　　　受重视□　　　　一般受重视□

不受重视□　　　　　非常不受重视□

11. 您所在的学校,科学课程教师的课酬与语文、数学科目的教师一样吗?(单选题)

一样□　　　　　　　　　不一样,低于其他科目教师□

不一样,高于其他科目教师□

12. 您的科学课一般在哪里开展?(单选题)

教室□　　　实验室□　　　其他□

13. 您所在的学校同一个年级平均有几个班?(单选题)

3个及以下□　　4~6个□　　7~9个□　　10~12个□　　13个及以上□

14. 您所在的学校,一个班的人数是多少?(单选题)

25人及以下□　　26~35人□　　36~45人□

46~55人□　　56人及以上□

15. 您所在的学校,有几间科学实验室?(单选题)

2间及以下□　　3~4间□　　5~6间□　　7间及以上□

16. 实验室的教学设施能满足教学吗？（单选题）

满足☐　　　　　基本满足☐　　　不满足☐

17. 如果小学生做实验，您所在的学校可以提供实验所需要的条件吗？（单选题）

可以☐　　　　　不可以☐

18. 学校周围的资源很多，您平时想过利用这些资源吗？（单选题）

经常利用这些资源☐　　　　　想过，但不知道怎样利用☐

没想过☐

19. 在贵校，学校领导支持科学课程教师开发校本课程资源吗？（单选题）

支持☐　　　　　不支持☐

20. 如果没有教材，按照现在的课程标准授课，您觉得自己能胜任吗？

可以☐　　　　　不可以☐

21. 对于STEM教学，您了解吗？

不了解☐　　　　了解一点☐　　　非常了解，正在进行教学☐

22. 您在STEM教学中遇到的最大困难是什么？（单选题）

学科知识储备少☐　　　　　教学设计过于复杂☐

小学生不习惯，学习时遇到困难☐　　其他☐

23. 如果可以选择，您最希望进行哪方面的培训？（单选题）

学科知识☐　　　实验操作技能☐　　资源开发☐　　新课标解读☐

教学技能☐　　　其他☐

24. 如果可以选择，您最喜欢的培训地点是什么？（单选题）

高校☐　　　　　中小学☐　　　　酒店☐　　　　其他☐

25. 从您自己的角度出发，列出课标2017中四大领域的难易程度，从难到易排列依次是什么？（单选题）

1代表物质科学领域　2代表生命科学领域

3代表地球与宇宙科学领域　　4代表技术与工程领域

4321□　　　　　　4312□　　　　　　4123□　　　　　　4231□　　　　　其他□

26. 您认为自己在物质科学领域的教学中遇到的最大难题是什么？（单选题）

知识水平不够□　　　　　　　　实验设计问题□

实验操作问题□　　　　　　　　课堂纪律混乱□

其他□

27. 您认为自己在生命科学领域的教学中遇到的难题主要是什么？（单选题）

知识储备不足□　　　　　　　　观察技能较差□

实验周期太长□　　　　　　　　教学秩序混乱□

其他□

28. 您认为自己在地球与宇宙科学领域的教学中遇到的最大难题是什么？（单选题）

学科知识少□　　　　　　　　　模拟实验问题□

参考资料太少□　　　　　　　　教学秩序问题□

其他□

29. 您认为自己在技术与工程领域的教学中遇到的最大难题是什么？（单选题）

学科知识少□　　　　　　　　　不懂设计□　　　　　　　不懂操作□

不会解释原理□　　　　　　　　其他□

附录3：科学教育专业毕业学生调查

尊敬的同学，您好！2017年版《义务教育小学科学课程标准》实施近5年来，我们做了以下问卷，请您根据自己的实际情况填写。本次调研的结果仅作教学研究之用，感谢您的参与！

课题组

1. 请问您是哪一级的学生？（单选题）

2016级科学教育☐　　　　2017级科学教育☐

2. 您目前的状态是什么？（单选题）

工作(在海南)☐　　　　工作(不在海南)☐

读研究生☐

3. 您的工作是小学科学课程教师吗？（单选题）

是☐　　　不是☐

4. 您觉得目前工作中最欠缺的是什么？（单选题）

学科知识☐　　　教学经验☐　　　课堂调控☐

实验设计☐　　　教学理念☐　　　其他☐

5. 您觉得哪门课目前对您最有用？（单选题）

基础化学☐　　　基础物理☐　　　普通生物学☐

地球、空间与宇宙☐　　　科学课程教学论☐

高等数学☐　　　其他☐

6. 现在的你最希望在本科阶段学到的课程内容是什么？（单选题）

教学设计☐　　　课堂调控☐　　　教具制作☐

专业知识☐　　　实验设计☐